シリーズ ドイツ語が拓く地平 1

断絶のコミュニケーション

高田博行
山下仁
編

ひつじ書房

シリーズ ドイツ語が拓く地平 刊行によせて

　本シリーズは、ドイツ語という言語を切り口にして現在の社会、歴史、文化等を論じる論文集である。学術研究はますます細分化しており、ある種近視眼的な研究に終始している現状がある。その認識に立って、《ドイツ語をめぐる》という1点を堅持しつつも、ドイツ語に関する言語学的研究のみならず、ドイツ語圏の文学、思想、歴史、文化に関わる幅広い分野の研究を1冊のなかにテーマごとにまとめ、その協奏のなかで知の地平を拓くことができればと考えている。《ドイツ語をめぐる》複合的・俯瞰的な研究を志向する本シリーズの刊行によって、ますます複雑化する世界的事象を読み解く視座の一つを提示できれば幸いである。

　第1巻（高田博行・山下仁編）では、そもそもコミュニケーションは可能かという問題に切り込む。言語学史、メディア学、芸術論の観点からナチズムを分析し、現代に至るナチズムの言説を再検討するとともに、報道文や移民の言語、ヘイトスピーチを例にして、現代社会における言語の実相に迫る。第2巻（井出万秀・川島隆編）では、より長期的な歴史的観点からドイツ語にアプローチする。複数の言語のはざまで生きる人々の経験のなかでドイツ語がいかなる役割を果たしてきたのかを見るとともに、標準語、正書法、文法といった制度面の転換点に光をあてることで、ドイツ語が今の姿になるまでのプロセスを俯瞰する。第3巻（大宮勘一郎・田中慎編）では、「言語における規範性」にさまざまな角度から取り組んでいく。近代の言語は、文芸において典型的に認められるように、自由な表現を希求する一方で、さまざまな形の規範・規則を受け入れてもきた。こうした自由な表現の拡張と規範化による拘束という双方向性の「対立的協働」のあり方について、ドイツ語およびドイツ語をとりまく社会を例に扱う。

　　　2019年1月

　　　　　　　　　　　　　　　　　高田博行　　山下仁　　田中慎
　　　　　　　　　　　　　　　　　大宮勘一郎　井出万秀　川島隆

目次

シリーズ ドイツ語が拓く地平 刊行によせて　　　　　iii

第1部 **ナ チ ズ ム と 言 語**　　　　　001
　　第1部　はじめに　　　　　002

第1章 **ドイツ語の「武装解除」はできるか？**　　　　　005
　　田中克彦
1. 1945年における言語学の状況と"WORD"の創刊　　　　　005
2. ドイツの言語思想を告発した巻頭論文　　　　　006
3. ロマニスト・クレンペラーとLTI論　　　　　010
4. 母語への自覚と純化運動の発生　　　　　012
5. 純化運動の例外となったヒトラー　　　　　014
6. ソンメルフェルトに対するワイスゲルバーの反論　　　　　015
7. シャルル・バイイの、言語にあらわれた民族文体論　　　　　017
8. むすび　　　　　020

第2章 **国民社会主義のメディア研究に向けた視座**　　　　　023
　　佐藤卓己
1. 「国民社会主義」と「メディア」―翻訳の陥穽　　　　　023
1.1 国民社会主義か国家社会主義か　　　　　023
1.2 メディアは「広告媒体」　　　　　024
2. 「ファシスト的公共性」の射程　　　　　026
2.1 「ブルジョア的公共性」論の限界　　　　　026
2.2 脱文筆的公共性のニューメディア　　　　　029
3. メディア学の「ナチ遺産」　　　　　032
3.1 協力と継続と沈黙と　　　　　032
3.2 メディア学の総力戦パラダイム　　　　　036

第3章　二重の美化　『意志の勝利』のプロパガンダ性をめぐって　　043
田野大輔

1. はじめに　　043
2. 総統の委託　　045
3. 芸術性の追求　　048
4. 二重の美化　　051
5. ファシズムの美学　　055
6. おわりに　　059
   コラム　ナチ党大会の実態　　065

第4章　戦後ナチ批判言説のはじまり　「集団の罪」の追及と反撥　　067
初見基

1. はじめに　　067
2. 国外亡命者からの批判　　068
2.1 Franz Werfel (1890-1945)　　069
2.2 Sigrid Undset (1882-1949)　　071
2.3 Thomas Mann (1875-1955)　　074
2.4 Erich Kahler (1885-1970)　　076
2.5 Hannah Arendt (1906-1975)　　077
3. スイス知識人からの発言　　079
3.1 Karl Barth (1886-1968)　　079
3.2 Carl Gustav Jung (1875-1961)　　081
4. おわりに　　084
   コラム　罪の追及から「過去の克服」そして「想起文化」へ　　091

第5章　ドイツ再統一と政治的言説の変容　　093
国民の「不一致的統合」とある学問的スキャンダル
大宮勘一郎

1. はじめに　　093
2. ドイツ再統一ともう一つの「国民」言説　　095
3. 国民統合言説の両義性―包摂という排除　　099
4. 「ドイツードイツ・シェパード」スキャンダル　　101
5. おわりに　　111
   コラム　学問言語とその〈限界〉　　122

第6章 透かし彫りのナチ語彙　123
　　　AfD党幹部ビョルン・ヘッケの言説をめぐって
　　　高田博行

1. 拡散する「粗悪な」政治的言説　123
2. 名称と意味をめぐる闘争　124
3. データ：ヘッケの演説とFacebook　127
4. ヘッケ演説の概要　127
5. 「標榜語」としてのナチ語彙　130
6. 回避されるナチ語彙　132
7. 反転したナチ語彙　135
8. テクストの透かし彫り―「イペルテクスト性」　139
9. 生物学的・病理学的メタファー　140
　　コラム　ヒトラー演説における「女性」　147

第2部　現代社会と言語　149
　　第2部　はじめに　150

第7章 ドイツの「フクシマ」報道と新聞読者の反応　153
　　　または社会を分断する言葉の流通
　　　川島隆

1. はじめに―「パニック報道」？　153
2. ドイツの原発報道の歴史　156
2.1 原子力をめぐる言説の付置　156
2.2 ドイツの新聞各紙の傾向　157
2.3 福島原発事故の影響と「ジャーマン・アングスト」言説　158
3. 新聞各紙の投書欄に見る「社会の分断」の超克の可能性　162
3.1 『南ドイツ新聞』の投書欄　162
3.2 『ヴェルト』の投書欄　163
3.3 『フランクフルター・アルゲマイネ』の投書欄　165
4. おわりに―社会を分断する言葉　167
　　コラム「フクシマ」をめぐる報道写真（と見出しの言葉）　172

第8章　トルコ系移民のドイツ語　　173
ドイツ社会における実態と認知をめぐって
田中翔太

1.　はじめに　　173
2.　ドイツにおけるトルコ系移民　　174
2.1　外国人労働者として　　174
2.2　ドイツ社会への統合　　174
2.3　トルコ系移民の話すドイツ語とそのイメージ　　177
3.　トルコ系移民第三世代が話すドイツ語　　178
3.1　トルコ系移民の言語使用に関する調査　　178
3.2　家族に対する言語使用　　179
3.3　家族以外の人物に対する言語使用　　181
4.　トルコ系移民が話すドイツ語とドイツ社会　　183
4.1　現代社会が抱くトルコ系移民のドイツ語に関するイメージ　　183
4.2　概念の多様化　　183
4.3　ドイツ人が与える評価　　184
5.　まとめ　　187
　コラム　ヨーロッパの移民をめぐる言語状況　　191

第9章　難民・移民をめぐるコミュニケーション　　193
「対抗する談話」構築のための予備的考察
野呂香代子

1.　はじめに―対抗する談話とは何か　　193
2.　右翼ポピュリスト政党の談話　　196
2.1　難民・移民　　196
2.2　右翼ポピュリスト政党　　196
2.3　AfDの選挙綱領　　197
3.　政治教育　　202
4.　まとめ　　209
　コラム　政治教育の実践　　214

第10章 ヘイトスピーチに関する社会言語学的考察　215
　　　山下仁

1. はじめに　215
2. 社会言語学以外の取り組み　216
3. ドイツにおける言語学の立場からの議論　218
4. ヨルク・バベロフスキーの暴力論　222
5. マーサ・ヌスバウムの感情論　225
5.1 感情と信念　225
5.2 怒りと嫌悪感について　227
5.3 羞恥心について　229
6. まとめ　231
コラム　構造的差別　236

第11章 そもそもコミュニケーションは成り立っているのか？　237
　　　「言語の檻」を超えるしくみ
　　　田中愼

1. コミュニケーションの断絶？　237
2. 世界の認識可能性と言語化の問題
　　　―「コミュニケーションの断絶」への道　238
3. 「言語の檻」？―言語相対論　240
4. 表象のしくみ（世界を言語化する）―記号化の2段階　242
4.1 記号作用1（語彙レベル、世界を分類するプロセス）　244
4.2 記号作用2（文法レベル、対象を同定するプロセス）　245
4.3 記号の三角形　247
5. ドイツ語におけるコミュニケーションのしくみ―定形とV2語順　248
6. 「逸脱」のしくみ―言語の規制による社会の操作の可能性　249
6.1 不適切な言語使用による社会の操作―Unwort des Jahres　250
6.2 言語の規制の試み―ジョージ・オーウェルのニュースピーク　251
コラム　ドイツ国歌の改正論議　257

執筆者紹介　258

第1部

ナチズムと言語

第1部　はじめに

　本巻のタイトルは「**断絶のコミュニケーション**」である。ここでいう「コミュニケーション」とは、人と人とのコミュニケーションばかりではなく、広く人と社会のコミュニケーション、マスメディアやインターネットにおけるコミュニケーションなどを指している。そのようなコミュニケーションがうまく機能しないことが理由で、——より先鋭化して言うならば——コミュニケーションが断絶しているがために、世界的に見ても例えば、難民の受け入れなどをめぐりこれまでタブーであったことがヘイトスピーチのような形をとって顕在化している。まともなコミュニケーションが危機的な状況にあると言えよう。本書は、「ナチズムと言語」(第1部)と「現代社会と言語」(第2部)というテーマのもと、この問題圏に迫ろうとするものである。

　第1部「**ナチズムと言語**」は、ナチ体制下の言語とコミュニケーションの問題について、言語学史、メディア史、思想史の面から考察し、コミュニケーションに関わる「ナチの負の遺産」の「克服」という問題に焦点を当てる。以下に第1部の各章を紹介する。

　第1章「**ドイツ語の武装解除はできるか?**」(田中克彦)は、言語学の歴史という観点からの論考である。ドイツにおいては第2次世界大戦の敗戦までの長い間、母語の権利を訴え、「言語を民族の主たる根拠」とするロマン主義的言語観が力を持っていた。ナチ政権下ではまさにそうであった。「同じ言語を話すグループは一つのVolk (民族)をなし、それゆえ一つの国家を形成できる」というのである。敗戦にともない、言語にあまりにも重い価値を置くドイツ・ロマン主義的言語観を「武装解除」すること、母語の固有性と純粋性の探究と発見に強い関心を向ける言語観を「克服する」ことがドイツ人に求められたのだと、本章は指摘する。

　ナチ政権下では、ラジオや新聞などのメディアがプロパガンダ(政治的宣伝)のために駆使された。**第2章「国民社会主義のメディア研究に向けた視座」**(佐藤卓己)は、ナチズムにおける大衆の世論形成空間を「ファシスト的公共圏」ととらえ、この公共性にポピュリズムとアメリカ商業広告の手法との近さを見る。そのような視座からは、メディア学における「ナチ遺産」と

は、ナチ時代に各大学に講座化された「新聞学」のインテリジェンスを指すだけではなく、同時代のアメリカの総力戦体制で構築され、反ファシズムの科学であるとされてきた「マス・コミュニケーション研究」のインテリジェンスも含まれていると捉えるべきであると、論者は主張する。ラジオは、教養もない者でも居間にいながらにして政治情報へアクセスできる手段となり、新聞学は政治教育の要素として機能したのである。

　ナチ政権下では、映画もプロパガンダの手段として重要視された。**第3章「二重の美化―『意志の勝利』のプロパガンダ性をめぐって」（田野大輔）**は、映画監督リーフェンシュタールとファシズムの美学の関係性を、政治と芸術の「共犯」関係の上に成り立つ文化状況という次元で捉えて論じている。リーフェンシュタールが芸術性を極めたことがこの映画のプロパガンダ的効果を増幅したが、そもそもファシズムにおいては美が絶対的な規範となっていた。ナチズムは、国家と民族全体を「芸術作品」として形成することをめざした。宣伝や戦争も含めたあらゆるものが美の理想のために動員されたナチス体制下では、芸術家の意図にかかわらず、表現活動が政治的意味をもたざるをえなかったという意味で、美の機能変化が起こっていたのである。

　戦後になり、ドイツではナチの負の遺産はどのように「克服」が試みられて来たのであろうか。**第4章「戦後ナチ批判言説のはじまり―「集団の罪」の追及と反撥」（初見基）**は、戦後ドイツの言語空間のなかでナチズム克服の言説がどのような言説の抗争を経てきたかを追っている。〈ドイツ人の罪を問う〉という〈全国民規模〉の形での問題設定への反撥として、1950年代には〈罪〉の否認、沈黙を引き起こした。その後、〈過去の克服〉の言説が成立するものの、今度はそれへの反撥が〈タブー破り〉としてしばしば噴出する。また他方では、〈過去を反省している私たち〉という国民主体を形成しようという方向性が、移民などの間に他者を生んでいる。空虚な抽象論に収斂しないような〈連帯〉がいかに構想されうるのかは、いまだ途上の課題になる。本章では、この過程の端緒として、1945年前後の初期段階を対象としている。

　ドイツの再統一（1990年）がナチの負の遺産の克服にどのような展開を与えたのかを論じるのが、**第5章「ドイツ再統一と政治的言説の変容―国民**

の「不一致的統合」とある学問的スキャンダル」(大宮勘一郎)である。この章は、壁の崩壊とドイツ再統一とともに、反ナチス言説にとって新たな試練が始まった点に注目する。ナチスを自ら打倒したという建国神話に依拠する旧東ドイツでは、ナチスをおのれ自身の過去として反省する意識が希薄なところに、統一後には、旧西ドイツの自己反省言説が国民的ドクトリンとして入り込んだ。一方で、共産圏の崩壊とともに、ナチズムとスターリニズムを包括的に批判し、ナチスの人類的犯罪を相対化する歴史修正主義と親和的な「全体主義理論」が再前景化した。反ナチス言説による国民統合の力は弱まり、国民言説は混乱している。本章の扱う偽装論文事件は、こうした事態を典型的に表す事例である。

　第1部の最後にナチ的な言説に関する最新の情報を提供するのが、**第6章「透かし彫りのナチ語彙—AfD党幹部ビョルン・ヘッケの言説をめぐって」(高田博行)** である。この章は、2017年9月のドイツ連邦議会総選挙において、「ドイツのための選択肢」(AfD)が第3党として国政進出を決めた政治状況にともない、ポリティカル・ポライトネスを破って話す政治家たちが目立っている点を掘り起こす。ドイツにおける政治的言説の変質の動力源となっていると思われるのが、ナチ時代の語彙と表現の復活である。政治家ヘッケの演説とFacebookにおける語使用を分析してわかるのは、ナチ性は彼のことばの上層では消され上書きされているのだが、そのテクストの下層にナチ性に対するポジティブな評価を受け手に透けて見させる戦略が巧妙に取られていることである。

(高田博行)

第 1 章

ドイツ語の「武装解除」はできるか？

田中克彦

1. 1945年における言語学の状況と"WORD"の創刊

　1945年5月にドイツが、8月に日本が降伏した直後、アメリカのニューヨークで、新しい言語学の専門誌"WORD"が創刊された。この雑誌の編集にあたったアンドレ・マルティネ、ロマーン・ヤーコブソン、レヴィ＝ストロースなどの名をみれば、かれらの多くがヨーロッパでの迫害を逃れてアメリカに渡った人、そしてユダヤ人だったことがわかる。アメリカ言語学会はすでに1925年に創刊された"Language"を持っていたから、なおその上に新しい学会誌を出すには、それなりの主張があったはずである。

　雑誌の発刊にあたって、どのような考えがかれらにあったかを考えてみるとき、ちょうどその30年前に、やはりロシア革命を逃れてプラハに集まったトルベツコイらのグループの名を模して、Linguistic Circle of New Yorkを名のっていたことが参考になるかもしれない。このニューヨーク言語学集団は約100名の会員を持ち、すでに1943年から集まって研究会を開いていたと記録されているが、その成果が45年の終戦によって一挙に刊行されることになったのであろう。

　コロンビア大学のHenri F. Mullerの書いた発刊の辞には、戦争によって、ヨーロッパとアメリカに分裂した言語学の諸流派の間に密接な交流を作り出す必要があると説いた後、いかに相互の間で立場が異なろうとも、諸言語の研究において「ワード（語）」が重要な単位であるということに異論はないで

あろうと説き、そこで、この雑誌の名として「ワード」を掲げたと述べている。

じっさいに、1920年頃からの言語学史をみると、ヨーロッパとアメリカでは言語学が、関心のちがいによってきわだった対立を示しながら進んできたことがあらためて注目される。細部を大胆に切り落として特徴づけるならば、前者は「意味」の構造的な研究に、後者は、音素と形態素を画定・抽出するための手順をいかに確立するかに熱中してきた。

ヨーロッパではソシュールによって提示されたような流れのもとに、非歴史的な「構造」に関心が高まっていたが、アメリカでは、より強力なプラグマティズムと行動主義のドクトリンのもとに、descriptive linguistics が、ほとんど唯一の科学的な言語学へと君臨していた。それが頂点に達した頃、まったく突然にチョムスキーの Syntactic Structures (1957) が現れ、行動主義・記述主義を脱して、ヨーロッパの哲学の伝統の力を借りる方向に切り出したから、チョムスキーの生成変形文法はアメリカの伝統から見れば異端であり、ヨーロッパの流れから見れば、不充分で中途はんぱな古典時代(ここではポール・ロワイヤル文法を念頭におく)への復帰であった。チョムスキーは "WORD" から寄稿を求められるようなことは創刊後しばらくはなかった。すくなくとも "WORD" は、アメリカにおいてひたすらヨーロッパの言語思想を代表する機関誌として登場したと見ることができる。

2. ドイツの言語思想を告発した巻頭論文

その "WORD" の巻頭をかざったのが、アルフ・ソンメルフェルト(Alf Sommerfelt、ドイツ語に親しんだ人にはソンメルフェルトの語末の綴り方が誤ってはいないかと思われるかもしれないが、このとおりの無声音表記が正しい)の「言語問題と平和」(Les questions linguistiques et la paix)と題するフランス語で書かれた1編であった。論文の表題そのものが今日の言語学の専門誌から見ると異様に思われるかもしれないが、次のような書き出しはもっと異様に思われるであろう。「言語問題は今日の戦争をもたらした危機の中でも、致命的な役割を演じた。」とはじまり、次のように続く。「ヨーロッパの多くの国々における少数者といえば、第一に言語的少数者であり、これら少数者

は何よりもかれらの言語権の要求（revendications linguistiques）を認めさせるためにたたかってきた。これらの少数者と、さらにドイツ人たちも、かれらが言語に寄せる重要性は、言語学者、哲学者、歴史家、考古学者たちの著作に由来する諸々の教説が説明している。ドイツ敗北後のヨーロッパの再編にあたっては、この事実を考慮に入れなければ、確固たる平和に達する機会はほとんど得られないであろう。」と。

　ソンメルフェルトは何を言おうとしているのであろうか。かれの考えるところでは、ヨーロッパの平和は言語的少数者が、自らの言語の権利の過度の主張をつつしむことによって維持されてきた。ところがそれを乱す運動の高まりは、ドイツ人が確立した言語についての教説に入れ知恵された結果がもたらしたものだということだ。そう述べた後、ソンメルフェルトは、ヨーロッパ各国における言語状況を概観した上で、ヨーロッパの西部、英、仏では国家が少数民族をかかえているにもかかわらず、さしたる紛争へと発展することがないのに対し、中欧と東欧においては少数民族問題が常に問題を引き起こしているわけは、「言語を民族の主たる根拠（critère）」とするせいだと説く。

　たしかにこのような、中・東欧諸国における多数の民族語の成立と民族紛争の多発という現象を、西欧対中・東欧という対比においてとらえる方法には根拠があり、それについてはすでに1928年にメイエ（Antoine Meillet）は次のように指摘している（Les langues dans l'Europe nouvelle.）。ソビエト連邦が成立したため、ウクライナ語やベラルーシ語のような、ロシア語の方言にしかすぎないような小さな言語が独立し、かれはそのような言語で書かれた専門書を贈られたとき、「茫然自失した」というのである。メイエは言う。「ヨーロッパにできた新しい文明語［書きことばのことを言う］はつまらぬものばかりで、真に文学を富ますものではない。このような言語を用いる人々は、劣等者でいたくないと思えば、少なくとも大文明語の一つを身につけなければなるまい」。そして「西方の幸運なる言語的統一に対し、ここ東方では言語的分裂が見られる」と。ソンメルフェルトが言っていることは、すでに1928年にメイエが述べたことばを、別の状況にあてはめて単に言いかえただけである。こうした「多言語の不幸」はフランスにひろく見られる伝統的な考え方であり、何よりも重要な「母語の権利」を主張するドイツ・ロマン

主義とは、きわ立った対照を示している。
　両大戦間に中・東欧に起きた大規模な殺戮と言語状況との関係を示唆するものとして、最近も重要な研究が現れ、日本語にも翻訳された。たとえば、ティモシー・スナイダーの『ブラッド・ランド』(2015年、筑摩書房)はヒトラーのホロコースト、スターリンによるウクライナの政策的飢餓による大量殺戮地帯としての中・東欧の状況を細部にわたって描き出している。
　ソンメルフェルトは言う。西欧では一国の中で多民族・多言語状態が存在しても、それが紛争に発展しないのに、中・東欧においてはそうでないのは、民族の形成にあたって、言語にあまりにも多くの価値を与えすぎるからである。かれらの理論によれば、「同じ言語を話すグループは一つのVolkをなし、それゆえ一つの国家(État)を形成すべきだ」ということになる。この思想はロマン主義時代のドイツの言語学者と哲学者によって生みだされ発展させられたものだ。かれらは言語とそれを話す社会のグループとの間には一種の神秘的なきずな(une sorte de lien mystique)があると信じている。
　この点で私にはとりわけ忘れられない一つの研究がある。それは1976年にボン大学に提出された博士学位請求論文で、セルビヤ人ボイチ(Vera Bojić)の書いたJacob Grimm und Vuk Karadžić(1977)だ。副題にはEin Vergleich ihrer Sprachauffassungen und ihre Zusammenarbeit auf dem Gebiet der serbischen Grammatik（かれらの言語観の比較と、セルビア語文法での協力）とあるように、ヴークとほとんど同じ時代を生き、ヴークの二歳年上だったグリムは、セルビア語文章語を作ったヴークの仕事の、細部にまで関心を抱き助言したことを、この論文は明らかにしている。これを見ると、セルビア語の誕生のかげにはたしかにグリムのそそのかしがあったと言うこともできるであろう。
　このような、ドイツの言語観が中・東欧の諸民族にいかに多大の影響を及ぼしたかの説明は、ソンメルフェルトを待つまでもなく、とりわけ第二次世界大戦後にも、何度も繰り返されてきた、私たちには珍しくもない親しみぶかいものだ。
　私たちが知りたいのは、このような、言語と民族とのきずなが神秘的なのはなぜか、そしてまたどのようにしてその神秘性が生まれるのかということなのだが、ソンメルフェルトは、この問題に入っていくことはしないで、い

きなりW. フォン・フンボルトにはじまるドイツの思想家たちの言語についての主張と見解が紹介される。中・東欧の言語紛争は、たどっていけばロマン主義時代のドイツ人哲学者、言語学者の所業によるものであり、かれらのはたらきかけがなければ、こうした紛争は生じないですんだはずだと言いたいだけである。

　フンボルトの教説がどのようなものであるかを紹介して、ソンメルフェルトは次のように述べる。言語には「ある純粋な一つの原理から出発して、自由に、強力に、論理的に進化した言語と、それほど幸福ではない言語とがある」。この「言語に宿る独自の重要性という思想は19世紀のドイツのみならず、バルカンを含む中・東欧のすべての言語グループにおいても優勢となった」として、1816年に最初の比較文法を発明したフランツ・ボップからはじまって、フィヒテ、ヤーコプ・グリムなどこの期のドイツの言語学者や思想家の名をあげる。

　先まわりをして、この論文の末尾を示せば、次の二行の文によってしめくくられている。いわく、「戦争が終わって、私たちは敵どもを武装解除したいと思う。彼らを精神的にも武装解除（les désarmer aussi spirituellement）しなければならない。」

　武装解除の対象になっているのは、ドイツ・ロマン主義時代の、あるいは、ロマン主義の流れを作ったドイツの言語学と哲学だということになる。だから、学校教育の中で社会科学（sciences sociales）により大きな場所をあてがうべきだ。それもドイツだけでなく全ヨーロッパでと説く。ここで言う「社会科学」とは起源や古代のもやのかかった時代を研究する考古学や言語学ではなく、現代の、言いかえれば「共時」の知識を尊ぶべきだという主張になるであろう。

　ソンメルフェルトが、言語学との対比で、社会諸科学や社会学の教育を重視すべきだと述べていることは、かれの「ドイツ人の言語学」がいかに思い描かれているかを知る点で興味のあるところだが、いまは先に進もう。

　戦争とドイツ語ということになれば、どうしてもヒトラーの名演説にふれてほしいところだが、この論文にヒトラーが現れるのは一度だけだ。「たといヒトラーがドイツ人たちに、中世にはやった宇宙発生論的な教説（doctrine cosmogonique）を受け入れるように強制しても、たぶん成功しないだろう」と述べるにとどまる。たぶんこれはアーリア人種論について言っているのであろうが、ドイツ本国で人々が関心を寄せた、大衆動員に多大の効果を発揮したヒトラーの演説、その言語的技法などには全く関心がないらしく、ふれていない。ソンメルフェルトにとっては、おそらくロマン主義が作ったドイツの言語思想全体が問題なのであって、ヒトラー個人の言語文体のような、ドイツ語の歴史にとっては一時的で些末な問題はどうでもよかったのだろう。ヒトラーのもたらした言語現象は、必ずしもドイツ語にだけ限ったものではなく、ましてドイツ語の本質から発したものでもないという考えがもとにあったためだろう。そして、それは全くその通りなのだ。

3. ロマニスト・クレンペラーとLTI論

　ナチズムが支配した時代のドイツ語は、ヴィクトル・クレンペラーによってLTI（Lingua Tertii Imperii、第三帝国語）という特別な名づけを受け(1947)、それが、問題のありかと研究対象をくっきりと浮かび上がらせる効果があった。おそらくこのLTIがきっかけとなって関心を呼び起こし、ヒトラーの言説に頻出したとされる、ナチズムに特徴的な語彙集さえあらわれた。C. Schmitz-Berningが編んだナチズム用語辞典（Vokabular des Nationalsozialismus、1998）がそれであり、またヒトラーが外来語活用の名手であったことを示すW. J. LoohuisのDas Sprachgenie Adolf Hitler（言語の天才アドルフ・ヒトラー）である。外来語排斥、国語の浄化はドイツの伝統的言語運動であるにもかかわらず、ヒトラーが外国語利用の（時には誤った用法もある）、名手であることを示した語彙集であるが、発行年度は示されておらず、引用文献から見て間接的に1970年以後の発行であることがわかる。

　初版が1945年と見られるD. Sternberger, G.Storz, W. E. SüskindによるAus dem Wörterbuch des Unmenschen（非人間の辞書から）は、ナチズムの言語をきっかけにしているかもしれないが、フリッツ・マウトナー以来の「言語批判」（Sprachkritik）の伝統に基礎を置いたかまえの深いものであり、現代ドイツ人の言語意識を知る上で重要な観察を含む著作であるが、いまはそこまでは論

を進めないでおく。

　私はここでV. クレンペラーの作品により多くの関心がある。というのは、かれがKarl Vosslerの弟子であり、オイゲン・レルヒとともに1922年にフォスラーに捧げたFestschriftに寄せた論文のせいである。（→文献解題参照）

　この論文は大変興味ぶかいことに「ロマン主義とフランス・ロマン主義」Romantik und französische Romantikと名づけられている。クレンペラーがこの論文の中で提起したのは、ロマン主義はドイツでSchlegel兄弟にはじまる流れということになっているけれども、いったいロマン主義なるものはドイツに特有のものだったのか、それともそれ以前に、たとえばフランスにもあったのかという問題である。

　クレンペラーは、すでにルソーにおいてはっきりとロマン主義の思想があらわれていると考え、それをモンテスキューに至る流れとしてとらえている。そうして、かれこそはロマン主義の元祖であり、ヘルダーもフィヒテもその恩をうけているとさえ述べている。ロマニスト・クレンペラーがちょうど40歳くらいのときに書かれたこの論文は文学作品から政治思想にわたる広範囲なフランス語の作品を分析した力のあふれたものであるが、末尾のところで次のように結んでいる。

　「最も本来的なロマン主義、すなわち拡張（Erweiterung）に向かって、飽くことなきIch探求の努力の、止むことのない苦痛と喜び（Qual und Lust）は純ドイツ的であるが、この本質の最も強固な根は、フランスの土壌に強靱に根をおろしている。」

　この論文は、ロマン主義の名をもって呼ばれてはいないが、そのような現象は、ドイツに現れる以前にフランスにあったこと、すなわちロマン主義はドイツ特有の現象ではなかったこと、したがって、私流に言えば国家形成におくれたドイツではフランスとは異なった独特の役割を果たしたことを示唆している点、すでに30年以上も先だってソンメルフェルトよりもはるかに深い洞察を含んでいる。

4. 母語への自覚と純化運動の発生

　ドイツのロマン主義運動は、フランスとは異なって、強い母語の意識と、その固有性と純粋性の探究と発見に関心が向けられた。これは圧倒的なフランスとイギリスの先進文化に対する後進性の自覚のあらわれであって、これこそドイツ文化の特徴と言うべきものであり、母語の特質をまもり、始原の純粋性に立ちもどろうという願望であった。これがドイツ・ロマン主義の戦闘性と受けとられたにちがいない。

　後進的な文化にあっては、知識層はさらなる向上を求めて、先進文化に自らを同化させる強い願望を抱くものであるが、その知識層は、自らの民族の中に固有性を求めようとすれば、そのような固有性の担い手は、知識層の中にではなく、民衆的な層の中にあることに気づかざるを得ない。その民衆文化は教養層ではなく民衆の日常において語られる言語の中で維持されている。この民衆語を話す人たちがドイツ語ではVolkということばで、またドイツよりはさらに一歩後進的であったロシアではナロード(народ)と呼ばれていた。ロシアではこのナロードを主体とする文化・政治運動が、ナロードニキという革命結社の結成につながるのであるが、そのモデルとも言うべきものがドイツ語で言うVolkであった。ロシア革命がフランス革命のように、言語の多様性を憎悪するのではなく、むしろ言語の多様性の偏愛を示したことに、ナロードニキ的気分があふれ出ていたことに注目すべきであろう。

　Volkが知識・教養階級に属さぬ民衆層とともに、また日本語の「民族」にあたる内容を示すのは、かれらが知識・教養層が所有している外国文化に到達できる方途と手段を持たない、したがって、伝来の固有の民衆文化にとどまらざるを得ない階層に属するからであって、このようにして民族は民衆・人民の概念に一致するのである。

　このVolkの文化こそが自民族の文化にほかならず、外来の言語と文化でなく、自前の言語と文化に基礎を置いた、自らの独自・自立の発展を願うことを知識層が発見したときに、ドイツのロマン主義が成立したのである。したがってロマン主義の基礎は、土着的で農民的であらざるを得ない。

　このような自覚がめばえたときに、かれらがまず着手しなければならなか

ったのは、知識層が先を争い、母語をぎせいにして、母語の中にとり入れた外来のことばを指弾して、これら外来語の汚れを洗い去り、母語の中に外来語がはびこるのを防ぐことである。このようにして、Volkの主体性を回復すること——ここにロマン主義運動の真髄が宿っている。

　この浄化・純化の願望は、17世紀になると純化をめざす、自生的な、さまざまなタイプの言語協会(Sprachgesellschaft)を生み、それがJ. H. Campeに引きつがれ、ドイツ語を特徴づける強力な伝統になったのである。

　ドイツ語における外来語排斥運動——これはネガティブな表現であって、ポジティブには母語の純化運動——は、諸外国の言語史と対比してみるとき、ドイツ語史の目立った大きな特徴になっている。いったいどの言語で、J. Chr. Aug. Heyseの『外来語をドイツ語で言い換え説明する辞典』(Allgemeines verdeutschendes und erklärendes Fremdwörterbuch、1844, 1922, 1978)や、Hermann Dungerの『なくてもすませられる外来語をドイツ語で言い換える辞典』(Wörterbuch von Verdeutschungen entbehrlicher Fremdwörter、1822, 1909, 1989)のような、単なる外来語の収集・登録辞典ではなく、それを進んで「ドイツ語で言いかえる」(verdeutschen)ための辞典が、世紀を超えて、くり返し版を重ねて現れるということがあっただろうか。このような持続的努力がくり返し現れたドイツと、同類の辞書の試みがほとんどか、全く見あたらない日本と対比すべきである。

　ドイツ、ドイツ語との対比で日本、日本語を考えてみるとき、その相異のあまりにも大きな差に気づかざるを得ない。日本では専ら男・官用のための外国語・漢文に対して、女用の、ひらがなによる女流文学が10〜11世紀頃に発生したにもかかわらず、それが社会的運動とならず、18〜19世紀の国学も、ドイツ・ロマン主義のような、強力で持続的で実用世界への影響を及ぼすに至らなかった。このような、少なくともドイツとの対比における日本文化、とりわけ言語の研究はいったい誰が行うべきであろうか。そしてなぜ行われなかったのであろうか——この問題は、日本で行われている学問、とりわけ言語の学問の性格(つまり、その動機)を考える上で欠かせない重要な問題であると思う。

5. 純化運動の例外となったヒトラー

　先ほどはその名をあげるだけにとどめたW. J. Loohuisはヒトラーの外来語使用例を集め、その外来語使用が適切かどうかを検討し、ヒトラーの教養をはかるためにも利用している。日本でも2017年夏に、小池百合子東京都知事がアウフヘーベンなるドイツ語を多用して、聞く者を煙に巻くというできごとがあったが、ヒトラーが、同様に聞く者を煙に巻く効果を期待していたかどうかはわからない。しかしこれは外来語を多用するときに、かならず期待し得る効果である。

　Loohuisの本はMein Kampf（1927）から約120、『参謀本部におけるヒトラーの卓上談話』(Hitlers Tischgespräche im Hauptquartier、1941-1942）から約200の外来語の使用例を集め、ヒトラーの外来語好みの用法の特性を明らかにしようとしたものである。その中には、政治用語のほかに、今日まで、いな今日になって、いっそうさかんに用いられているMentalität、Phänomenなどの語もある。

　この著書によればヒトラーは、自分が十分な学校教育を受けておらず、教養と知識において欠けることが多いと考えて、教養を補うために英仏の雑誌類を熱心に読んだということである。ヒトラーはそのために、英仏語に親しみ、それらの用語をまじえて語ることが多かったという。それはMein Kampf（1927）からTischgespräche（1941-1942）までの20年の間の外来語の使用域を見ればわかるという。学校教育の不足というヒトラーの自覚から、かえって外来語の多用によって自分の知識を見せびらかす傾向があった。そしてヒトラー自身、外来語の方にかえって、ピタッとした表現を見出すことができたと語っている。それに伴って生ずる危険性として、用法つまり本来の意味から外れた誤用も入ってこざるを得ない。

　またヒトラーには、こうした外国の雑誌で自分の知識と教養を補うことが、自分の主張の国際的な受容に資するという考えもあったという。これはロマン主義の運動とは逆の方向を進むものであって、ドイツ語運動の全体の流れからすれば正常な国粋を踏みはずすものであった。あえて言えばヒトラーの外来語は、ドイツ語の伝統となったVolkへの裏切りであった。

この問題は、戦時中に日本で行った漢語による日本語の武装化と比べれば興味ぶかい。日本の外来語排斥国粋主義は、西洋語を漢語で置きかえることが主たる仕事であった。例えばレコードが「音盤」と言いかえられたことは、民族主義の強調に根本的に反することであった。戦争に便乗した日本の外来語排斥運動は、いっそうの漢化運動をすすめることにほかならなかったのである。この漢化が純化だと国民に思わせるために、権力や文芸界がいかに情熱を注いだか、なぜかれらがそうであったのか、そして今もそうであるのはなぜかも、日本語教育研究者が何にも増して解明する必要があろう。わずかに例外となったのは、満蒙開拓団の発案者で指揮者であった人物が、自ら考案した「体操」を「やまとはたらき」と呼んで、やまと化したくらいであった。

　おそらくドイツのVerdeutschungをモデルに、母語の純化を極度におしすすめたフィンランド語では、「スポーツ」さえ追放してurheilu（語根urheは元気）と言い、他の国々では完全に国際化した「Sowjet連邦」をNeuvostoliitto（neuvo = Ratschläge忠告; neuvosto = Ratversammlungソビエト、会議; liitto = Bund連邦）と言うほどに徹底させたのである。ソ連からの最も強い言語的圧力を受けたモンゴルでも、ついにソビエトなる語は採用せず、Zövlölt Kholboot Ulus、あるいは省略して単にZövlöltと呼びつづけたのである。neuvoもzövlölもいずれも「忠告、会議」を意味する純母語であった。これもドイツ語化（母語化）運動の生きた遺産であると言えるかもしれない。

　このようにドイツ語の純化運動の特性を知るためには、他の言語の純化運動との比較を行うことが極めて有効であろうと思われる。ドイツ語の純化運動はまずロシア語の、続いてその影響下にあった諸言語に根本的な影響を与えたのである。それについて、多くの例をあげたいところではあるが、ここではつつしむことにしよう。それは単なる語彙の比較研究という個別の問題ではなく、ロマン主義思想の全体、その本質を解明するにも資するであろう。

6. ソンメルフェルトに対するワイスゲルバーの反論

　ソンメルフェルトのドイツ語武装解除を説いた論文に、どのような反応があったかを私は知らない。ただ1953年に「ヨーロッパの言語的未来」（Die sprachliche Zukunft Europas, Lüneburg)とひかえ目な表題をつけた小冊子が現れた。これはその前の年、ハノーファー市でワイスゲルバー(Leo Weisgerber)が行った講演にもとづくものであった。講演のきっかけは、1949年にかれが世に送った『ドイツ語の歴史的ちから』(Von den Kräften der deutschen Sprache)について、スイスの新聞が寄せた書評についての感想である。ドイツの敗戦から4年後に、「ドイツ語」について書かれたこの書物に託されたメッセージの意味は、ドイツ語圏の読者にとって大きなものであったにちがいなく、それはソンメルフェルトがいう、「敵の精神的武装解除」の対象たるドイツ語側からの応答、あるいは意見表明になるからである。

　この講演は、人類の普遍的、根源的権利として、母語の権利を訴えたものであるが、とりわけドイツの思想的伝統と不可分である母語の概念と、ロマン主義の思想とが不可分であることがくり返し説かれる。

　ワイスゲルバーの所説の核心は次のようにまとめられるであろう「言語が文化に占める位置は、他の文化項目と同列であったり、対等ではあり得ず、はるかに大きなものである。したがって人間が共同体を形成するばあいに、言語によって成立する言語共同体(Sprachgemeinschaft)の意義は、他のGemeinschaftに比べて一段とぬきんでた地位を占める。しかもドイツ語の言語共同体は仏、英のそれとはちがった特有の経験をへてきている。この言語共同体をドイツ語ではVolkと呼ぶ。Volkはソンメルフェルトによってnationと等置されているが、前者は「精神・文化的(geistig-kulturell)」共同体であるのに対し、nationは「国家・政治・権力(staatlich-politisch-machtmäßig)」にかかわる概念であり、フンボルトはこのことによってVolkはNationよりも高度な概念(höherer Begriff)であると説く。」ここで「高度な」と言われているのは「基本的な」という意味であり、さらに思い切って、「より後進的」あるいは「より原初的」と言ってもいいだろう。

　この論文「ヨーロッパの言語的未来」は、ソンメルフェルトへの一貫した答えと批判になっている。そして、ソンメルフェルトが「言語にあまりにも多大な意味を与える」ドイツの思想が、紛争をまねき、少数民族をけしかける不断の脅威になっていると指摘している根拠が、これによっていっそう鮮やかに浮き彫りにされるのである。

7. シャルル・バイイの、言語にあらわれた民族文体論

　このように、言語をこえて思想的背景にまで議論がおよぶと、どうしても仏・独語に見られる言語意識の問題に当面せざるを得なくなる。このレベルで言語をとりあげた研究は、カブトムシと蝶とを昆虫のカテゴリーとして対等にとりあげる自然科学と同じようなレベルで進めることはできない。すべての言語はカブトムシと蝶とバッタを同列に扱う記述言語学の方法で「記述する」ようにはいかないのである。ここではどうしても、「歴史的経験としての言語」すなわち言語史という観点が入ってこざるを得ない。

　言語の共時的な印象比較は、とりわけドイツ語とフランス語の場合は、説得的な例によって比較的よく知られている。私にとっては、この二つの言語をともによくするアルザス人のアルベルト・シュワイツァーのばあいがそうである。かれによれば、「フランス語を使うときは、美しい公園の、よく整理された道を歩くような感じだが、ドイツ語だと、すばらしい森の中をさまよっているような感じだ。」「フランス語はでき上がっている(etwas Fertiges)が土に根をおろしているという感じがしないのに対し、ドイツ語はまだでき上がっていない(etwas Unfertiges)」と感じるのは、かれはドイツ語を、方言的であるがゆえに不安定な感じの、アルザス語として知っているからであろう。

　しかしこの「でき上がったフランス語」と、まだ未完定の「できつつあるドイツ語」というとらえ方は、シュワイツァーだけのものではなくて、当時のドイツ語を話す、すべてとは言わずとも、多くのドイツ人の感覚であったろうと思われる。この「未完の」、「途上の」言語、ドイツ語という自覚のもとに、人々はいっそうドイツ語の完成にむかって努力するのであろう。このようなばあい、言語の共時態は、共時態の中にすでに歴史を宿していると言えるであろう。

　ところで、いま問題にしているのは、でき上がった共時態の問題ではなく、ワイスゲルバーの言う、それぞれの言語経験のちがいにもとづくものであろう。

　こうした言語形成の歴史研究は、それじたいとして有用であるが、対照を

なす他言語の歴史との対比なしに行うことは大変むつかしい。そもそも、言語史を編んだとしても、その何が問題であるかが明らかでないからである。

このような研究は、具体的には言語作品の歴史の研究という形をとり、言語じたいの研究では文体論のレベルで可能になるだろう。

日本で「文体論」ということばでイメージされるのは作家個人の文体研究はあるが、それが異文化の文化の構造と関係づけて行われたことは皆無といっていいだろう。

日本には漢文化のそのままの忠実な写しをめざして努めた漢文体と、より自生的に、女性によってつくられたかな文体とがある。女性のつくった文体がドイツ語で言うMutterspracheの気分を代表していることは説明を要しない。そして言うまでもなく後者の方がより日本的、したがって土着的、民族固有的、民衆的で、ドイツ流に言えばVolkの言語に近いはずである。宣長が立てた区別「やまとごころ」と「からごころ」の対立は、文体的区別にそのまま使える「文体論」用語としても有用な区分であるが、それを近代言語学のわくの中で確立する議論もなく、柳田国男の言うように、明治を特徴づける「からごころ」趣味に吸収されてしまったのである。

こうした問題を論ずるにあたって、私がずっと念頭に置いているのはシャルル・バイイのことである。かれは畢生の作品と言ってもよい『一般言語学とフランス言語学』(Linguistique générale et linguistique française. 1932, 1944, 1965. 邦訳 小林英夫 1970→文献解題参照)で、ドイツ語との対比においてフランス語の特性を明らかにしようとした。その動機として、かれはジュネーヴ大学の教授として、接する学生のすべてが、これら二言語の話し手であったせいで、学生たちの論文指導においてこの二つの言語の対照に心をわずらわせねばならない環境にあったことをあげている。

その結論的部分において「フランス語は明晰(la clarté)を好み、ドイツ語は精密(des précisions)に熱中する；一は目標に直進し、他は細部に気をくばる。」(訳p.403)と述べている。

また「早くから文語に統一された」フランス語と、多様な方言に分かれたドイツ語とが音楽の世界に反映されたときどうなるかという考察にうつるとき、バイイはそれを「フランスにはしんの民謡がないことの理由」としてい

る。というのも、「古来の手本の模倣が詩を高尚にしてこれを民衆から遠ざけてしまった。」からである。したがって「Mörikeのリートやgrimmの童話の甘美なそぼくさを想わせるものはひとつもない。したがってフランス語には児童文学がはなはだ乏しいのは驚くにあたらない」（訳p. 408）といったあんばいである。

　私がバイイのこの著書に接したのは、いまから50年も昔、学生の頃であったが、いま読み返してみると、淡々とした冷静な書き方であり、驚くことに、その中に「ロマン主義」という語は一度も現れてこないけれども、ここでドイツ人ならばかならず「ロマン主義」ということばを用いて論ずるであろう。

　いま必要なのは、緊急事態の中でのさしせまった政治的議論ではなく、冷静に民族文体の特徴を浮き立たせる研究であろう。「ヒトラー言語」もその中で位置づけられるであろう。シャルル・バイイが言うように「われわれの言語観は、数百年来の誤りで汚されて」いるからである。

　本稿を閉じるにあたって、ソンメルフェルトの論における不可解で不満な二つの点を指摘しておきたい。一つはソ連邦の言語政策についてである。いわく「人はソ連邦の指導者が追求してきた、極めて賢明な言語政策からヒントを得るべきだろう。ソ連邦のすべての民族単位は、かれら自身の言語で教育を受けている。雑誌や書籍は、連邦のあらゆる言語で出版されるよう奨励されている。」まさにその通りであって、私の経験でも話し手が1000人にも満たない小さな言語にも文字と正書法が与えられるほどこの原則は徹底して行われていた。ところが、すぐに続けて、ソンメルフェルトは、これを次のように論評する。

　　この政策は、ロシアがアジアの小さな民族に対する特別の慈愛によるのでもなければ、またソビエト指導者たちの民族誌的な興味によるものでもなく、こうするのが新しい社会システムを受け入れさせるのに最も効果的な方法であるという確信によるものだ。<u>この政策はロシア化のための強力な道具なのである。</u>」（強調は引用者による）

これは欧米の多くの研究者がくり返し言ってきた、おきまりの反ソ言論パターンのひとつである。それによると、多数の言語を分立させ、相互の競争対立によってそれらの力をそぎ、それに乗じてロシア語の力をのばそうという方策である。ソ連はそのようなずるい策略によって少数民族語の力をそぎ、ロシア語の勢力をのばしているとかれらは非難しているのだが、ソンメルフェルトはそれをほめているのである。そして、「少数民族には、言語は他のすべてに優先する社会的事実ではないことを理解させるべきであろう」と結論づけている。この議論は、無力な少数言語は増やすべきでないとするメイエの論調と軌を同じくしている。

　ソンメルフェルトが「ふたつの敵の武装解除」を求めたもうひとつの敵は日本、正確に言えば日本語である。そのくだりは次のようになっている。「日本人たちは南アメリカ征服の地ならしをするために、古代アメリカの文明は日本起源だという神話を売り込んでいる。日本人はインカ文明の建設者であったらしい。日本政府はこんなばかばかしい話を論証するために出版費用を支払っている」と。このとってつけたような日本批判は1945年のヨーロッパ人には珍しいものではなかったにせよ、最後のこの数行は、この巻頭論文の説得性のためには、全く惜しむべき駄弁であった。

8. むすび

　ソンメルフェルトが"WORD"に論文を発表してから70年たった今、中・東欧では今もなお諸民族間の抗争が続いている。たしかにそれは、ソンメルフェルトが言うように、ドイツの言語思想による教唆がしつこくこの地域の人々を鼓舞しつづけているからかもしれない。

　ではドイツの思想が達しなかったか、受容を拒まれた西欧の英・仏ではどうかと言えば、嘆かわしいことに、ウェールズ、ブルターニュ、オクシタニア、コルシカなどでもまた、小さな言語グループが平穏というわけではない。とりわけフランスでは1960-70年代に、ブルトン語を話す人たちが、かれらの母語を新生児の名に与えて出生届けを出そうとしたところ、拒否されるにおよび、大いに憤激するという事件が起きた。このようにしてすでにnation

に吸収されたVolkが顔を出すできごとが相次いで生じた結果、少数者の言語に一定の地位を認めるディクソンヌ法（loi Deixonne）が成立し、1992年の憲法には、「共和国の言語はフランス語」であると書き込まれるに至ったのである。

ではワイスゲルバーが力をこめて提示した、ドイツ製の「母語」とVolkの概念は、グリムの時代そのままで有効だったのだろうか。否である。明らかに一つの「言語」だとされ、この自明なる言語の構成要素が、それぞれの方言的特徴を強調して、自らが独立の言語であることを主張する動きが現れたからである。

Heinz Klossはこうした現象、方言が言語になるための方策をAusbauと名づけ、問題として提起した。1952年にこの問題を著書で世に問うたのに、ほとんど反響を得ることができなかったかれは、1978年に大幅に増補した新版（Die Entwicklung neuer germanischer Kultursprachen seit 1800, Düsseldorf → 文献解題参照）を出して以来、はじめて国際的な注目を浴びるようになった。この語、AusbauspracheはAbstandspracheとともに、言語状況を語る際にいまやひろく欠かせぬ用語となり、学会で用いるようになった。私は『ことばと国家』(1981年)でそれぞれ「造成言語」と「隔絶言語」の訳語をつけて紹介したつもりだが、この訳語でいいかどうか、多少の不安はある。

さてこの「造成」あるいは「拡張」の願望がVolkじたいの中から発生するのは新たな母語の発見として評価しよう。しかし問題はそれが母語ではない強力な国家語によって強制的に行われる例が、ソ連、また部分的には中国で見られた。この深刻な言語問題については、くり返し私の著書で述べて置いたのでここではくり返さない。

文献解題

Victor Klemperer. (1922) Romantik und französische Romantik. In Victor Klemperer & Eugen Lerch. (Hg.) *Idealistische Neuphilologie. Festschrift für Karl Vossler zum 6. Septem-*

ber. Heidelberg: Winter.

　クレンペラーのこの論文は、かれの師で、ミュンヘン大学の総長をつとめたこともある言語学者カール・フォスラー（1872-1949）の50歳の誕生日を記念して捧げられた論文集に収められている。ここには他にもB. クローチュ、K. ビューラー、E. レルヒ、L. シュピッツァーなどの論文が入っている。私はこの力のこもったFestschriftを1999年12月、京都の北山書店で見出し買い求めた。前の持ち主はどんな人だったろうかと想像しながら。

Charles Bally. (1965) *Linguistique générale et linguistique française*. Bern: Francke. (シャルル・バイイ　小林英夫訳 (1970)『一般言語学とフランス言語学』岩波書店)

　本書の重要さについてはすでに述べた。小林英夫氏の訳も、いろいろ工夫をこらした、苦心のしごとである。本書の外国語への翻訳は、1955年のロシア語訳、1963年のイタリア語訳、そしてこの1970年の日本語訳の順にあらわれた。小林氏は「三番手に甘んぜねばな」らなかったと口惜しがっているが、本書が日本語で読めることに感謝しなければならない。またロシア語訳も大変すぐれたもので、私のソビエト言語学への深い信頼も、このような訳書を出せる国の学界の実力に感得し生まれた。訳者としてはヴェンツェリ夫妻の名があげてある。

Heinz Kloss. (1978) *Die Entwicklung neuer germanischer Kultursprachen seit 1800*. Düsseldorf: Schwann.

　本書が現れて間もない頃、著者のハインツ・クロスさんとは、シュヴェツィンゲンのご自宅にうかがっていろいろと教えを乞うた。クロスさんは本来は法律学者で、アメリカに移住したドイツ移民の言語を研究したそうである。「私は言語学者ではないから」と、いつも遠慮がちに話されたのであったが、私はその都度、深い敬意を感じたのである。

第 2 章

国民社会主義のメディア研究に向けた視座

佐藤卓己

1.「国民社会主義」と「メディア」——翻訳の陥穽

　与えられたテーマは「ナチズムとメディア」である。ナチ党がプロパガンダを駆使してワイマール共和国で台頭し、1933年の政権掌握後は国民啓蒙宣伝省による徹底したメディア統制でドイツ国民を第二次世界大戦を引きずり込んだという通説は、娯楽映画から一般概説書まで広く浸透している。とはいえ、そのプロパガンダ効果やメディア統制の実態については、それほど単純化できるものではない（佐藤 2014: 421-434）。

1.1 国民社会主義か国家社会主義か
　そうした事実関係の単純化よりもさらに深刻な問題は、「ナチズム」と「メディア」という概念が我が国では正しく理解されていないことである。Nationalsozialismus（国民社会主義）については、ドイツ現代史研究者がいくら正しく表記しても、いまだに「国家社会主義」と翻訳されることが少なくない。実際、独和辞典の多くがいまだにそれを「国家社会主義」、NSDAPを「国家社会主義ドイツ労働者党」と誤記している。
　「大衆の国民化」Nationalisierung der Massen が「大衆の国家化」であるはずもなく、ナチ党が唱えた「国民革命」Nationalrevolution を「国家革命」と訳さずに、ナチズムのみを「国家社会主義」と訳す者の思考回路はどこかで歪んでいる。もし Nation を「国家」と訳すなら、Nationalstaat（国民国家）は

「二重国家」とでも訳すべきだろう。

　今日の高校教科書に準拠した全国歴史教育研究協議会編『世界史B用語集』(山川出版社)でも正式に「国民社会主義」が採られているわけであり、いまだに「国家社会主義」を当てる独和辞書の編纂関係者にはその不勉強を猛省していただきたいものだ。この誤訳は実は意図的であり、その背景には我が国特有の思想史的文脈がある。丸山眞男は「国民主義の「前期的」形成」(1944年)において明治期までのナショナリズムを「国民主義」と訳し、「超国家主義の論理と心理」(1946年)においては昭和戦前期のウルトラ・ナショナリズムを「超国家主義」と訳し分けた。こうして前者に進歩性、後者に反動性を認めた丸山眞男のナショナリズム理解が典型的な戦後民主主義のターミノロジーとなった。

　だが、ジョージ・L・モッセが『大衆の国民化』(1975＝1994年)で明らかにしたように、フランス革命以来の国民主権や民主主義の政治的伝統の上にナチズムは成立した。その意味では、戦後民主主義者がすくい出そうとした「国民主義」にもファシズムは胚胎している。もしナチズムが国民主権や国民福祉と無関係な「例外的な悪夢」なら、戦後民主主義者にはどれほど都合がよかったことだろう。ナチズムを例外的として歴史から切断することは、歴史に学ぶという戦後民主主義の姿勢からはほど遠いはずだ。いま・ここへの連続性からナチズムを考えるためには、「国民社会主義」という、ある意味で美しい響きをもつ訳語は避けて通れないのである。

1.2　メディアは「広告媒体」

　メディアmediaはラテン語medium（中間・媒介）の複数形であり、英語では中世から「巫女・霊媒」など主に宗教的な意味で使われてきた。『オックスフォード英語辞典』OEDは今日的な「メディア」の用例の初出として、1923年アメリカの広告業界誌『広告と販売』Advertizing & Sellingに登場したmass mediumを挙げている。それは新聞・雑誌・ラジオの広告3媒体を指す言葉である。日本でも学術誌を除けば、1970年代まで「メディア」は主に広告業界のジャーゴンだった。それはドイツ語圏を含むヨーロッパでも同様である。メディア史家ヨッヘン・ヘーリッシュはこう述べている。

英独仏語の辞書を「メーディウム／メディア」という見出し語で調べると、戦後期のものでもまだ、たとえば英国の糸の質、ギリシャ語動詞の能動と受動の間をなす中間態、四大元素、霊媒という語義は見つかるのに、書物、新聞、写真、映画、テレビ、つまりマスメディアという語義は見つからない。(中略)二〇年前まで大学の学科の規準によれば、許されていたのはたかだか演劇学や、良くてもジャーナリズム学までであった。メディア学にはしかし認可されるチャンスはなかった。(ヘーリッシュ 2017 : 67)

　英独仏でも、広告媒体を意味した現代的な「メディア」は戦後にアメリカから輸入された外来語である。1980年代後半にドイツ留学でメディア研究を始めた私自身、ドイツ語 die Media の複数形 die Medien に馴染んでいたので、長らく英語の media も単数形だと思っていた。
　それゆえ、ヘーリッシュが「メディア学はエキセントリックなマクルーハンによる鳴り物入りの命題"メディアはメッセージである"とともに始まった」(同 : 69)とメディア学の「1960年代起源説」を唱えたい気持も理解できる。ちなみに、「ポップカルチャーの大司祭」マクルーハンのメディア論の第一作は新聞・雑誌・ラジオの「コマーシャル教育」を中心に分析した『機械の花嫁』(1951=1968年)である。その副題「産業社会のフォークロア」は、マーケティング文化を意味している。その上で、1945年以前のドイツ語圏、つまり国民社会主義時代のドイツにおいて「メディア」が今日の意味で使われていなかったことは十分に意識しておく必要がある。
　以上を踏まえて、「ナチズムとメディア」という2つの概念連合を正確に訳せば「国民社会主義と広告媒体」となる。しかし、読者の中にはそれを「国家社会主義と情報媒体」と呼びたい人もいるだろう。ちなみに、和製漢語「情報」は明治期の陸軍省で「敵情報告」を意味するフランス語 renseignement (ドイツ語 Nachricht)の訳語として創り出された軍事用語である。
　いずれにせよ、近代的な語感の「国民向け公共広告」か、反動的なイメージの「国家の情報宣伝」か、いずれの視点に立つかで「ナチズムとメディア」の論じ方は異なるものになるだろう。もちろん、本稿が志向するのは、

「ナチ宣伝」という通俗的枠組みから脱して、「ナチPR（広報）」という現代に直結した分析の枠組を提示することにある。

そもそも戦時期日本でナチ新聞学研究の第一人者だった小山栄三は、『東京大学新聞研究所紀要』第二号(1953年)で次のように論じている。

> 輿論指導の手段に関しては第一次世界大戦までは専ら宣伝Propagandaと云う言葉が使用されていた。然し両大戦を通じ事実的にも意識的にも宣伝とは、「嘘をつく技術」と云う風にとられてしまつた。それで宣伝のこの悪い意味を避けるため、プロパガンダと云う代りにマス・コミュニケーションと云う言葉が使用されるようになったのである。(小山 1953: 44)

輿論／世論を形成する手段は戦前のプロパガンダから戦後のマス・コミュニケーションへと言い換えられたわけである。今日のメディア研究者の多くが意図的に、あるいは無意識的にも忘却している事実である。

2.「ファシスト的公共性」の射程

2.1「ブルジョア的公共性」論の限界

こうした輿論／世論を生み出す社会関係(空間)は、公共性(圏)Öffentlichkeitと呼ばれる。ユルゲン・ハーバーマス『公共性の構造転換』(1962=1994年)における「市民的公共性」の議論がよく知られている。市民的公共性(圏)において市民は公開の討論によって政治的輿論を形成し、それが国家権力を制御する議会制民主主義の組織原理になっていたという。我が国では『公共性の構造転換』の翻訳(1973年)以来、その「市民的」理想のみが高く評価され、社会関係(空間)の歴史的実態が深く考察されることは少なかった。「市民的公共性」という訳語にも問題は多い。bürgerliche ÖffentlichkeitのBürgerは「ブルジョア階級」のことであり、ハーバーマスが同書の第二版(1990年)の序文で新たに提出したZivilgesellschaft (市民社会)の「民間人(公民)」Zivilとは異なる。「ブルジョア的公共性」と訳すべきところが「市民的公共性」と訳されたことで、その公共性論は没歴史的なものとして受容されてきた。

また奇妙なことに、このブルジョア的公共性の歴史的発展を描いた『公共性の構造転換』にはナチズムが登場する戦間期の公共性（圏）の記述がいっさい存在しない。ハーバーマスは17世紀末の啓蒙期に登場するブルジョア的公共性が19世紀後半に解体期に入るプロセスまでを詳述しても、第一次世界大戦からナチズム、スターリニズム、ニューディールの時代を完全に黙殺して、戦後西ドイツの福祉国家モデルへと議論を進めている。だが、この議論の欠落部分、すなわちナチズムの経験にこそ、現代における公共性問題の核心があるのではないか。そもそも、福祉国家モデルもナチズムと同様に第一次世界大戦が提起した総力戦システムの産物である。しかも、第三帝国を「ドイツ国民だけのための高度福祉国家」、「全体主義的社会国家」（Prinz & Zitelmann 1991: 17）と見なすポストモダンの研究潮流からすれば、ナチズムの公共性を論ずることは自身もヒトラーユーゲントだったハーバーマスが敢えて回避した物語の欠落部を埋めることにもなるはずだ。

　もちろん、ナチ党の街頭行進に大衆が拍手喝采する公共圏は同時代から注目されていた。カール・シュミットは「議会主義と現代の大衆民主主義との対立」（1926＝2015年）で大衆民主主義における歓呼喝采の重要性が投票数のそれに優ることを次のように指摘している。

　　国民は公的領域でのみ存在する。一億人の私人の一致した意見は、国民意思でもなければ公開の意見（公論）でもない。国民意思は、歓呼、喝采（acclamatio）によって、自明の反論しがたい存在によって、ここ半世紀のあいだあれほど綿密な入念さをもってつくりあげられてきたところの統計的装置によってと同じく、また、それよりいっそう民主主義的に、表明されうるのである。民主主義的感情の力がつよくなればなるほど、民主主義が秘密投票の記録システム以外の何ものかだという認識は、それだけたしかなものになる。（シュミット 2015: 153）

　国民意思が街頭の歓呼喝采によって「民主主義的に、表明されうる」なら、その国民化された大衆の世論形成空間――あえてファシスト的公共圏と呼ぶ――は「秘密投票」はもとよりブルジョア階級のサロンやコーヒーハウスよ

りも開かれた民主主義的空間である。シュミットが言う通り、「公論〔公開の意見〕(öffentliche Meinung)よりも意見の公開性(Öffentlichkeit der Meinung)が重要」(同：39)なのだから。

　結局、ハーバーマスが想定した政治的公共圏における近代合理的コミュニケーションを担う公衆とは財産と教養をもった「読書する公衆」Lesepublikumであり、現実的には住民大衆、あるいはナチ党支持者の多くがそのブルジョア的公共圏から排除されていた。もちろん、財産も教養も持たない大衆を主体とする「平民的公共性」plebejische Öffentlichkeitの存在をハーバーマスも意識はしていた。それがロベスピエール、チャーティスト運動、労働運動の無政府主義的伝統という歴史上の脈略で存在したことに「序言」で一応は触れている。しかし、これを「非主流的」な公共性として考察の対象から外し、こうした「文筆なき〔非リテラシーの〕公共性」illiterate Öffentlichkeitも市民的公共性の志向を基準にしていたと断定し、それはナチズムやスターリニズムにおける独裁下の統制された「文筆以後〔脱リテラシー〕の公共性」postliterarische Öffentlichkeitとは歴史的位相も政治的機能も異なると主張している(ハーバーマス 1994：3)。しかし、非文筆的から脱文筆的な公共性への構造転換は、大衆政治において――まさにナチズムの展開において――存在していたのではないか。こうしたナチズムの世論形成を考える枠組として、「ファシスト的公共性」faschistische Öffentlichkeitという概念は有効である(佐藤1996)。

　実際、第三帝国においてドイツ国民の大半は1939年に戦争が始まるまで自ら不自由だと感じることは少なく、ナチズムの参加民主主義を信じていた。その証言として、ドイツ系アメリカ人記者ミルトン・マイヤーが戦後、ドイツの地方都市に1年以上住み込んで元ナチ党員と親しく対話した記録、『彼らは自由だと思っていた』(1955=1983年)から引用しておこう。

> ナチズムこそ、大半のドイツ人の望んだものであったし、現実と幻想が結合した圧力のもとで、彼らが望むようになっていったのがナチズムであった。彼らはナチズムを望み、ナチズムを手に入れ、ナチズムを好んだのである。(マイヤー 1983：7)

それは心情的に反ナチだった教養あるドイツ市民にとってさえも当てはまる。マイヤーは戦時中にユダヤ人隠匿罪で投獄された一女性の証言を書き留めている。

> 当時、ドイツがどういう時代だったか聞いて下さいますかしら。私は、ユダヤ人の友だちと、その一三歳になるお嬢さんといっしょに映画をみにいきましたの。スクリーンにナチ党のパレードが映しだされると、そのお嬢さんは母親の腕にとりすがって、「ねえ、お母さま、お母さま。わたし、ユダヤ人でなかったら、ナチ党員になりたいわ！」とささやいたんです。（マイヤー 1983: 58）

なぜユダヤ人少女の目にナチズムの街頭公共性は魅力的に映ったのか。それを理解するためには、「非文筆から脱文筆への公共性の構造転換」を「近代化から現代化へのメディア史」として再考することが必要となる。

2.2 脱文筆的公共性のニューメディア

街頭行進のシンボルと並んで、ファシスト的公共性を構成した象徴的なメディアとしてラジオ放送を取り上げたい。それは俗流メディア論でよく見かける「ヒトラーの台頭はラジオ放送のおかげ」などというナイーブな理解からではない。ナチ党員は権力掌握以前、共産党員とともにラジオ番組の出演が認められておらず、ワイマール共和国でヒトラーの演説がラジオから流れることは一度もなかった。確かに、権力掌握の3日後、1933年2月2日にヒトラーはラジオのスタジオで「ドイツ国民への布告」を読み上げている。それは一度限りであり、それ以降、ヒトラーがスタジオのマイクで話したことはない。もっぱら聴衆を前に議会や集会で行った演説がラジオで中継放送された。

それゆえ、ファシスト的公共性をラジオ放送との関係から説明しようとすれば、メディア環境の脱文筆的な変化から論じる必要がある。ラジオ放送は物理的場所と社会的状況の伝統的結合を破壊し、帰属集団の境界を曖昧にし

た。財産と教養という壁で隔てられていたブルジョア的公共圏と労働者的公共圏は、ラジオ放送がもたらす「場所感の喪失」(メイロウィッツ 2003)によって一挙に流動化した。家に居ながらにして情報にアクセスすることができるラジオ放送は、それまでの市民とコーヒーハウス、青少年と学校、労働者と職場組合といった、情報へのアクセス回路と物理的場所の伝統的な関係を解体した。居間に置かれたラジオ受信器で政治情報へアクセスできるなら、わざわざ職場集会や労働者酒場に行く必要性は減少する。そう感じる労働組合員が増えてくれば、これまでの伝統的な帰属集団の枠組みは大きく揺さぶられる。

　また、活字メディアが教育段階に応じて情報へのアクセスを序列化したのに対して、記号的抽象度が低く意味理解が容易なコードをもつラジオ放送では、リテラシーの修得プロセスも平準化される。ラジオ放送の政治情報は教育も教養もない子供や婦人にまで届いた。こうして新たに政治化した女性や就労経験のない青年にとって、既存の利益集団間の調整で成り立つ伝統的な議会政治は満足できるものではなくなっていた。

　こうしてラジオ放送が階級的な文筆的公共性(リテラシーに基づく公共性)を掘り崩した先に現れる脱文筆的公共性(リテラシーにとらわれない公共性)は、ファシスト的公共性とも国民的公共性とも呼ぶことができる。ラジオ放送は国境も越えるメディアだが、映画に比べて国語への依存が高いために資本や経営は一国的であり、国民的な情報空間の構築には適合的だった。こうしてラジオ放送が公共圏に及ぼす衝撃をナチ党が正しく認識できたとすれば、それは第一次世界大戦後の新興政党のため機関紙活動など伝統的な文筆的公共圏のしがらみから自由であったためである。ヒトラーが『わが闘争(上)』(1926=1973年)で語る宣伝観は、徹底して脱文筆的である。そこにファシスト的公共性のポピュリズムを見るべきだろう。

　　宣伝はすべて大衆的であるべきであり、その知的水準は、宣伝が目ざすべきものの中で最低級のものがわかる程度に調整すべきである。それゆえ、獲得すべき大衆の人数が多くなればなるほど、純粋の知的高度はますます低くしなければならない。しかも戦争貫徹のための宣伝のときの

ように、全民衆を効果圏に引き入れることが問題となるときには、知的に高い前提を避けるという注意は、いくらしても十分すぎるということはない。（ヒトラー 1973: 259-260）

こうして大衆化されたナチ宣伝が、アメリカ商業広告の手法に接近するのは必然である。商業広告は本質において大衆消費者志向であり、購買力の最低レベルに照準を合わせて実施されるからである。同時代にナチ宣伝の「広告」性を鋭く見抜いていたのは、共産主義メディア・コンツェルンを組織して「赤いフーゲンベルク」とも呼ばれたヴィリ・ミュンツェンベルクだった。亡命先のパリで出版された『武器としての宣伝』(1937=1995年)でこう述べている。

> ヒトラーは「政治的広告」を、たくみに仕上げられた巨大なシステムにまで発展させた。そのシステムとはあらゆる芸術的手法、とりわけ戦争宣伝の経験を生かした巨大広告の洗練された方法、大規模な行進で発せられる言葉、洒落たポスター、輪転機とラジオを通した近代的広告といったもの全てだ。そして、これらを駆使して人を陥れたり、惑わしたり、だましたりしながら、はたまた残忍な暴力を伴いながら、このシステムは「大衆的」成果を目指して動いている。その際には最も重要なこと、すなわちヒトラー宣伝が目に見える形で収めている大きな成果は国民社会主義というイデオロギーの産物ではない、ということは忘れられがちだ。（ミュンツェンベルク 1995: 16）

ミュンツェンベルクが「政治的広告」というとき脳裏にあった理想型は、第一次世界大戦参戦時にアメリカで組織された「クリール委員会」だろう。ウィルソン大統領は反ドイツ世論を煽るべく、新聞編集者ジョージ・クリールを委員長とする「公報委員会」を設置した。戦後、クリールは『アメリカの広告方法』(1920年)と題した回想録で、この宣伝活動を「広告における世界最大の冒険」と自画自賛している。戦債募集のポスターなど、それまで商業利用されていた広告技術を政治宣伝に応用し、クリールはアメリカ国民に

戦争を見事に「売りつけた」。1921年にアメリカで「PRカウンセル」という職業名が初登場したように、「メディア」と同様に「PR」も総力戦を踏切板としてアメリカで人口に膾炙していった。

　ナチ宣伝の効果が商業広告技術の応用によるのであれば、それを「ナチPR」と呼ぶことに何の問題があるだろうか。「ナチPR」という概念が忌避される理由があるとすれば、その言葉がナチ時代と現在との断絶ではなく、現代との連続をイメージさせるからではないのか。

3. メディア学の「ナチ遺産」

3.1 協力と継続と沈黙と

　大学のメディア学がマクルーハン以後、つまり戦後にアメリカから到来した学問分野だとするヘーリッシュの言葉を引用した。もちろん、国民啓蒙宣伝省を備えた第三帝国の大学に世論やメディアを研究する学問がなかったはずはない。通常の学説史においては、20世紀初頭に新聞誌 Zeitungskunde として登場し、1920代から新聞学 Zeitungswissenschaft、1930年代から公示学 Publizistik、今日ではコミュニケーション学 Kommunikationswissenschaft、あるいはメディア学 Medienwissennschaft と名称を変えてきた学問がある。

　ナチ党の政権獲得から約1年後、学会誌『新聞学』1934年1月号はドイツ新聞学連盟 Der Deutsche Zeitungswissenschaftliche Verband の告示「ジャーナリスト養成教育のための新聞学課程の国家認定」を巻頭に掲げている。

> 1933年12月19日の記者法施行と発効に関する規定において、初めて国家によって新聞学課程はジャーナリスト教育の一部として認定された。すなわち、第18条2項「ドイツの大学において少なくとも6学期、新聞及び雑誌の内容制作に有意義な専門領域と併せて新聞学の大学課程を履修したことを証明できる者は、訓練期間半年間で専門教育の必要条件を免除される資格を有する」。年来、この認可を得るために戦ってきたドイツの諸大学の新聞学専攻分野とドイツ新聞学同盟に結集した新聞学研究者は、この指導的な英断において帝国大臣ゲッベルス博士とその専門

担当官に感謝いたします。(Zeitungswissenschaft 9-1: 1)

　ゲッベルスによって公布されたドイツ記者法はユダヤ人記者を排除する「アーリア化」規定で悪名高いが、この法律により新聞学はドイツの各大学で講座化された。この告示文に続いて学会誌編集長にしてミュンヘン大学新聞研究所所長カール・デスター(d'Ester)の巻頭論文「新聞学とは何か？　政治教育の要素としての新聞学」が掲載されている。デスターはワイマール期から第三帝国をはさんで戦後もしばらくミュンヘン大学に君臨した新聞学会の指導者である。それに続く第2論文「新聞誌から一般公示学研究への拡大」はベルリン大学ドイツ新聞誌研究所所長エミール・ドヴィファート(Dovifat)のものだが、彼もまた戦後のベルリン自由大学で公示学・ジャーナリズム学の講座を担当し続けた。この２人の学会指導者の「褐色時代」の経歴への批判的言及は戦後の西ドイツではほとんど見当たらなかった。第三帝国において最も恩恵を受けた学問分野である新聞学―公示学の責任追及が本格化するのは21世紀になってからである。
　2002年1月にドルトムントで開催されたシンポジウム「新聞学から公示学へ―連続と変革」において、ケルン大学で新聞学史を講じるルッツ・ハッハマイスターはこう総括している。

　　新聞学と比較できる規模の学問分野で、これほど深くホロコーストに関与したものは他に存在しない。(Stöber 2002: 101)。

　前年に再燃したノエレ＝ノイマン論争に関連しての発言だが、それはホロコーストから半世紀以上も経過した後の学界で浮上した自己批判である。
　なぜ戦争責任問題の「優等生」と呼ばれるドイツで、第三帝国のメディア研究は追及されなかったのか。最大の理由は、この学問分野が戦後はあたかもアメリカのマス・コミュニケーション研究の輸入学問のごとく「民主主義的科学」を装うことができたためである。
　メディア研究における「過去への沈黙」を破ったのは、公示学＝コミュニケーション学会の公式機関紙『AVISO』に掲載されたドルトムント大学教授

ホルスト・ペットカー「協力、継続、沈黙―ドイツにおけるコミュニケーション学のナチ遺産について」(2001年)である(Pöttker 2001: 4-7)。

戦後ドイツのコミュニケーション学、メディア学がアメリカから輸入されたという主張にとって、キーパーソンとなるのはマインツ大学新聞研究所教授エリザベト・ノエレ＝ノイマン(1916年生‒2010年没、以下第三帝国期の旧姓ノエレで略記)である。ノエレは、専門分野を超えて国際的な知名度を誇ったドイツで唯一のマス・コミュニケーション学者である。1947年に欧州屈指の世論調査機関アレンスバッハ世論調査研究所を設立し、国際世論調査協会会長ほか数多くの役職を歴任した。主著『沈黙の螺旋理論』(初版1980年)は、実証研究を踏まえてメディアと世論形成の関係を理論化した名著として、日本語をふくめ各国語に翻訳されている。「沈黙の螺旋」理論は、次のように要約できる。

メディアが特定の見解を優勢と報じると、それと異なる少数意見をもつ人々の沈黙を生み、その沈黙がメディアの言説の正当性をさらに裏づけ、歓呼喝采の中で社会的孤立を恐れる人々は勝ち馬を追うように多数派と報じられた見解にとびつく。こうして螺旋状の自己増殖プロセスが生まれ、圧倒的に優勢な世論が生み出されていく。

これこそ、ファシスト的公共性における世論形成プロセスを説明する理論と呼べよう。しかし、この理論から連想されるはずの第三帝国期の世論についての直接的な言及は同書に見当たらない。

ノエレはナチ体制下のベルリン大学でエミール・ドヴィファートに新聞学を学び、1937年に第三帝国からの公費留学生として渡米し、ミズーリ大学ジャーナリズム学部で世論調査を研究した。1938年に帰国すると、博士論文『政治と新聞に関するアメリカの大衆調査』(1940年)を上梓し、その後は夫となるエーリッヒ・ペーター・ノイマンとともにナチ党機関紙『帝国』Das Reichの記者として活躍した。記者時代の反ユダヤ主義言説については1990年代にアメリカでジャーナリストが告発していたが、その世論研究がナチ体制に由来していると最初に指摘した論文は、アメリカで発表されたクリストファー・シンプソン「エリザベト・ノエレ＝ノイマンの「沈黙の螺旋」とコミュニケーション理論の歴史的文脈」(1996年)である。『沈黙の螺旋理

論』には公共空間で対立する意見に対して被験者が反論するか沈黙するかを調べるためにノエレが開発した「列車テスト」が紹介されている。長距離列車の客室で同席した相手との会話を想定して回答させるアンケート調査法である。シンプソンによれば、親衛隊保安情報部は列車内での民情調査を戦時中に実施していた（Simpson 1996: 155, 164）。さらに、シンプソンはナチ青年運動への参加を綴った「褐色学生」ノエレ本人の帝国文化院あて上申書や「反ユダヤ主義的」署名記事も発掘している。

　だが真に問題とすべきは、アメリカ発のノエレ批判から5年間も黙殺を続けたドイツの学会の反応である。厳密いえば、それは黙殺ではなく隠蔽である。シンプソン論文に対して、ノエレの弟子ハンス・マティウス・ケプリンガーが、その政治主義の過剰を批判する英語論文「ポリティカル・コレクトネスと学問原則」（1997年）で反論した。さらに、学会誌『公示学』1997年第1号は、ノエレの非学問的な過去を学会で論争する必要はないと主張するイスラエル・ハイファ大学ガブリエル・ヴァイマン教授のシンプソン論文批判を英文で掲載していた。ようやく21世紀になって、ドイツの学会内部から「沈黙」状況に一石が投じられた。前述のペットカー論文である。

　　ドヴィファートやノエレのような新聞学者はナチ・イデオロギーの優れた点を学生や読者に伝達することで、恐怖政治に正統性を付与したのである。この意味で、彼らは白き手の犯罪者 Schreibtischtäter である。（Pöttker 2001: 4）

　ベルリン大学でノエレを指導したドヴィファートは、ミュンヘン大学のデスターとともに政治的にはカトリック保守派に属しており、両者とも戦前―戦後を通じてドイツ新聞学会―公示学会に君臨し続けた。戦後ドイツのメディア研究者は、第三帝国期に彼らの下でメディア研究をスタートしており、「ナチ体制への協力は内心の反発や抵抗を隠すためのアリバイであった」というノエレの弁明に深い理解が示されてきた。ペットカー論文はこう結ばれていた。

最終的にはドイツ・コミュニケーション学は、ナチ支配の犠牲者とその子孫に対して次のごとく告白することになろう。この学問を代表する何人かは、ヨーロッパ・ユダヤ人をシステマティックに抹殺し第二次世界大戦を引き起こしたナチ体制のために自らの才能を捧げた、と。そして、この学会においてその責任は50年間もさまざまな方法で否認されてきた、と。(Pöttker 2001: 7)

　残念ながら、ペットカーの問題提起が学問的に実り豊かな論争となったとは言えない。2年後に論争を総括する論文集『沈黙することの螺旋―国民社会主義的新聞学に関連して』が公刊されたが(Duchkowitsch 2004)、大きな注目を集めたわけではない。私自身もこの論争を紹介した「ナチズムのメディア学」を『岩波講座　文学2』(2002年)に執筆したが、日本の世論研究者からはまったく反応はなかった。

3.2　メディア学の総力戦パラダイム

　本当に向き合うべきは次の問いだったはずだ。そもそも女子学生ノエレがわずか1年足らずのアメリカ留学で、世論調査法を身につけることができた理由はなぜなのか。その世論調査法は本当にアメリカ的な――戦後の文脈では民主主義的な――学知だったのか。

　1939年9月1日、ドイツ軍はポーランドへ進撃を開始し、第二次世界大戦の幕が切って落とされた。同月ニューヨークで開催された「ロックフェラー・コミュニケーション・セミナー」の案内状で、財団事務局長ジョン・マーシャルが「マス・コミュニケーション」という用語を初めて公的に使用した。この言葉がナチ・プロパガンダに対抗する自らのプロパガンダを指す以上、マス・コミュニケーションはプロパガンダの代替語である。ドイツの新聞学―公示学とアメリカのマス・コミュニーション学は、総力戦体制という成立条件を共有した「双子の兄弟」ではなかったのか。

　実際、「ロックフェラー・コミュニケーション・セミナー」に参加した政治学者ハロルド・ラスウェル、社会統計学者ポール・ラザースフェルトなど「マス・コミュニケーション学の創設者」たちはやがて対ドイツ心理戦で重

要な役割を果たすことになる。すでにロックフェラー財団は、1937年プリンストン大学に放送プロパガンダを分析するラジオ調査室(後のコロンビア大学応用社会学研究所)を設立していた。第一次世界大戦後の厭戦ムードからアメリカ世論は不介入主義にとどまっており、公然と行政機構を使った戦争準備に踏み切れないローズヴェルト政権に代わって、裏口から対ドイツ思想戦への動員を代行したのがロックフェラー財団だった。

そのラジオ調査室の音楽部門主任となったテオドール・アドルノをはじめ第三帝国から亡命したフランクフルト学派の研究者たちも、やがて戦時情報局OWIに参加してナチ宣伝の分析やアメリカ参戦に向けた説得コミュニケーション研究に従事している。アドルノとマックス・ホルクハイマーの共著『啓蒙の弁証法―哲学的断想』(1944=1990年)における「反ユダヤ主義の諸要素」、レオ・レーヴェンタールとノルベエルト・グターマンの『煽動の技術―欺瞞の預言者』(1949=1959年)などはその戦争協力の直接的産物である。こうしたユダヤ系社会科学者のアメリカ亡命によってドイツ新聞学から社会科学的視点が失われたという指摘もあるが、世論研究の政治公示学に限れば、ワイマール期との断絶性をあまり強調すべきではない。

科学技術を駆使する総力戦において、使用された新兵器はすぐ敵側でも開発・採用されるのが普通である。だとすれば、公共圏活動のイノベーションもアメリカだけが独占できたと考えるべきだろうか。こうした疑問への通俗的な回答はすでに用意されている。メディアと世論の研究は民意を重視する民主主義国家アメリカにおいて喫緊の課題であったが、テロルと情報統制が支配するファシズム体制の下では世論研究への切実な動機など存在しなかったのだ、と。例えば、ノエレはナチ時代の反ユダヤ主義言説を最初に告発されたとき、自らの戦後研究がそれと無関係であることを次のように弁明している。

> ほんの一言半句の批判を漏らしただけで強制収容所に入れられかねない独裁体制において、世論調査が不可能なことは自明だった(Noelle-Neumann 1992: 10)。

つまり、世論研究はそもそもナチ体制への批判を意味した、というのである。そこに確認できるのは、世論を分析するマス・コミュニケーション研究は反ファシズムの科学であるという戦争民主主義の神話である。だが今日、こうしたアメリカの戦時スローガンを単純に信じることができるだろうか。それは、反ファシズムの民主主義体制の下で学問の自由によってのみ原子爆弾は製造しえたとの謂いに等しい。また、ファシズム体制もニューディール体制と同様に世論の支持を必要としていたことは、親衛隊保安情報部や国家秘密警察が密かに収集した膨大な「民情」報告書の存在が逆に裏付けている。

　第三帝国における新聞学―公示学は、そうした世論の重要性を前提として講座化された。それでもなお「言論の自由」の有無にニューディール体制とファシズム体制の差異を見出す論者はいるだろう。しかし、総力戦体制における自由とは、いずれの場合も「動員可能な自由」を意味していた。たとえば、「専門人」ラザースフェルトのラジオ調査プロジェクトに結局は適応できなかった「教養人」アドルノは、その調査対象であるアメリカのマスメディアを「ジャズの自由演奏」に喩えて、「計算され操作された疑似自発性」と批判している（アドルノ 1973: 31）。

　他方、戦時中は内閣情報部参与としてナチ新聞学の紹介につとめた東京帝国大学新聞研究室主任・小野秀雄は、ドイツ記者法の掲載禁止事項と罰則をドヴィファート『新聞学』（1937年）を参照して、こう解説している。

> 斯くの如き義務強制は一見苛酷な強制であるやうに見えるが、ナチの指導理念を体得してゐる人から云へば、社会法の規定の如きは問題ではなく、現今に於ては記事の差止も大体記者の自由意志に一任し得る程度になつたと云はれてゐる。これがもし事実とすればナチの統制は自治の理想郷に到達したものと云へよう。（小野 1941: 261）

　「ナチの統制」に「自治の理想郷」を見ることが、まじめに語られていたわけである。戦後、小野はGHQの命令により東京大学に設置された新聞研究所（現在の情報学環）の初代所長となり、日本新聞学会（現在のマス・コミュニケーション学会）を設立して会長に就任した。ちなみに、小野の下で戦

時宣伝を研究した小山栄三も、GHQの占領政策により新設された国立世論調査所（1949-1954年）の所長に就任している。そもそも戦時中に「思想戦のためのナチ新聞学」を研究した小野や小山が、戦後すぐに「民主化のためのマス・コミュニケーション研究」にほとんど抵抗なく移行できたのはなぜだろうか。そこに見えるのはファシズム体制とニューディール体制における「民意の目的合理的統御」というパラダイムの同一性である。

　結局、メディア学における「ナチ遺産」とは、第三帝国の新聞学—公示学の学知だけを指しているのではない。そこにはアメリカの総力戦体制で構築されたマス・コミュニケーション研究の学知も含まれている。ラザースフェルドたちドイツ語圏からアメリカへの亡命研究者の「知的戦果」が戦後のドイツに逆輸入されたことはもちろんだが、英語の新しいラベルの下に「褐色のラベル」は本当に存在しないのか。「国民社会主義のメディア研究」を今日なお問い続ける理由はここにある。

　一方、我が国における現代ドイツの「メディア学」受容の在り方については、別の問題も存在する。日本の読書界で「現代ドイツのメディア学」というとき、本章で扱った「新聞学—公示学—コミュニケーション学」という社会科学的系譜はほとんど意識されない。むしろ、フリードリヒ・キットラー、マンフレート・シュナイダー、ヨッヘン・ヘーリッシュ、ノルベルト・ボルツなど文芸学や歴史学の著作がもっぱら紹介されてきた。こうしたポストモダン系のメディア論において、彼らが批判するハーバーマスの公共性論と同様に、ファシスト的公共性への言及はほとんどない。そこには歴史学・文芸学の下部領域にとどまっていたワイマール共和国期の新聞学への「先祖返り」のような印象さえ浮かんで見える。

参考文献　アドルノ, テオドール・W.　山口節郎訳（1973）「アメリカにおけるヨーロッパ系学者の学問的経験」、ヒューズほか『亡命の現代史 4　知識人の大移動―社会科学者・心理学者』みすず書房（Fleming, Donald & Bailyn, Bernard. (ed.) (1969) *The intellectual migration: Europe and America 1930-1960*, Cambridge: Harvard University Press.）

Creel, George. (1920=1972) *How We Advertised America*, North Stratford: Ayer Co Pub.

Der Deutsche Zeitungswissenschaftliche Verband. (1934) Staatliche Anerkennung des zeitungswissenschaftlichen Studiums für die journalistische Ausbildung. In *Zeitungswissenschaft; Monatsschrift für internationale Zeitungsforschung* 9 (1).

Duchkowitsch, Wolfgang, Hausjell, Fritz & Semrad, Bernd. (Hrsg.) (2004) *Die Spirale des Schweigens. Zum Umgang mit der nationalsozialistischen Zeitungswissenschaft*. Münster & London.

ハーバーマス，ユルゲン　細谷貞雄・山田正行訳(1994)『公共性の構造転換』(第2版)未來社(Habermas, Jürgen. (1990) *Strukturwandel der Öffentlichkeit. Untersuchungen zu einer Kategorie der bürgerlichen Gesellschaft*. Frankfurt: Suhrkamp.)

ヒトラー，アドルフ　平野一郎・将積茂訳(1973)『わが闘争』上、角川文庫(Hitler, Adolf. (1926) *Mein Kampf*, 2. Aufl. München: Franz Eher Nachf.)

ホルクハイマー，マックス、アドルノ，テオドール・W.　徳永恂訳(1990)『啓蒙の弁証法―哲学的断想』(Horkheimer, Max & Adorno, Theodor W. (1944) *Dialektik der Aufklärung, hektografiertes Manuskript*)

ヘーリッシュ，ヨッヘン　川島建太郎・津崎正行・林志津江訳(2017)『メディアの歴史―ビッグバンからインターネットまで』法政大学出版局(Hörisch, Jochen. (2004) *Eine Geschichte der Medien; Vom Urknall zum Internet*. Frankfurt am Main: Suhrkamp.)

小山栄三(1953)「輿論形成の手段としてのマス・コミュニケーション」『東京大学新聞研究所紀要』第2号

ローウェンタール，L、グターマン，N、辻村明訳(1959)『煽動の技術―欺瞞の予言者』岩波書店(Lowenthal, Leo & Guterman, Norbert. (1949) *Prophets of Deceit: A Study of the Techniques of the American Agitator*. New York: Harper & Brothers.)

丸山眞男　杉田敦編 (2010)『丸山眞男セレクション』平凡社ライブラリー

マイヤー，ミルトン　田中浩・金井和子訳(1983)『彼らは自由だと思っていた―元ナチ党員十人の思想と行動』未來社(Mayer, Milton. (1955) *They thought they were free: The Germans 1933~45*. University of Chicago Press.)

マクルーハン，マーシャル　井坂学訳(1968)『機械の花嫁―産業社会のフォークロア』竹内書店(McLuhan, Marshall. (1951) *The mechanical bride; folklore of industrial man*. New York: Vanguard Press.)

メイロウィッツ，ジョシュア　安川一・上谷香陽・高山啓子訳(2003)『場所感の喪失―電子メディアが社会的行動に及ぼす影響』上、新曜社(Meyrowitz, Joshua. (1986) *No Sense of Place: The Impact of Electronic Media on Social Behavior*. Oxford University Press)

モッセ，ジョージ・L.　佐藤卓己・佐藤八寿子訳(1994)『大衆の国民化―ナチズムに至る政治シンボルと大衆文化』柏書房 (Mosse, George L. (1975) *The nationalization of the masses; Political Symbolism and Mass Movements in Germany from the Napoleonic Wars Through the Third Reich*. New York: Howard Fertig.)

ミュンツェンベルク，ヴィリー　星乃治彦訳(1995)『武器としての宣伝』柏書房(Münzenberg, Willi. (1937) *Propaganda als Waffe*. Paris: Carrefour.)

Noelle-Neumann, Elisabeth. (1992) *The pollster and the Nazis. In Commentary*, January.
ノエル゠ノイマン,エリザベート　池田謙一・安野智子訳(1997)『沈黙の螺旋理論―世論形成過程の社会心理学』ブレーン社（Noelle-Neumann, Elisabeth. (1980) *Die Schweigespirale. Öffentliche Meinung – Unsere soziale Haut*. München: R. Piper.）
小野秀雄(1941)「ナチ新聞學構成理論」『創立十周年記念講演會講演集』東京帝国大学文学部新聞研究室
Pöttker, Horst. (2001) Mitgemacht, weitergemacht, zugemacht: Zum NS-Erbe der Kommunikationswissenschaft in Deutschland. In *AVISO* 28.
Prinz, Michael & Zitelmann, Rainer. (Hrsg.) (1991) *Nationalsozialismus und Modernisierung*. Darmstadt: Wissenschaftliche Buchgesellschaft.
佐藤卓己(1996)「ファシスト的公共性―公共性の非自由主義モデル」『岩波講座現代社会学　第24巻　民族・国家・エスニシティ』岩波書店
佐藤卓己(2014)『増補　大衆宣伝の神話―マルクスからヒトラーへのメディア史』ちくま学芸文庫
シュミット,カール　樋口陽一訳(2015)『現代議会主義の精神的状況　他一篇』岩波文庫(Schmitt, Carl. (1926) Der Gegensatz von Parlamentarismus und moderner Massendemokuratie. In *Hochland* 23.)
Simpson, Christopher. (1996) Elisabeth Noelle-Neumann's "Spiral of Silence" and the Historical Context of Communication Theory. In *Journal of Communication* 46.
Stöber, Rudolf. (2002) Von der Zeitungs- zur Publizistikwissenschaft: Kontinuitäten und Umbruche; Bericht von der Tagung in Dortmund am 18. und 19. Januar 2002. In *Publizistik* 47 (1).
全国歴史教育研究協議会編(2004)『世界史B用語集』山川出版社

文献解題

佐藤卓己 (2018)『ファシスト的公共性―総力戦体制のメディア学』岩波書店

　著者のメディア史論集である(第72回毎日出版文化賞受賞)。第一部「ナチ宣伝からナチ広報へ」には、三つの関連論文が含まれている。その初出は「ファシスト的公共性―公共性の非自由主義モデル」(『岩波講座 現代社会学24』岩波書店1996年)、「第三帝国におけるメディア学の革新―ハンス・A・ミュンスターの場合」(『思想』第833号1993年)、「ナチズムのメディア学」(『岩波講座 文学2』岩波書店2002年)である。さらに第二部「日本の総力戦体制」でも戦中にナチ新聞学を紹介

した小野秀雄や小山栄三が思想戦講習会で果たした役割、ラジオ放送の衝撃から生まれた「電体主義」論(赤神良譲)の射程など、ファシズムの比較メディア論となっている。

ノルベルト・フライ＆ヨハネス・シュミッツ　五十嵐智友訳（1996）『ヒトラー独裁下のジャーナリストたち』朝日選書(Norbert Frei & Johannes Schmitz. (1989) *Journalismus im Dritten Reich*, München: C.H. Beck.)

　本稿ではメディアを原義的な「広告(広報)媒体」——ナチ時代でいえば雑誌・新聞・ラジオの三媒体——として論じている。ただし、我が国の「ナチズムとメディア」の研究紹介では映画に大きな偏りが見られる。概説的な平井正『20世紀の権力とメディア―ナチ・統制・プロパガンダ』(雄山閣1995年)でさえ、映画への偏向は明らかである。そうした中で、第三帝国「広報媒体」の中核である新聞・雑誌を中心にラジオ放送・ニュース映画まで含めて全体像を示した本書はいまなお必読文献である。特に、戦後ドイツにけるナチ記者の復帰を描いた第12章「ドイツ言論にゼロ時間はあったのか」は貴重であり、ノエレ＝ノイマンの「褐色の過去」にもすでに言及している。

今井康雄（2015）『メディア・美・教育―現代ドイツ教育思想の試み』東京大学出版会

　「ナチズムはなぜ勝利したのか」という問いに、映画教育の研究から切り込んでいる。ナチ娯楽映画に関する邦語文献は少なくないが、教育映画まで含めた教育メディア史は珍しい。「能力付与／教養市民／個人」と「社会統合／民衆／共同体」の二項対立で行き詰まったワイマール期の教育学に対して、「ミューズ的教育」による祝祭的共同体の直接的実現を掲げたナチ教育学が勝利するプロセスが説得的に描かれている。ナチズムは教育をプロパガンダとみなしたが、この「教育＝広報」媒体を映画教育論から丹念に分析している。なお、教育学は新聞学に比べれば大学アカデミズムに一足早く地歩を築いていたが、同じように政治化した新興学問のドイツ知識社会学としても興味深く読める。

第 3 章

二重の美化

『意志の勝利』のプロパガンダ性をめぐって

田野大輔

1. はじめに

　1934年のナチ党大会を撮影したレニ・リーフェンシュタール監督の映画『意志の勝利(Triumph des Willens)』ほど、毀誉褒貶の激しい映画はないだろう。同作はナチズムを美化した最悪のプロパガンダ映画として批判される一方、類まれな芸術性をそなえた記録映画として賞賛されるという、両極端の評価にさらされてきた。だが賛否いずれの立場を取るにせよ、この問題作がナチズムに関するイメージの形成に決定的な影響を及ぼしたことは否定しようがない。

　『意志の勝利』をめぐっては、これまで様々な角度から考察が行われ、議論が尽くされてきた観がある。だが多くの論考はドキュメンタリーかプロパガンダかという二分法に従ってこの映画を批判または賞賛することに終始しており、同作のプロパガンダ性や芸術性が何に由来するのかを説得的に論じた研究は少ない。それは何よりも、『意志の勝利』とその撮影対象である党大会との関係が十分に検討されてこなかったことが大きく関係していると思われる。リーフェンシュタールを批判する論者の一部は、映画と党大会をある種一体のものと見なすことで、この作品のプロパガンダ性を自明の問題として放置してきたといってよい。なかでも同作に関する古典的な論考の著者であるジークフリート・クラカウアーとスーザン・ソンタグは、党大会が映画の撮影のために開催されたとか、リーフェンシュタールが党大会の立案に

関与していたとかといった疑わしい前提にもとづいて、この女性監督のプロパガンダへの関与を批判している(Kracauer 1984: 354; Sontag 1980: 79)。

　だが1980年代以降の比較的新しい研究のなかには、この映画と党大会の演出を区別した上で、両者の重層的な関係のなかに作品のプロパガンダ性を位置づけようとする視点を提示するものも出てきている。たとえばマルティン・ロイパーディンガーは、リーフェンシュタールが単なる記録でも宣伝でもない「真正な映像体験」を追求していた点に注目し、『意志の勝利』は「すでに党大会の現実を理想化している演出を、さらに理想の党大会へと昇華させるもの」だったと主張している(Loiperdinger 1987: 52-53)。瀬川裕司も同じような観点から、この映画は「主催者がプロパガンダとして計画した大規模なイベントを、対象に過剰なほど感情移入する者がフィルムに定着し、最高度に芸術性を高めるべく編集作業をほどこした結果としての〈記録〉にほかならない」と指摘している(瀬川 2001: 176-177)。こうした見方は、映画と党大会を分析的に区別している点で大きな意義をもつが、両者の関係性そのものを問題化していないため、結局のところ映画の芸術性とプロパガンダ性を曖昧な形で融合させてしまいがちである。瀬川によれば、『意志の勝利』は芸術的であると同時にプロパガンダでもある映画、両者の「中間地点」に位置する作品だということになるのである。

　もちろん、『意志の勝利』は党大会というすでに演出された現実を映し出している映画であり、これと撮影対象である党大会を厳密に区別して論じることは原理的には不可能である。しかしながら、両者を分析的に区別することで見えてくる問題もあって、そこにこそ、この映画のプロパガンダとの交錯を的確に把握しうる可能性が存在していると考えられる。同作がヒトラーとナチズムを美化し、その魅力を増幅するというプロパガンダ効果を発揮したとすれば、そのプロパガンダ性が何に由来するのかを映画と党大会の関係のなかに見定める必要がある。それはプロパガンダか芸術かという不毛な二分法を超えて、両者の関係を問い直す視点を提示することにもつながるだろう。こうした観点から以下では、『意志の勝利』の製作事情、映像的・内容的な特徴、美意識上の問題点などを検討し、この作品のプロパガンダ性の所在を究明していきたい。

2. 総統の委託

　映画の冒頭、カメラがまず映し出すのは、飛行機のコックピットの前に広がる雲海の映像である。機内のヒトラーの姿は見えないが、それが彼の目に映る光景であることは明らかだ。総統の乗った飛行機はやがて積雲の間を抜けてニュルンベルクの上空に到達し、地上を行進する隊列の上に翼の影を落とす。党歌『ホルスト・ヴェッセルの歌』を背景に、飛行機はニュルンベルクの市街をかすめるように降下し、多数の支持者が待ち構える飛行場に着陸する。天から舞い降りる救世主のように、ヒトラーは神々しいオーラをまとって登場するのである。

　この有名な導入部を見ただけでも、『意志の勝利』がプロパガンダ映画であることは自明のように思われる。そうした印象は、タイトルの直後に「総統の委託により製作」という説明が加えられていることによっても強まる。映画の製作にあたってヒトラーの意向が決定的な役割を果たしたこと、党大会を映画化するという企画の発案者も、リーフェンシュタールを監督に指名した張本人も彼だったことはたしかである。総統の委託を受けたリーフェンシュタールは党と政府から製作費その他の全面的な支援を受け、その作品は国家の重要プログラムの一部として機能した。『意志の勝利』の完成後1935年3月28日に行われたプレミア上映も、ヒトラーら政府首脳列席のもと国家的行事として華々しく演出された。その後4月5日に全国70都市で一斉に封切られると、同作は各地で興行成績の記録を更新することになったが、その空前のヒットの背景には「ドイツの意志の交響曲」「国民的な記録」などといった見出しを掲げて絶賛した新聞報道の影響もあったことはまちがいない（Trimborn 2002: 222）。

　こうした国家挙げてのバックアップに呼応するかのように、『意志の勝利』は内容上でも依頼主であるヒトラーやナチ党を美化して描写しており、記録映画が追求すべき真実性や批判的姿勢もほとんど示してない。この映画が全編を通じて行っているのは、いわゆる「総統崇拝」の映像化、ヒトラーへの熱狂を圧倒的な美しさで表現することである。この「総統神話のセルロイド版」というべき作品において、ヒトラーはたえず大衆の上にそびえ立つ偉大

な指導者として描写されている。リーフェンシュタールのカメラは演説するヒトラーの姿を様々な角度からクローズアップやロングショットでとらえ、その合間に彼の話に耳を傾ける人々の群れや鉤十字などのシンボルを映し出している。この映画の主役がヒトラーであることは明らかで、彼の登場シーンは映画全体の約3分の1、その演説は音声全体の5分の1、演説全体の3分の2以上を占めている（田野 2007: 64）。多くの場合、カメラはヒトラーを前方下から見上げるアングルでとらえて、彼を実物よりも数段堂々たる姿に見せている。巧みなカメラワークで総統のイメージを様式化し、同時代ならびに後世の人々に定着させたこの映画が、依頼主であるヒトラーを満足させたばかりか、ナチ党の宣伝にも大きく貢献したことを認めないわけにはいかない。同作がナチズムから利益を得て、ナチズムに奉仕するものであったことは明白である。

だがヒトラーの依頼や党・政府の支援を受けたことをもって、ただちにこの映画を単なるプロパガンダ映画と見なすことはできない。というのも、監督に指名されたリーフェンシュタールには、ナチ党や宣伝省の指図を受けることなく思い通りに製作できるという破格の好条件が与えられていたからである。ナチ政権下の映画製作は通常、ヨーゼフ・ゲッベルス率いる国民啓蒙・宣伝省およびナチ党宣伝指導部に生殺与奪の権を握られていたのだが、総統直々の依頼を受けた彼女にはほぼ完全な自由裁量が認められ、ゲッベルスでさえ製作に口を出すことはできなかった。「総統の委託」は事実上、外部からの干渉に煩わされずに潤沢な予算を使って製作に打ち込めることを意味したのである。

このことはもちろん、ナチ党当局との間に様々な軋轢を生むことになった。党大会の演出を担当したアルベルト・シュペーアは、この点について次のように証言している。「党大会運営機構で公式的資格をもつ唯一の女性として、彼女はしばしば党組織と衝突した。（中略）伝統的に女性を敵視してきた運動の政治的指導者たちの目には、自分の目的のために男の世界を遠慮なく叱咤する自尊心の強い彼女は挑発的に映ったのである。彼女を失脚させるために陰謀の網が張りめぐらされ、様々な中傷がヘスのところへ持ち込まれた」（Speer 1969: 74）。リーフェンシュタール自身の回想によると、公式報道で

仲睦まじく交流する様子が紹介されていたゲッベルスからも執拗な妨害を受けていたらしい (Riefenstahl 1990: 209)。ゲッベルスの日記にはリーフェンシュタールとの確執に関する記述は出てこないのだが、両者がヒトラーの寵愛をめぐってある種のライバル関係にあったことはたしかで、宣伝大臣が自分の省を通さずに仕事をする女性監督を快く思っていなかった可能性は高い。だがいずれにせよ、ゲッベルスもリーフェンシュタールの芸術家としての資質を認めざるをえなかったし、彼女の才能と技術をプロパガンダに利用するのにやぶさかではなかったようである。1935年5月1日、宣伝大臣は『意志の勝利』に国民映画賞を授与しているが、その際のスピーチで、彼はこの映画が「行進する隊列のテンポで躍動し、鋼鉄のような信条にもとづき、芸術への情熱で燃え立っている」(Bach 2007: 139)と激賞している。

　とはいえ、リーフェンシュタールは『意志の勝利』の製作にあたって外部からまったく干渉を受けなかったわけではない。1934年の党大会でははじめて公式参加した国防軍の軍事演習が行われたのだが、その場面が映画にほとんど取り入れられていないことを知った国防軍幹部が激怒し、ヒトラーに直接不満をぶつけたのである。仲介に乗り出したヒトラーは将軍たちが一列にならぶ映像を映画の冒頭に置いてはどうかと提案したが、すでに雲上からヒトラーが登場するプロローグを考えていたリーフェンシュタールにはこの助言は受け入れられなかった。結局、翌年の党大会で軍事演習をあらためて撮影し、別の短編映画——1935年に『自由の日(Tag der Freiheit)』というタイトルで公開された——を製作するという条件で国防軍は引き下がったが、このエピソードはリーフェンシュタールが製作にあたって政府首脳部の介入に抵抗し、基本的に自分の意志を貫いたことを例証している (Riefenstahl 1990: 229)。

　たしかに軍事演習のシーンをすべて削除しなかったのは妥協といえるし、それ以外にも党や政府の意向を汲んだと思われるシーンがないわけではないが、そもそも映画の依頼主と彼女の間に製作方針をめぐって基本的な対立がなかったことには注目してよいだろう。党大会映画の製作を依頼された際、自分はナチ党員ではないし政治にも疎く、突撃隊と親衛隊の区別すらつかないといって躊躇したリーフェンシュタールを、ヒトラーは次のような言葉で

口説き落としたという。「それで結構、その方が本質的な部分が見える。私は退屈な党大会映画や週間ニュース映像ではなく、芸術的な映像記録を望んでいる。党のその方面の人間にはこれがわからないのだ」(Riefenstahl 1990: 222)。『意志の勝利』があれほど強力な映画となったのは、その製作を指揮した女性監督が党の政治的制約にとらわれずに、遺憾なく芸術的才能を発揮できたからという面もあったのである。

3. 芸術性の追求

　ヒトラーの望んだ「芸術的な映像記録」、それはこの女性監督のめざすものでもあった。リーフェンシュタールは戦後、自分は政治に関心がなく、美を追求しただけだとくり返し弁明しているが、実際、製作当時から芸術性の追求——「芸術的な造形」——を最大の目標に掲げていた。彼女が作り上げようとしたのは、週間ニュース映画とは一線を画す記録映画、出来事をそのまま再現するのではなく、それを再構成して芸術の高みにまで引き上げるような映画だった。「偉大なる帝国党大会の時系列順構成の映画は、(中略)ニュルンベルクの出来事の再現というその本質からして、破綻してしまうだろう——単なる模倣、写真的な忠実さによって出来事をならべるだけでは、観る者を疲れさせ、幻滅させてしまうにちがいない」(Riefenstahl 1935: 11)。演説や行進など似たり寄ったりの行事を題材にして、観客を退屈させないドラマティックな映画にまとめるには、何よりも確固たる構成とリズムに従って映像をつなぎ合わせる必要があった。リーフェンシュタールはこれを「交響曲」にたとえている。「スクリーンから目に飛び込んでくるよう、豊富な効果モチーフを用いて党大会を作曲する。すべてを時系列順に正しくスクリーンに再現するなどというのは問題外だ。製作方針が要求しているのは、ニュルンベルクの現実の体験に支えられながら、直感にもとづいて全体を統一する道を発見し、観客の目と耳を場面から場面へ、印象から印象へと圧倒的な力で引き込むような映画に仕上げることである」(Riefenstahl 1935: 28)。

　実際、『意志の勝利』の全編を通じて、運動と静寂、緊張と弛緩、朝と夜、ロングショットとクローズアップなどが意識的に組み合わされており、力強

い流れを基調にして全体を統合しようとする監督の意図がうかがえる。当然のことながら、こうした編集を行う上では大会行事の時間的順序を入れ替えたり、余分な場面をカットしたりといった加工が必要となる。その意味では、リーフェンシュタールは最初から忠実な記録を放棄していたのであって、時系列を無視した編集やスタジオ撮影映像の使用なども、芸術性を追求する上で確信的に行ったものといえる（瀬川 2001: 167-168）。彼女はまた、事前のリハーサルや演技指導にも躊躇しなかった。なかでも労働奉仕団の点呼のシーンは、「民族共同体」の理念を合唱劇で表現する劇的構成で進行するため、事前によほど綿密な予行演習を行わなければ撮影不可能である。『意志の勝利』がこうしたいわゆる「やらせ」の映像を含んでおり、事実の記録という範囲を逸脱していることはまずまちがいない。とはいえ、リーフェンシュタールの編集姿勢を貫いているのは党大会の体験を凝縮した形で伝えようとする様式化への意志であって、そこにプロパガンダの意図が見出せるかどうかはあくまで別に考えるべき問題である。

　こうした芸術的な構成を実現するためには、使用できる映像が豊富になければならない。とくに党大会のような現実の出来事を題材とする場合、スタジオ撮影とちがって撮り直しがきかないため、現場でできるだけ多くの映像を撮影しておいて、後の編集作業で作品に組み込むという手順を踏む必要があった。そのためにリーフェンシュタールは、170名を超える大人数の撮影チームを投入し、数十台のカメラでイベントのあらゆる瞬間をとらえようとした。しかも彼女はその際、様々な新しい撮影方法を駆使して、斬新で変化に富んだ映像を撮影することに精力を注いだ。そうした新しい撮影技法としては、演壇の前に敷いたレールの上を動きながらの移動撮影、党旗掲揚ポールに設置したエレベーターからの俯瞰撮影、ヒトラーの車に同乗したカメラによるクローズアップ撮影、消防署のはしご車を使っての高所撮影、地面に近い位置からのローアングル撮影などが挙げられる（Riefenstahl 1935: 36, 84, 94; Riefenstahl 1990: 224）。リーフェンシュタールは劇映画で一般的な手法をドキュメンタリー映画に応用し、多彩で斬新なアングルの映像を効果的に組み合わせることで、誰も見たことのない超現実的な美の世界を現出させたのだった。

なかでも突撃隊と親衛隊の点呼のシーンは、そうした美的構成の圧巻といえる。カメラはまず、巨大な会場を埋め尽くす隊員たちの真ん中に空けられた広い通路を演壇から戦没者慰霊碑に向かってゆっくり歩いていくヒトラーと2人の部下の姿をロングショットで映し出す。これはほかでもなく、演壇の後ろの党旗掲揚ポールに設置されたエレベーターからの映像である。次にカメラは、水を打ったように静まり返った隊列の間を進む3人の孤影を慰霊碑の側から左方向への移動撮影および高所からの望遠撮影でとらえる。そして3人が階段を上がって慰霊碑の前の花輪のところで立ち止まり、右手を挙げて敬礼する姿を正面および斜め後ろのカメラが映し出し、その合間に献火から煙が立ち上るショットが挿入されて、いっそう厳粛な雰囲気が醸し出される。ここでは大部隊の一糸乱れぬ整列と3人の重々しい動作、火の象徴性とが見事に調和して、非常に効果的な画面が生み出されている。『意志の勝利』はこうした単なる記録を超えた壮麗な美的イメージ、現実以上に美しいハイパーリアルな世界を現出させている点で、少なくともドキュメンタリー映画の新境地を開拓しているといっていいだろう。

　『意志の勝利』の製作にあたって芸術性を追求したリーフェンシュタールにはもちろん、ナチ党の宣伝活動に従事しているという自覚はなかった。彼女は戦後の証言のなかで製作当時ヒトラーに心酔していたことを認めているが、それはイデオロギー的な信念ゆえではなく、単に政治的に無知だったからにすぎないと説明している。これは多分に自己弁護的な主張のように思えるが、あながちそれだけともいいきれない。彼女はナチ党員ではなかったし、党の具体的な政治運営に影響を与えたこともなかった。『意志の勝利』でヒトラーとナチズムの偽りのイメージを描き出し、多くの人々を惑わしたとはいえ、本人もまたそうしたイメージに惑わされた1人にすぎなかった。

　リーフェンシュタールに政治的宣伝を行っている自覚がなかったことを別の角度から裏付けているのは、『意志の勝利』にヒトラーやナチズムを賛美するようなナレーションが付けられていないという事実である。彼女自身も強調しているように、それは『意志の勝利』がナチ党のイデオロギーを押し付ける類の露骨に政治的な宣伝映画でないこと、この映画が言葉よりも映像美を通じて観客に訴求する作品であることを意味している。同作は逆説的に

も、直接的なプロパガンダに頼らず非政治的な映像美に徹したがゆえに、かえって大きなプロパガンダ効果を発揮したといえるのである。おそらくヒトラーもまた、そのことを理解していたにちがいない。彼がリーフェンシュタールを党大会映画の監督に指名したのは、彼女に政治的志操が欠けていることは承知の上で、その芸術的感性にこそ自分たちの姿を効果的に提示しうる能力を認めたからにほかならない。

4. 二重の美化

　リーフェンシュタール本人に宣伝の意図がなく、自分の美意識のみに従って映画を製作したのだとすれば、その作品のプロパガンダ性はどこからくるのだろうか。この問題を考えるにあたってあらかじめ留意しておかなくてはならないのは、映画のプロパガンダ性をすべて彼女の責任に帰するわけにはいかないことである。というのも、撮影対象である党大会そのものが宣伝イベントだったからである。党大会はナチ党が自らの権力を誇示するために開催したものであって、これを撮影した映画がプロパガンダ性を含み、結果的に宣伝効果を発揮してしまうのは当然のことといってよい。この映画がヒトラーへの熱狂を映し出していることはたしかだが、そもそも党大会じたいが熱狂的な支持者のための催しであり、大会期間中のニュルンベルクはかなりの程度までそうした人々で埋め尽くされていたのである。もちろん、だからといって事実を記録したにすぎないというリーフェンシュタールの主張を受け入れるわけにいかない。この映画が基本的に記録映画であることを認めるにしても、現実の党大会をそのまま再現するなどということはそもそも不可能であり、そうした主張は監督自身の関与を曖昧にするものでしかない。それゆえ、リーフェンシュタールの責任を問おうとするのであれば、彼女が「党大会の記録」という範囲を超えていかに大会の状況を歪め、あるいは少なくとも美化して表現しているのか、その点を明確にする必要がある。

　このような観点から見ると、『意志の勝利』が党大会の美的な演出をさらに美化して映像化するという、いわば「二重の美化」のプロセスをへて生み出されたものであることがはっきりしてくる。

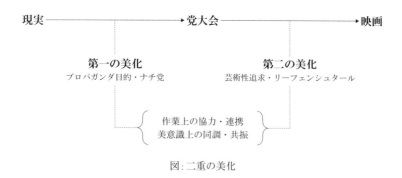

図：二重の美化

　第一の美化はもちろん、ナチ党当局によるプロパガンダ目的の美化である。党大会は大規模な集会や行進を通じて総統とナチ党の主従関係を象徴的に表現し、その関係をドイツ全体にまで拡大・浸透させていく意志を表明するための一大デモンストレーションだった。ヒトラーの言葉を借りれば、その目的は「偉大で強力な運動への参加を目に見えるように実演すること」を通じて党員たちに「勝利の確信」を吹き込み、国民全体を包括する「民族共同体」の実現に向けて彼らを動員することにあった（田野 2007: 62-63）。党大会はヒトラーの支配のもと身分や階級を克服して一致団結したドイツ、この来るべき「民族共同体」の理想をドラマとして上演し、総統への熱狂と集団的な一体感のなかで未来を先取りするものであって、まだ実現していないユートピア的な世界を美しく提示し、そこに向けて一般大衆の意識を誘導している点で、まぎれもなくプロパガンダ的役割を果たしていた。

　そして、この演出の責任者として辣腕をふるったのが、ヒトラーに抜擢された若き建築家シュペーアである。後に党大会会場全体の建設計画を担うことになるこの建築家は、古代神殿のような建築、鉤十字や鷲の装飾、照明や火を使った演出などで参加者に強烈な印象を与えた。とくに有名なのが夜間の集会でのサーチライトによる演出で、彼はこの「光の芸術」の美的効果を「私の最も美しい空間創造であっただけでなく、それなりに時代を超えて生き残った唯一の空間創造であった」と自賛している（Speer 1969: 71-72）。いずれにせよ、それが党大会の演出の基本的な部分を構成し、「政治のスペクタクル化」の原型を作り出したことは認めざるをえないだろう。リーフェン

シュタールは『意志の勝利』には撮影用に演出した場面はないと主張しているが、実際には党当局によって美的演出が行われ、映画を撮影するのに必要な準備が整っていたのである。

　これに対して、第二の美化はリーフェンシュタールによる芸術的な美化である。彼女が製作した『意志の勝利』は、党大会で上演された「民族共同体」をさらに美化した形でスクリーン上に再現し、その理想を圧倒的な映像美でもって国民全体に伝達する役割を担うものだった。この映画が党大会のイデオロギー的メッセージを補強し、それを広範な大衆に周知徹底させるというプロパガンダ効果を発揮したことはたしかだが、リーフェンシュタールが製作にあたってあくまで芸術性を追求したにすぎないとすれば、党大会の演出そのものと区別される彼女の貢献がどこにあるのかが問われなければならない。われわれが目にしている映像はいわば2枚のレンズを通して変形された現実であって、最初のレンズによって脚色された党大会の上に、リーフェンシュタールのレンズがどんな効果を付け加えているかを見定める必要がある。

　この点についてまず指摘できるのは、リーフェンシュタールによる第二の美化が党大会を俯瞰する新たな視点を提示していることである。何十万人もの参加者を集めて開催されたこの巨大なイベントの全体像を、多くの者はリーフェンシュタールの映像によってはじめて把握したはずである。『意志の勝利』の観客は、たとえば党旗掲揚ポールに設置されたエレベーターのカメラを通じて、きわめて高い位置から突撃隊と親衛隊の集会が開催された会場全体を見渡すことができた。中央の広い通路を軸としたシンメトリーやその両側に密集してブロックを形成する隊列など、会場を特徴づける整然とした空間構成はこの高所カメラの映像によってはじめて視覚的に把握できるものとなっている。重要なのは、こうした映像が数十万の群衆を見渡す「支配者のまなざし」(田野 2007: 45)を提供していることである。この映画の観客は、総統の視線を通して自分自身の姿を眺め、それを美的なスペクタクルとして体験することになる。これと同じような視線の機構は、オープンカーに立って飛行場からホテルに向かうヒトラーの姿を背後からクローズアップでとらえた映像にも見出すことができる。沿道の喝采に応える総統の右手の向こうに映し出される人々の群れは、彼の目に映る支持者たちの姿に等しい。

このパレードの場面にはもう1つ、リーフェンシュタールが行なった美化の本質的な特徴があらわれている。それは観衆を見下ろすヒトラーと彼を見つめる観衆の視線をたがいに結びつけ、総統と国民の従属的な関係を1つのドラマとして描き出すという編集の方針である。ライナー・ローターはこれを「架空のまなざしのコンタクト」と呼び、女性監督がそうした視線の交換を中心にして様々なアングルの短いショットをつなぐことで、「ヒトラーとの恋物語」というべきものを紡ぎ出している点に注目する（Rother 2002: 84-87）。俯角と仰角、クローズアップとロングショット、構図と逆構図を組み合わせながら、同一の関係を多様な形でくり返し表現するこの構成を通じて、総統を中心に展開する党大会のイデオロギー的な基本構造が強化される。リーフェンシュタールの狙いは、そうした斬新なアングルの映像と情動を揺さぶるドラマティックな構成を通じて、党大会の興奮を観客に擬似的に体験させることだった。それは会場に居合わせた者でさえ体験できないような、映画というメディア独特の美的体験――「真正の映像体験としての党大会の再現」（Loiperdinger 1987: 53）――だったといえよう。

　こうした『意志の勝利』の特徴をふまえると、さらに検討すべき問題が明確になってくる。それはほかでもなく、党大会の演出と映画の演出という2つの美化がどんな関係にあったかという問題である。

　まず具体的な作業上の関係に関していえば、両者の間に一定の協力ないし連携があったことはまちがいない。リーフェンシュタールは戦後、党大会関係者との事前の打ち合わせには参加せず、ただカメラの前の出来事をフィルムにおさめただけだと主張しているが、これはまったく信用できない。彼女の名前で出版された『党大会映画の舞台裏』には、党大会の会場でヒトラーらナチ党関係者とリーフェンシュタールが図面を見ながら打ち合わせを行っている写真が収録されており、そのキャプションにははっきりと、「帝国党大会の準備は映画撮影の準備と密接に協力して進められた」（Riefenstahl 1935: 31）と記されている。この本はゴーストライターが書いたもののようだが、少なくとも事前の準備に関する記述は関係者の証言と一致しており、内容の信憑性にほとんど疑問の余地はない。撮影スタッフの1人は、党大会の何週間も前からシュペーアや技術スタッフとともに打ち合わせを重ねたと

証言している(Bach 2007: 131)。数週間に及ぶ周到な準備のおかげで、最良のカメラ位置や撮影方法などを決定することができただけでなく、撮影に必要な機材や装置を設置することも可能になった。迫力ある斬新な映像表現を可能にしたこれらの準備が、党サイドの了解を得て進められたことは明らかである。

　だが逆にこの協力関係の存在を過大視して、リーフェンシュタールが党大会の立案そのものに関わっていたなどと主張するのはまちがいである。事前の打ち合わせといってもカメラ位置の確認程度のもので、大会の構成や演出に関与していたということはありえない。クラカウアーは先の写真とキャプションを引用して、それこそが党大会が映画のために開催されたことを示す証拠だとしているが、瀬川も指摘するように、そうした主張は事実に反している(Kracauer 1984: 354; 瀬川 2001: 173-174)。リーフェンシュタールは戦後、シュペーアの許可を得て党旗掲揚ポールに設置したエレベーターが大きな視覚効果を上げたことを自賛しているが、そのことじたい、彼女の関与がせいぜいその程度のものにとどまったことを示している。大会の行事は彼女の意向とは基本的に無関係に、党当局の手ですでに細部にいたるまで準備されていたのである。

5. ファシズムの美学

　クラカウアーの議論のうち検討に値するのはむしろ、『意志の勝利』を特徴づける美意識がヴァイマール期の映画によって形成されたというテーゼである。多くの論者が指摘するように、この映画の冒頭のシーン、とくに雲海の映像には1920年代にリーフェンシュタールが数多く出演した一連の山岳映画の影響が濃厚である。クラカウアーはそうした映像に自然現象との融合による総統の神秘化──「山岳崇拝とヒトラー崇拝の最終的な融合」(Kracauer 1984: 271)──を見出し、これをもってヒトラーを神格化するプロパガンダ的な意図が明白だと結論づけるのだが、リーフェンシュタール自身が山岳映画でキャリアを積んだことをふまえれば、それは彼女が熟知した手法をドキュメンタリーに応用したものと見るべきで、そこに神秘化の意図を見

出すのは後付けの説明の感を否めない。もっとも、だからといってヴァイマール期の映画に後の『意志の勝利』につながる要素を見出すクラカウアーの議論をすべて無益な先祖探しと切り捨てるのも行き過ぎだろう。ローターが指摘するように、『意志の勝利』は山岳映画などと同様にスペクタクル的な表現を物語の必然性よりも優先している点で、劇映画の手法を記録映画に応用したものといえる(Rother 2002: 82)。

　ここで注目したいのは、クラカウアーが必ずしも映画の様式上の連続性だけに目を向けていたわけではないことである。彼の主張によれば、ヴァイマール期の映画によって培われた美意識、「集合的メンタリティの深層」こそ、党大会の演出を可能にしたものだった。「スクリーン上から学び取られた数多くのモチーフが現実の事件となった。(中略)すべては映画と同じだった」(Kracauer 1984: 12, 287)。映画の舞台装置のような視覚効果を狙った建築、その前で無数の方陣をなして整列するエキストラのような群衆など、党大会の演出は劇映画から多くのインスピレーションを得ていた。ディーター・バルテツコが指摘しているように、ヴァイマール期のスペクタクル映画が一種の視覚訓練となって、ナチズムの美学を受容する感性が培われた(Bartetzko 1985: 270)。その意味では、『意志の勝利』は現実の党大会を撮影した映画であるが、党大会そのものが映画の舞台装置を模倣していたのである。このように党大会が映画の撮影以前から、いわば映画のように演出されていたとすれば、リーフェンシュタールはそうした大会をさらに映画として撮影し、完成させたということになる。こうした見方は、党大会の演出と映画の演出の関係において、何らかの美意識上の同調や共振がなかったのかという問いにつながる。

　リーフェンシュタールの美意識については、ナチズムないしはファシズムとの親和性を強調する見方が有力である。だが多くの論者はリーフェンシュタールの映像を党大会の演出と区別せずに扱っているため、彼女の美意識じたいがはらむ問題には深く踏み込まずに終わっている。そうしたなかにあって数少ない例外といえるのが、リーフェンシュタールの「ファシズム的な美意識」を批判したソンタグの論考である。すでに述べた通り、ソンタグも映画と党大会を同一のものとして扱っているのだが、この論考を稀有なものと

しているのは、女性監督の作品に美しく健康的な肉体への執着を見出し、そうした完璧な美しさを追求する姿勢にこそ彼女をファシズムの代弁者たらしめた元凶があると看破している点である(Sontag 1980: 92)。たしかに『意志の勝利』を見ても、右手を挙げて敬礼するヒトラーの前を突撃隊員たちが整然と行進するシーンなどには、対象の動きを徹底して美的にとらえ、その様式美を突き詰める形で映像化しようとする監督の意図が読み取れる。そうした極度の耽美主義が作品に独特の力強さを与え、観客の情動に強く訴える力をもたらしていることはたしかである。

　だがそれは他方で、撮影対象を無批判かつ一方的に賛美する姿勢にも通じている。実際、『意志の勝利』では主役であるヒトラーと彼に喝采を送る無数のエキストラたちの姿は徹底して理想化されており、両者の関係を軸に「民族共同体」の理念を表現した党大会の演出は無条件に肯定されている。リーフェンシュタールは戦後、ニュルンベルクを支配していたのは熱狂だけであって、自分はそうした現実を記録したにすぎないとくり返し主張している。これは明らかに彼女が芸術的な加工を行った事実に反しているのだが、党大会じたいがかなりの程度まで熱狂によって特徴づけられるイベントだったことを考えれば、そこにはむしろ党大会の演出に全面的に共感し、その美しさをさらに増幅する方向で映像化しようとした監督の姿勢を読み取るべきだろう。ヒトラーとナチズムに心酔していたリーフェンシュタールにとって、その理想的な姿を描き出すことに迷いはなかったし、そうした確固たる姿勢が作品に圧倒的な説得力を付与していることも否定できない。

　リーフェンシュタールの耽美主義がはらむさらに大きな問題は、完璧な美しさを追求しようとする姿勢が、醜いものを排除する過度の潔癖さにつながっていることである。彼女が様々な撮影技術を駆使して作り出した映像は、本物以上に美しく力強いが、それだけに現実にはありえない人工的な美しさ、模造品のような虚構性をおびてしまっている。これはおそらく、この女性監督の被写体への向き合い方に原因がある。水沢勉が論じているように、究極の美を表現しようとするリーフェンシュタールにとって、カメラの前の現実は芸術作品を生み出すための素材、自己の内部にある造形意志をかきたてる触媒にすぎない。それゆえ、彼女の映像には撮影対象の美しさに反応する強

烈な自我があるばかりで、対象＝他者との対話を通じて自我に揺さぶりをかけるような体験が提示されることはない。その結果として生まれるのは、きわめて表層的な美しさ、「究極の即物性」あるいは「挑発のない完璧さ」とでも呼ぶべきものである（水沢 1995: 7-8）。撮影対象との間に明確な境界を定め、それを踏み越えることのない女性監督の自我は、現実を超えるほどの美は生み出しても、生身の現実を映し出すことはない。『意志の勝利』のなかでクローズアップで映し出される親衛隊員や労働奉仕団員たちの姿がどこか血の通わない彫刻のような印象を呼び起こすのは、そうした姿勢によるところが大きいと考えられる。

　そしてこの姿勢にこそ、リーフェンシュタールの映像が「ナチズムの美学」と同調・共振するポイントがあったといえる。ソンタグも指摘するように、ナチズムの公認芸術は「肉体的完璧さ」というユートピア的美学に貫かれており、しばしば「空想のなかにしかない完璧さ」をそなえた裸体を題材にしていた（Sontag 1980: 92）。とくにアルノ・ブレカーやヨーゼフ・トーラクの男性裸像は、崇高なまでに美しく健康な肉体、現実を超越した絶対的な理想像を提示している。だがその肉体は過剰な筋肉に包まれながらも硬直したポーズを強いられており、ギリシア彫刻の模造品のような不自然な印象を与える。それは究極の美に近付こうとする努力が生み出す一種のまがい物、言葉の本来の意味で「キッチュ」と呼ぶべきものである。見逃せないのは、そうした作品が芸術の大衆化や商業化と軌を一にして生まれた、いわばポップカルチャー的に受容される商品の魅力をそなえていたことである。ナチ党公認の「大ドイツ芸術展」に出品された絵画や彫刻は、20世紀芸術の主流とは無縁の月並みな作品がほとんどだったが、それだけに一般大衆の通俗的趣味に適合して人気を博したのだった。

　もちろん、リーフェンシュタールの映像はこうした公認芸術よりは洗練されていた。それはむしろ、現代のプロモーションビデオやコマーシャルフィルムを思わせる。短いショットの連続、斬新なアングルの多用など、彼女の撮影・編集技術はテレビ時代の映像・広告表現に多大な影響を与えている。実際、ミック・ジャガーとデヴィッド・ボウイが『意志の勝利』の大ファンであることはよく知られており、ボウイはさらにヒトラーを「最初のロック

スター」、国家全体をステージとして演出した「メディアアーティスト」と呼んでいる。リーフェンシュタールの映像が、現代的な感性にマッチする独特の魅力をそなえていることは疑いない。

　リーフェンシュタールにとっての芸術とは、カメラの前の現実を最高の形で撮影・編集し、壮麗なスペクタクルに変えることを意味した。だが彼女は主観的には芸術性を追求しながら、客観的にはナチズムのめざす目標に奉仕していたことになる。すなわち、「民族共同体」というドラマの上演である。党大会はプロパガンダを目的とする国家規模の政治劇、総統を中心に膨大な群衆が一致した意志をアピールする大がかりな舞台だったが、『意志の勝利』はこれを現代的な撮影・編集技術でさらに美しく再現し、圧倒的な映像体験をもたらす一大スペクタクル映画に仕立て上げたのだった。こうして2つの美化、ナチズムの権力のデモンストレーションと女性監督の様式化への意志はたがいに結びつくことになる。ヴァルター・ベンヤミンはこうしたファシズムの美的演出に「政治の美学化」を見出したが、その背景に映画がもたらした美の機能変化を見通していたことにも注目する必要がある。彼によれば、映画は展示的価値に重点を置く政治的なメディアであり、大衆政治の時代にふさわしい芸術のあり方を示すものである (Benjamin 1974: 482)。重要なのは、映画の登場とともに芸術が大衆に開かれ、政治的機能を果たすようになったこと、より正確にいうなら、それまで基本的に芸術の領域にとどまっていた美の理想が政治の次元に取り込まれ、目を欺く幻想の演出という形で大衆効果を発揮するようになったことである。『意志の勝利』はまさにそうした美の機能変化に対応した作品であり、政治と芸術の結びつきを顕在化させた最も極端な事例の1つといえるのである。

6. おわりに

　リーフェンシュタールは戦後長きにわたってナチズムの協力者として批判を浴びつづけ、1970年代までほとんど創作活動ができない状況に追い込まれた。彼女の映画監督としての知名度やその作品の影響力を考えれば、そうした批判も当然のことのように思えるが、実はそれだけでは片付けられない

複雑な問題がある。というのも、ナチ政権下で反ユダヤ主義的な宣伝映画『ユダヤ人ジュース(Jud Süß)』を製作した映画監督ファイト・ハーランでさえ、さほど批判を受けることなく戦後活動を再開しているからである(Rother 2002: 16)。ナチ党に露骨に迎合して凡庸な映画を撮った監督がキャリアを継続できたのに対して、党の指図を受けずに芸術性の高い傑作を生み出したリーフェンシュタールが批判を浴びつづけたというのは、たしかに一貫しないところがある。

　これは1つには、彼女が頑なにプロパガンダへの協力を否定して、政治的責任を認めなかったことに原因がある。戦後まもなく改悛して過去を清算したつもりでいた多くのドイツ人にとって、そうした姿勢は神経を逆なでするものだったにちがいない。瀬川も指摘するように、彼女はいわば「ドイツの原罪」を背負わされ、一種の贖罪の羊として石を投げられる象徴的な存在となったのである(瀬川 2001: 293, 302)。だがそれにもまして多くの人々を苛立たせたのは、リーフェンシュタールの作品がもつ否定しがたい芸術性ではないだろうか。これを認めることは、美を追求しただけだという彼女の弁明を受け入れることを意味してしまう。『意志の勝利』がプロパガンダか芸術かという二分法で評価されることが多いのも、そうした事情が関係していると思われる。しかしながら、ここで再度確認しておかなければならないのは、同作がこの二分法を超えたところに位置していることである。リーフェンシュタールの映画がナチズムの美学を確立するほどのプロパガンダ効果を発揮したのも、あくまで映像美に徹するという一貫した姿勢によるところが大きかった。芸術性の追求が政治的効果を増幅するというこの逆説は、芸術家の政治協力というだけにとどまらない大きな問題を照らし出している。

　この点について示唆を与えてくれるのは、すでに触れたベンヤミンの「政治の美学化」に関する論考である。彼はそのなかで、ファシズムの戦争賛美を「芸術のための芸術の完成」と呼び、ファシズムにおいて美が絶対的な規範となっていること、芸術が政治に奉仕するだけでなく、政治もまた芸術を志向していることを批判している(Benjamin 1974: 508)。ソンタグもまた、この点を次のように説明している。「ナチズム下の政治と芸術の関係で興味深いのは、芸術が政治の要求に従属させられたということではなく、(中略)

政治が芸術の、後期ロマン主義芸術のレトリックをわがものとしたことである」(Sontag 1980: 92)。

こうした指摘を裏付けるように、ゲッベルスは政治に「国家芸術」としての役割を要求していた。「政治もまた芸術であり、おそらく存在する最も高次の、最も大規模な芸術である。現代ドイツの政治を形成しているわれわれは、大衆という素材から民族の堅固で明確な形態を作り上げるという、責任ある課題を委ねられた芸術的人間であると自覚している」(田野 2007: 5)。ナチズムがめざしていたのは、国家・民族全体を「芸術作品」として形成すること、「国家の造形芸術」としての政治であり、そこでは狭義の芸術ばかりでなく、宣伝や戦争も含めたあらゆるものが美の理想のために動員されたのだった。こうした状況のもとでは、芸術家の意図や心情にかかわらず、あらゆる表現活動が政治的な意味をもたざるをえない。ベンヤミンが提起した「政治の美学化」の概念もまた、そうした美の機能変化との関連で理解すべきだろう。

リーフェンシュタールとファシズムの美学の関わりは、政治と芸術の共犯関係の上に成り立つ現代の文化状況の一環として、より広い次元に位置づけて論じるべきだと思われる。リーフェンシュタールがナチ党のプロパガンダ映画を製作したといういまなお見られる批判は、こうした状況を過度に単純化して彼女1人に責任を負わせている。『意志の勝利』という問題作の射程は、個々の芸術家の政治体制との関わりといった次元を超えて、20世紀の大衆政治の台頭とメディアの発展がもたらした普遍的な問題にまで及んでいるのである。

参考文献　Bach, Steven. (2007) *Leni. The Life and Work of Leni Riefenstahl*. New York: Alfred A. Knopf. (スティーヴン・バック　野中邦子訳(2009)『レニ・リーフェンシュタールの嘘と真実』清流出版)

Bartetzko, Dieter. (1985) *Illusionen in Stein. Stimmungsarchitektur im deutschen Faschismus. Ihre Vorgeschichte in Theater- und Film-Bauten*. Reinbek bei Hamburg: Rowohlt.

Benjamin, Walter. (1974) Das Kunstwerk im Zeitalter seiner technischen Reproduzierbarkeit

(Dritte Fassung). In Walter Benjamin. *Gesammelte Schriften*. Bd. I-2. Frankfurt/M.: Suhrkamp.（ヴァルター・ベンヤミン　高木久雄・高原宏平訳（1970）「複製技術の時代における芸術作品」『複製技術時代の芸術　ベンヤミン著作集2』晶文社）

平井正（1999）『レニ・リーフェンシュタール—20世紀映像論のために』晶文社

Kracauer, Siegfried. (1984) *Von Caligari zu Hitler. Eine psychologische Geschichte des deutschen Films*. Frankfurt/M.: Suhrkamp.（ジークフリート・クラカウアー　丸尾定訳（1970）『カリガリからヒトラーへ—ドイツ映画1918-33における集団心理の構造分析』みすず書房）

Loiperdinger, Martin. (1987) *Der Parteitagsfilm „Triumph des Willens" von Leni Riefenstahl. Rituale der Mobilmachung*. Opladen: Leske + Budrich.

水沢勉（1995）「〈出現性〉をめぐって—リーフェンシュタールの『映像』の力」『春秋』371

Riefenstahl, Leni. (1935) *Hinter den Klissen des Reichsparteitags=Films*. München: Franz Eher Nachf.

Riefenstahl, Leni. (1990) *Memoiren: 1902-1945*. Frankfurt/M. u. Berlin: Ullstein.（レニ・リーフェンシュタール　椛島則子訳（1995）『回想—20世紀最大のメモワール』（上）文藝春秋）

Rother, Rainer. (2002) *Leni Riefenstahl. Die Verführung des Talents*. München: Heyne.（ライナー・ローター　瀬川裕司訳（2002）『レーニ・リーフェンシュタール—美の誘惑者』青土社）

瀬川裕司（2001）『美の魔力—レーニ・リーフェンシュタールの真実』パンドラ

芝健介（2000）『ヒトラーのニュルンベルク—第三帝国の光と闇』吉川弘文館

Sontag, Susan. (1980) *Under the Sign of Saturn*. New York: Farrar, Straus & Giroux.（スーザン・ソンタグ　富山太佳夫訳（1982）『土星の徴しの下に』晶文社）

Speer, Albert. (1969) *Erinnerungen*, Frankfurt/M. u. Berlin: Ullstein.（アルベルト・シュペール　品田豊治訳（1970）『ナチス狂気の内幕—シュペールの回想録』読売新聞社）

田野大輔（2007）『魅惑する帝国—政治の美学化とナチズム』名古屋大学出版会

Trimborn, Jürgen. (2002) *Riefenstahl. Eine deutsche Karriere. Biographie*. Berlin: Aufbau.

文献解題

ヴァルター・ベンヤミン　高木久雄・高原宏平訳（1970）「複製技術の時代における芸術作品」『複製技術時代の芸術　ベンヤミン著作集2』晶文社

ベンヤミンがこの論文のなかで明らかにしているのは、石版から写真をへて映画にいたる複製技術の発展が、それまで芸術作品がおびていた「アウラ」——「いま」「ここに」しかないという一回性——を崩壊させていく歴史的過程である。この過程は芸術がその基盤を礼拝的価値から展示的価値へと移すこと、つまり儀式のかわりに政治を根拠とするようになることを意味している。とくに映画の登場はこの過程を飛躍的に促進し、芸術の大衆的受容とその政治化の可能性を拡大することになった。ベンヤミンはこうして生じる芸術と政治の結びつきのなかに新時代の芸術の可能性を探るとともに、そこにファシズムによる「政治の美学化」の危険性を見出したのだった。

ジークフリート・クラカウアー　丸尾定訳（1970）『カリガリからヒトラーへ—ドイツ映画1918-33における集団心理の構造分析』みすず書房

　クラカウアーは本書のなかで、『カリガリ博士』『ニーベルンゲン』『嘆きの天使』『M』『怪人マブゼ博士』などといったヴァイマール期の様々な映画の分析を通じて、ナチズムにいたる国民心性——「集合的メンタリティの深層」——の諸傾向の解読を試みている。彼が結論として主張しているのは、当時のドイツ映画がヒトラー独裁にいたる大衆の権威主義的気質を反映していたということであり、その内容はフランクフルト学派の大衆社会論と重なる部分も大きい。だがこうしたクラカウアーの主張に対しては、あらゆる映画を強引にナチズムに結びつけて解釈しているのではないか、ヴァイマール共和国崩壊の宿命を最初から絶対視しているのではないかという批判もある。

レニ・リーフェンシュタール　椛島則子訳（1995）『回想—20世紀最大のメモワール』（上）文藝春秋

　本書はドイツの女性映画監督レニ・リーフェンシュタールの自叙伝であり、ベルリンで幼少期を過ごし、1923年にダンサーとしてデビュー、26年に『聖山』で女優に転身し、数多くの山岳映画に出演した後、32年に『青の光』を監督主演、ヒトラーとの出会いをへて、35年に『意志の勝利』、38年に『オリンピア』を製作、

映画監督として栄光を勝ち取るも、やがてドイツの敗戦を迎えるまでの半生を、いきいきとした筆致で綴っている。だがリーフェンシュタールは一貫してナチズムへの協力の責任を認めておらず、美を追求しただけという自己弁明も目につく。ヒトラーとの関係やゲッベルスとの確執などに関しても真偽不明な記述が多く、慎重な検討が必要である。

コラム　　ナチ党大会の実態

　ヒトラーの権力掌握から第二次世界大戦勃発までの間、毎年9月前半にほぼ1週間にわたってニュルンベルクで開催されたナチ党大会は、ナチ政権下の最も重要な公的行事であった。そこでくり広げられた大規模な大衆集会や隊列行進は、とりわけレニ・リーフェンシュタール監督の映画『意志の勝利』を通じて、独裁者に歓呼の声を上げる群衆というナチズムの一般的なイメージの形成に決定的な役割を果たしてきた。だがそうしたイメージが、実態の一部しか映し出していないことも事実である。党大会の期間中、ニュルンベルクの街は異様な興奮に包まれたが、参加者のほとんどはナチ党員や支持者たちによって占められ、一般大衆の関心はそれほど高くなかった。延々とくり返される式典、退屈で月並みな演説が、多くの人々から参加の意欲を奪っただけではない。確信的な党員や支持者の間でも、1日中行進や集会に駆り出されるのを嫌って参加を辞退する者が続出した。

　こうした状況のもとで一定の参加者を確保するため、大会当局は娯楽の催しを提供して客寄せをはかることになった。「民衆の祭典」と銘打って、会場周辺で各種のアトラクションが提供されたが、そのなかにはサッカーの試合から大道芸、フォークダンス、映画上映、ビアガーデン、打ち上げ花火まで、ありとあらゆる催し物が含まれていた。これらの催しではしばしば純然たる乱痴気騒ぎが展開され、党大会本来の目的に抵触するような事態が生じることになった。お祭り騒ぎに浮かれた参加者が、厳粛な式典を台無しにしてしまうことも多かった。ここには権力の誇示をはかるナチ党側と、放縦な享楽をもとめる参加者側の意図のズレがあらわれているといえる。

第 4 章

戦後ナチ批判言説のはじまり

「集団の罪」の追及と反撥

初見基

1. はじめに

　国民社会主義への批判そのものは、当該思想および運動の初期段階からあまたある。ただ第二次大戦後のナチ批判はそれらと質が異なる。戦争に敗れた側はつねに広義での負債を担うというだけではない。戦後においては、強制収容所での大量虐殺に象徴される残虐行為の全事態、そして、それらが国家・国民規模でなされた、つまり国家機関の主導のもと広範なドイツ国民に支えられ実行された経緯、この点を抜きには語れなくなったからだ。
　その際に、出来事の徹底解明もさることながら、「広範なドイツ国民」がどの範囲で、彼らにいかなる〈罪〉を問いうるか、截然とした整理は難しい。占領下ドイツでこの議論の中心をなしたのが「集団の罪(Kollektivschuld)」という語だった。この新造語を誰が最初に用いたかは判然としない[*1]。概念規定が曖昧で含意も人により異なり、求心性のある論争は交わされず、相互に必ずしも関連しない発言がさまざま単発的に挙げられていた。
　そもそも近代法学の観点からすれば、犯罪行為の責をなにかしらのかたちでの実行者のみならず犯罪者の属する集団成員すべてに帰するなど論外で、集団の罪という概念は「ニュルンベルク裁判」でも連合国側から明確に否認されている。東西両ドイツ国家の成立以降、切実さはさらに減少する。
　とはいえ、狭義の「集団の罪」テーゼそのものは退けられながら、「道徳的な集団の罪のようななにものか」(Jaspers)、「集団の羞恥」(Heuss)、「集団の

責任」(多数の論者)等々と修正ないし変奏がされ、ナチ時代の過去をめぐって〈なんらかの負の意識〉が集団に帰属するという漠然とした合意は失せず、この語はことあるごとに言及される*2。さらに、西ドイツ政治家の公的発言にあって、「集団の罪」テーゼを「儀礼的に退けることが、50年代をゆうに越え、連邦共和国の政治階級が過去に関連する演説や行動をする際に必ずその振る舞いの基盤をなしていた」(Frei 2009: 47)との指摘もあるように、これがくり返し否定される様相からこそ問題が浮き彫りにされる。

　本稿では、ドイツ敗戦前後の時期に「ドイツ人の集団の罪」がどのような論調によって問われたのか、主として、亡命者や非ドイツ人による外側からの発言とそれに対するドイツの内側からの反応の一端を示す。それにより「集団の罪」をめぐる言説に胚胎されていた可能性と限界を探る。

2. 国外亡命者からの批判

　1945年5月8日ドイツ降伏の前後、ドイツ語による議論で同国民の〈罪〉を正面から問いただしたのは当然にも、ナチ・ドイツ支配地域よりの国外亡命者、とくにアメリカ合州国(以下「米国」と記す)亡命者が主だった。

　すでに1944年段階で、ドイツの重工業弱体化、農業国への転換などが盛り込まれた「モーゲンソー計画」なども立案されはしたが、米国内の公論においてドイツへの視線がとりわけ厳しくなるのは、45年4月以降米軍の進軍によってブーヘンヴァルトやダッハウの強制収容所が解放されその実態が明るみに出されてからになる。4月末に米国戦争省はジャーナリスト視察団を上記2収容所に派遣し、凄惨な様子を我が目で見た記者たちはその後本国で厳しい論陣を張った(Frei 1987)。同時期に亡命者たちがドイツに対して痛烈な非難を向けるにあたってはこれら強制収容所の地名がしばしば挙げられており、そうした報道が影響力をもったことを裏打ちしている。

　早い時点にあって「集団の罪という表現を用いずドイツ人には集団の罪があるとの主張をした亡命者」(Felbick 2003: 360)の急先鋒に、Franz WerfelとSigrid Undsetのふたりがいる。ドイツ語作家とはいえプラハ出身のWerfel、そもそもノルウェー人であるUndset、両者ともに、亡命者である以前に非ド

イツ人として〈外〉からの視線を備えていたはずだ。

2.1 Franz Werfel (1890–1945)

　米国に亡命していたWerfelは、5月8日に執筆し、ニューヨークで発行されていたドイツ語紙 „Staatszeitung und Herold" 5月13日付に掲載された「ドイツ救済のただひとつの道」と題された文章で次のように述べている。

> 実のところ国民社会主義はキリスト教‐西洋精神に対する言語道断な反乱のひとつだ。それは外からドイツ国民に押しつけられたのではない。ほとんど精神史的な必然性として、病んで引き攣ったナショナリズムの異端の発展から生じた。フィヒテに発しビスマルクを経由してメラー・ファン・デン・ブルックやローゼンベルクの類の歪曲に行き着くような発展だった。これと併行して、哲学の領域で同じニヒリズムを告げる、ショーペンハウアーからニーチェを経由してシュペングラーにいたる系統がある。(中略)／ドイツ人が地獄の霊に取り憑かれていたこと、ブーヘンヴァルト、ダッハウ、マイダネクの身の毛もよだつ光景が偶然であったり無責任な殺人者どもの非行などではなく、ひとつの国民全体が自発的に服した悪魔に憑かれた状態の表現であって、いまやこの国民全体のために国民の各個人が苦しまなくてはならないこと、これをドイツ人に自覚させる、それだけがドイツの魂を、ひいてはその身体を救うための唯一の道だ。ドイツとドイツ人にとっては共同犯罪を内から浄化する以外に道はない。(Werfel 1975: 338)

　ドイツ近代の〈歪んだナショナリズム〉、そしてその〈悪しき伝統〉を国民社会主義の前史と捉え、負の精神史的連続性を強調する理解は、彼以外でもさまざま見受けられ、歴史学での〈ドイツの特殊な道〉の議論とも通ずる。
　ただ、その結果を国民全体が共同犯罪として引き受けなくてはならないという追及によって、Werfelは「集団の罪」主唱者と見なされた。この点は、米国戦争情報局が5月13日にドイツに向けて放送し、その後占領軍諸新聞[3]に転載された「ドイツ民族への通告」で、より強調されていた。

ドイツ人たちよ、あなたがたの罪と共同の罪によって1933年から1945年までの至福の歳月に何が起きたかを知っているか？（中略）あなたたちの多くは青ざめ顔を背けつぶやく。「それが私に何の関係があるんだ？」まさにこれだ！　あなたたちはこれと関係がある、あなたたちのひとりひとりが。（中略）あなたたちは、個人とは全体に無条件に仕える熱狂的な原子にすぎない、そんな「民族共同体」を誇示してはいなかったか？それゆえ、あの残虐行為を犯したのは個々の犯罪者ではない、全体が各人の、各人が全体の責任を負う、人格としての民族共同体が犯したのだ。(Werfel 1975: 626-627)

　ここで彼は、「民族共同体」というナチ・イデオロギーを逆手にとり、そこに所属する構成員すべてがいわば連帯責任を有すると唱える。とはいえこのすぐ前の箇所で、「魂の救済の基本条件は、出来事を客観的に認識し、罪を主観的に認識することだ」(ibid.)と述べているように、諸個人が〈罪〉を認めて引き受けるよう求めるのが彼の真意だろう。また、1950年代をとおして主流となる、自分は手を下すどころか何ら知ってもいなかった、というかたちでの〈罪〉の否認の常套句を彼はすでに見越してもいる。
　Werfel発言が起こした反応から2点を挙げる。まずは占領軍新聞 „Frankfurter Presse" 6月14日付投書欄に載った、賛否両論あるうちの、「集団の罪」の語を用いて反批判をしている一通だ。

　集団の罪というものが存在するのだろうか？　ヴェルフェルは、全体主義国家の集団的見地に身を置き、それによって彼の非難する理念の信奉者になるか、それとも、この見地を拒否するか、このいずれかであり、後者ならば集団の罪を捏造する可能性も失う。(Matz 1969: 54)

　次は、彼の没後の1945年10月12日付 „Süddeutsche Zeitung" [*4] に、当紙創立者のひとり Franz Schöningh (1902-1960) が載せた Werfel への反論だ。

　世界史の海を走る怖ろしいガレー船の輪郭をあなたは遠くから見ていた

にすぎない。(中略)甲板上では、かつて歓呼の声をもって千年の楽園に向かうこの航行に就いた「結託した民族共同体」が不安に目をくらませひしめいていた。だがガレーの船底では一群の奴隷の漕ぎ手が鎖につながれ、監視人の鞭と拳銃につねに脅かされ、無言のままうめいていた。彼らが解放を期待できるのは、自分たちを運ぶ船が沈没することにのみだった(中略)。これが、あなたが遠方から見ているつもりだった高慢な民族共同体なのだった。(Koebner 1987: 321)

前者の、国民全体に罪を問うとするなら、ユダヤ人をはじめとする一定集団をそれごと否定したナチが抱いたのと同様な「全体主義国家の集団的見地」だ、という論理はもっともであり、この後も多くの「集団の罪」テーゼを否認する者が用いる。しかしそれでは、ナチ・ドイツという全体主義国家を支えたのは〈普通のドイツ国民〉のひとりひとりだったではないか、というWerfelの力点を受けとめられていない。

後者の、ナチの暴力支配、恐怖政治に脅かされていたドイツ国民もいたという弁明は、少数の〈内的亡命〉者に該当したところで、一般論としては無理がある。「遠くから見」ることで諸個人の相違が消されているのはたしかだが、ひとりひとりの密かに抱えた思いなど全体主義体制内ではなんの意味もなさなかったのが実情である以上、むしろ内面をいっさい斟酌せずドイツ人像を描くことにもそれなりの正当性はあるだろう。

Werfel自身はこの8月、55歳の誕生日直前にカリフォルニアで客死したため、戦後ドイツにまつわる議論にこれ以上加わっていない。

2.2 Sigrid Undset (1882-1949)

ドイツによるノルウェー占領から逃れ米国に亡命していたUndsetは、1942年に当地で刊行された『未来への帰還』[*5]ですでに、ドイツ人は歴史的に一貫した「支配民族」であったと詰っている。

国民社会主義ドイツの奇妙な諸点(中略)に新味はない。それどころかすでにはるか以前よりそれらはドイツ民族の心理的特徴であって、国民社

会主義はそれを明るみに出し、支配民族の特性として奉っているのであって、ドイツ人が過去千年のあいだ驚くべきほど変わっていないことの、静態的証明となっている。(Undset 1944: 177)

　1945年10月発刊の米国軍政本部公式機関紙 „Die Neue Zeitung" に同年10月25日付で寄せた「ドイツ人の再教育」でも彼女は、「国民の精神態度のようなもの」を前提にして、「ドイツ人が大言壮語を誇り、平和を愛する劣勢諸国民を脅迫の嵐で怯えさせるのは、彼らの尊大さという生まれながらの特性なのだ」(Undset 1947: 29)という12世紀のデンマーク王子の発言まで持ち出して、ドイツ人の負の特性は変わりようがないと述べていた。
　そこで彼女は米国による〈再教育〉政策の有効性を否定する。「第一次世界大戦の後、ドイツ人が真に民主的な国民になるだろうなどとは、フランス、デンマーク、オランダの多くの思慮ある人びとには、信じられなかった」、ところがいま素朴なアメリカ人は、「ドイツ人を西欧の民主主義に改心させるためには、彼らを適切に教導し、適切な書物を与えて読ませ、我々の生き方を適切に示し」(Undset 1947: 30)さえすれば済むと考えている。元来ドイツ人の教養の質が低かったわけではない。それにもかかわらずこのような事態が招かれている以上、ことは容易でない。なにしろナチが焚書の儀式をはじめたとき、「何千もの若いドイツ人は(中略)内心の安堵を感じていた。これら〔燃やされた書物〕は自分たちの国民の深い意志の対極にあると、彼らは本能的に感じたのだ。」(ibid.)
　さらに教育の場は学校にかぎられず、家庭や市井での日常生活にあってのほうがはるかに決定的なはずだ。しかしドイツの子どもたちの両親といえば、多くの国々で「民間人、女性、子どもへの残虐行為に関与した父親」、「ヨーロッパ強奪の結果である短い繁栄を体験するか、400万人のユダヤ人虐殺に関与し、虐殺された者たちから剥ぎ取った略奪物の一部をせしめていた」(Undset 1947: 31)、そんな為体なのだ。
　これがドイツ人を全否定的に捉え、再教育にも懐疑的なUndsetの論調だった。個人的な被害意識もさることながら、長年ドイツに脅かされてきた歴史をもつ「隣国人」としての〈集団的な怨恨〉とでも呼びたくなる感情が吐

き出されている。彼女の依拠する〈国民性〉という発想は検証に堪えうる性質ではないにしても、一般的には流通し受け容れられている。ただそう決めつけられたドイツ人の一部からはそれだけ強い反撥をかう。

　Karl Jaspersは „Die Neue Zeitung" 紙からの依頼に応じ、「シグリ・ウンセットへの返答」(同年11月4日付)を記している。

　「〈決して忘れない〉というこの論文の基調」は怒りの表現として当然理解できるとJaspersは認めつつも、ドイツ国民にとってこれでは救いがないと挨拶を返したうえで、「類概念(Gattungsbegriff)」と「類型概念(Typenbegriff)」を混同した彼女の批判は不適当と退ける(Jaspers 1947: 7)。

> ひとつの国民全体あるいはこの国民の構成員ひとりひとりにまとめて有罪判決を下すこと、これは人間であるという要求に抵触すると私には思える。(中略)問題はただ、どのような意味でドイツ人各自が共同責任を感じなければならないのか、という点だけだ。自分の属する国家がなした行動に対する国家成員のひとりひとりがもつ共同責務(Mithaftung)という政治的意味でならば疑いがない。だからといって、実際のもしくは精神的な犯罪への関与という道徳的な意味でも、ということにはならない。(Jaspers 1947: 5-6)

　罪(Schuld)と責任(Verantwortung)、さらに責任と責務(Haftung)を分節する彼の論点は、同時期にハイデルベルク大学で講義され、翌年書籍として刊行される『罪の問題』で詳論されている。そこでは、法的な刑事犯罪と政治的な罪、そして個人における道徳的罪、さらに形而上的罪の4つが分類され、集団的に考えられるのは政治的な罪とそれへの責務であるとして、それ以外の「集団の罪」を退けた。前2者の「罪」概念が明快である他方で、彼の論理では個人の内面に還元される後2者は実は不分明にとどまっている。

　Undsetへの返答に戻るなら、「〈ドイツの思想世界〉、〈過去のドイツ思想〉そのものが国民社会主義の悪しき行為の根源である」という見解など承服できない、「私たちの思考世界は、レッシング、ゲーテ、カント、など多くの偉人の世界であり、その高貴さと真実を私たちはおかすことができない」と

反論していた（Jaspers 1947: 6）。

　このような〈より良き別なドイツ〉の伝統もまた、ナチばかりがドイツではないと、「集団の罪」テーゼに対置されてしばしば持ち出される。それは、ある者にとっては、上記のような誇るべき知的伝統であり、またある者にとっては、ごく少数ながらも対ナチ抵抗運動が国内に存した事実である。ただしそのいずれにしても、軽々に自己同一化できる対象ではないはずだった。

　ドイツ人の再教育に悲観的なUndsetに対してJaspersは最後に、「自己教育を通して自己責任を獲得する」という希望を語る。「私たちの燃えるような情熱は、自身による教育を通じた私たちの魂の再興と浄化に向かう」（Jaspers 1947: 11）と。ここでも外からの厳しい意見への反感がうかがえる。短い応答文という性質だけのためとは思えないが、これ以上の具体的かつ有効な方途は示されない。それは、より詳細な『罪の問題』でも同様だった。

　戦後世代による独立誌として知られる „Der Ruf“（1946年10月1日付）には、『未来への帰還』への遅ればせながらの評を、Walter Kolbenhoffが寄せている。ここで彼も「あなたの憤り、痛みは正当だ」と譲りながら、「ドイツ人」を一括りにするUndsetを反批判する。

　何百万人ものドイツ人は「あなたがそのような行動をまだお考えでないときすでに、ヒトラーとその一党に対して闘って」おり、Undsetの言い分は不適切だという（Kolbenhoff 1976: 130）。さらに、「ヒトラー主義の類例ない野蛮さは、〈ドイツの思想世界〉とあなたが名づけるものの論理的帰結」との主張だが、その「ドイツの思想世界」はノルウェー文化にも寄与しており、社会主義労働運動など進歩的政治もドイツで成立したものだ（Kolbenhoff 1976: 130-131）、とここでもナチ・ドイツとは〈別なより良きドイツ〉が呼び出される。そしてドイツ人の「最良の部分」は果敢に、不平を並べず「応分の罪を引き受ける」と締めくくられる（Kolbenhoff 1976: 134）。

2.3 Thomas Mann (1875–1955)

　非ユダヤ人、非共産党系亡命知識人の代表格として〈より良き別なドイツ〉を自覚的に演じていたThomas Mannにもわずかなりとも触れておく。彼はBBCを通じ1940年からほぼ毎月ドイツに向けて「ドイツ聴衆よ！」を放送

しており、ドイツをめぐる状況につねづね注意を払っていた様子が日記や書簡からうかがえる。

　4月11日のブーヘンヴァルト収容所解放以降、米国でも収容所の惨状について報道が増え関心がひろまる。1945年4月27日付日記には次の記述がある。「晩にはタイム誌でドイツの強制収容所での恐怖について〔読む〕。ドイツでは怖ろしい恥辱(Schande)は感じられているのだろうか？　これについて語るつもり。」(Mann 1986: 194-195) 4月30日付 „Time" ではヴァイマル市民のブーヘンヴァルト強制見学が報告されており、こうした報道を踏まえてであろう、1945年5月10日付 „Frankfurter Presse" 紙に彼は、「ドイツの強制収容所」と題された文章を寄せる。

> ヒトラー体制によりドイツがそう変えられた厚い壁の拷問地下壕がこじ開けられ、われわれの汚辱が世界の眼前に明らかになっている。とても信じられないこの光景がいまや外国の委員会に披露され、彼らは本国で、おぞましさにかけて人間が想像しうるいっさいをこれは凌駕している、と報じている。「われわれの汚辱」なのだ、ドイツの読者諸氏よ！　なぜならば、すべてのドイツ人に、ドイツ語で話し、ドイツ語で書き、ドイツ語で暮らしてきたすべてに、この不名誉な暴露は一様に見舞っている。狂った教えの影響下、病める愉悦をいだきこの悪行を犯した、それは少数の犯罪者ではなく、何十万といういわゆるドイツ人エリート、男性たち、青年たち、そして非人間化した女性たちだった。(Mann 1997: 11)

　この「われわれの汚辱(unsere Schmach)」なる言い回しを含むくだりは、小説『ファウストゥス博士』で、ヴァイマル市民がブーヘンヴァルト収容所を強制見学させられるという、現実に執り行われた措置[*6]に触れた箇所でも採り入れられている。そもそもこの小説自体が〈ドイツ精神〉に対する批判ないし自己批判として理解されうる。

　WerfelやUndsetとは異なり、Mannにとってこれは「われわれの」問題であり、ドイツ人、ドイツ語話者のすべてがそれに一様に見舞われるという。この文脈のかぎりで「われわれの汚辱」とは、ドイツの実情が外国で報道さ

れることで喚起された、つまり他者を前にした〈恥〉であって〈罪〉を内省した結果ではない。そもそもナチの敵対者であったMannならば加担どころか黙過の罪すら問われようもなく、彼の語り口は糾弾調を帯びる。しかしそれにもかかわらず「われわれの」と彼は言う。

　言語、文化、生活環境などの共有とその歴史的連続性を仮構し、ここに自らをも位置づけ、己れの帰属する場と見なす。そしてこの「ドイツ」という集団の大勢が手を染めた悪事を、我が「汚辱」とも捉える。彼がその文化を担っていると自負する「ドイツ」が鬼畜のごとく貶められている事態をまえに、ドイツの敵国という亡命先にあって肩身の狭い思い、自らもが苛まれているかのような痛みを覚えているのだろう。普遍的にありうるこうした感情は、合理的には説明しがたい。Mannはここで罪について語っていないものの、その心性のあり方は「集団の罪」という設定とつながっている。

2.4　Erich Kahler（1885-1970）

　Th. MannやMax Weberとも交流をもった文化哲学者で、ユダヤ系でもあり米国に亡命していたKahlerは、1944年春にすでに〈ドイツ問題〉を扱った文章を書いている。そこでは、「ひとつの国民全体を国民としてその過去と未来の全体ともども弾劾する、そのこと自体ナチズム」であり、「血族共同体に対して諸個人が機械的、生物学的に外的な集団的責務」を負うことはない、と断りながらも、国民とは「長年かけて生育した共通の構成体および布置の産物」という「運命共同体」であり、「起こった出来事からドイツ国民を切り離せない」と述べ（Kahler 1952: 93-94）、次のように記す。

> ドイツ人の全体は、彼らのもとで、彼らに即して、彼ら自身に起きた事柄に対して、やはりなんらかのかたちで責任がある。なんらかの特別なナチの悪行ないしその是認に対する罪は彼らにない。（中略）だが、このような怖ろしい出来事が可能となった公共的・精神的状態の発展に彼らは責任がある。これは、人間の裁判権のもとにある、自由意志による行動への責任ではない。（Kahler 1952: 94）

国民全体を有罪とするような狭義の「集団の罪」の考えをKahlerは否定しつつ、それでも「運命共同体」の一員としての「なんらかのかたちで責任はある」と述べる。
　Schuldという語には日本語で「罪」だけでなく「責任」の訳語もあてられるところからすれば、Kollektivschuldの場合にしても罪というよりむしろ責任が、曖昧な日本語ながら〈道義的責任〉が問われているとも解しうる。「集団の罪」という大括りで厳密でない語法が、一方で、場合によっては正当である、狭義の「罪」への否認を呼びつつ、しかしその他方で、〈普通のドイツ国民〉広くに、「なんらかのかたちで責任がある」と思い知らせる効果を及ぼしえた、そのような構図をここに想定できる。

2.5　Hannah Arendt (1906-1975)
　「集団の罪」という語をいち早く用いたひとりが、Kahlerとも交流のあったArendtだ。1944年11月執筆の文中に一箇所その用例がある[*7]。
　まだ戦争中の文章ゆえと思われる誇張もあるが、敗色が濃くなったナチのプロパガンダ戦略は、ナチ党と国民大衆を一心同体であると唱え、両者間に歴然とあるはずの罪の度合を曖昧にしている、これが「ドイツ国民全体に罪があるという主張の根底にある現実の政治状況」だ、と彼女は述べる。

> 〔責任を負うべき者には〕ドイツおよび他のヨーロッパの国で可能なかぎりヒトラーに共感を寄せ、彼が権力へとのぼりつめるのに助勢し、その名声をドイツ内外で確かにしたすべての者たちが含まれる。（中略）そうした者たちは実際のところ戦争犯罪者ではない。彼らに近代の政治集団を判断する能力が欠けているのは疑いない。（中略）広義では責任を負うべき者たちが、狭義では、たいてい罪を犯してはいなかった。ナチの最初の共犯者であり最良の加担者であった彼らは、自分が何をしているのかも、誰と係わっているのかも、実際知らなかった。(Arendt 1946: 337-338)

　意図的な逸脱行為に対して問われる罪と、悪しき結果に問われる責任の峻

別はKahlerの議論とも通じ、またそれはJaspers『罪の問題』でも腑分けされる。ただArendtの場合、「ドイツ国民全体の罪」は「ドイツ国民」によりも「全体」に重きが置かれている、つまりドイツの特殊性によりも全体主義体制に考察は向けられている。

「たとえ直接に絶滅収容所で働いていなくとも、誰もがある職務へとなんらかのかたちで強いられる」、そのような「殺人機構」のなか、「すべての人に罪があるところでは、基本的にもはや誰も判定を下せない」(Arendt 1946: 338-339)という極致にいたっている、これが全体主義国家なのだ。そして、「人間たちが大量殺人の機械に組み込まれたとき、何がその心のなかで本当の発条だったのか知るために、ドイツ史やいわゆるドイツ人の国民性について憶測しても(中略)ほとんど役に立たない」(Arendt 1946: 340)と、〈国家・国民〉に立脚した発想を退けた。そこで彼女はこうも述べている。

> ドイツ人であることが恥ずかしいと言明するドイツ人に何年も前から遭遇する。私は人間であることが恥ずかしい、といつもその人たちに応えたい気分になったものだ。今日まったく異なった国籍の多くの人びとが分かち合っている原理的な羞恥心は、我々に唯一残された、国家を越えた人びととの連帯の感情だ。(Arendt 1946: 343)

Mannが「われわれの汚辱」と言ったとき、それはあくまでも〈ドイツ人の汚辱〉と考えられるが、Arendtだったなら〈人類の汚辱〉と表しただろう。

> 人類という理念には(中略)、人間が引き受けたいと望まない、全体への責任に対する義務が含まれていることを、人びとは本能的に察知している。なぜなら人類の理念は(中略)、人間によって犯されたあらゆる犯罪への責任を我々はなんらかのかたちで引き受けなくてはならない(中略)という、きわめて重大な帰結を政治的にはもつからだ。(Arendt 1946: 343-344)

本稿では詳論できないが『罪の問題』でJaspersは「形而上学的な罪」概念

によって、「人間としての人間間の連帯」をもとにあらゆる人びとに向けて世界のあらゆる不法行為や不正義に対する「共同責任」を求めていた。Arendtもここでより普遍的な方向で考えており、後には「集団の責任（collective responsibility）」というかたちで議論を引き継いだ。

3. スイス知識人からの発言

スイスのドイツ語系知識人は、ドイツ文化の一端を担いつつもドイツ国家に属しておらず、その位置には複雑なものがある。また中立国国民として相対的には〈加害／被害〉の枠外からの視点をもちえている。次に挙げる2人は個性が隔たるそれぞれ独自の思想家であり、その所論を国籍に還元するわけにゆかないものの、スイスの特殊事情に規定された面もあるだろう。

3.1 Karl Barth（1886–1968）

Barthは、ドイツ敗戦を目前にしながらスイスの14の都市で行った講演「ドイツ人と私たち」、この講演に対する反応である聴衆・読者からの書簡2通、さらにそれへの自身の応答を、『ドイツ的本質の治癒に向けて』（1945年）という一冊にまとめている。ドイツの現状を憂え、「外側からの友人」として今後のドイツのあり方を提言していた。

そこではまず、「起きたことの責任に対する問い」はドイツ国民にとって長きにわたり重要になろうが、「〈罪なき〉ドイツ人が〈罪ある〉ドイツ人を責める」（Barth 1945: 65）構図に帰結させてはならない、と述べられる。

> 本当に興味深く実りある問いは、すべての存在した集団（たとえば共産党員やキリスト教諸教会も含め!）がそれぞれ特別なやり方で共同に巻き込まれた罪に対する問いのみでしかありえない。罪の問題にはまさに、他者に対するあらゆる怒りが無意味になる場所、すべてのドイツ人がともに属する（中略）場所がある（中略）。（Barth 1945: 67）

一見したところでは、個々のとった行動の違いを捨象し「ドイツ国民」を

等質な集団として扱っているかに映る。そこで彼の講演に対する意見書簡の一通ではこう批判されている。「国民社会主義に対するドイツ人の道徳的な集団の罪は存在しない。そこで当然、それに立脚したいかなる〈集団処罰〉も当を得ていない。いわんや、地上のいかなる位置も裁き手の資格を所有しえない。ある国民全体のそのような罪はそもそも存在しないし、存在しえないのだから、ドイツ人のそのような罪も存在しない。」(Barth 1945: 76) これに対する応答でバルトは「罪ないし集団の罪という概念は重要でない」と断り、自分の姿勢をより鮮明に表している。

> ただ私にとって重要なのは、(中略)すべてのドイツ人が、1933年以降起こされたことへの責任を引き受けるという点だ。その際第一に問題なのは、起こされた「犯罪」ではなく、「犯罪」に到った、到らざるをえなかった道だ。この「犯罪」そのものに係わったドイツの人びとは、実際のところ比較的には少数であるだろう。そこへと到った道、行為のかたちをとるか不作為のかたちをとるか、直接の協力か間接的な協力か、はっきりとした同意か暗黙の同意か、明快に能動的な加担か「形式上」(!)の加担か、政治的な無関心かそれともあらゆる可能な政治的誤謬、計算違いか、この道を、すべての人びとが歩んだのだ。(Barth 1945: 85)

　彼が重要視するのは、個別の犯罪行為への関与というより、そのような行為を可能にした土壌だ、とまずは言える。さらに、ドイツでの一連の出来事への責任をもつのは誰か、「0.5パーセントの悪漢か、99パーセントのまっとうな人びとか」という問いを立て、後者だと答える。「彼らは道徳的にも憲法上も、法治国家の担い手であり保証人だった。まさにそうした彼らが法治国家を裏切った。その際私が〈彼ら〉と考えるのは、たとえばあらゆる学部のドイツ人(中略)大学教授・講師のことだ。彼らが変節し統制されるのを私は1933年にまだ間近で体験した。」(Barth 1945: 88) 国民社会主義を阻むためにドイツ国民に必要だったのは「英雄行為」よりも「市民として健全で自律して (münding)」いることであったはずで、それができなかった「責任喪

失」をいま自覚しなくてはならない、という（Barth 1945: 89-90）。
　さらにもう一通の書簡で「狼を嚙むことのできない仔羊を誰が咎められよう？」（Barth 1945: 94）と問われたBarthは「精神的に成熟した」ドイツを要求する。「ドイツ問題が存するのは、ビスマルクやヒトラーにではなく、ドイツ知識人がビスマルクやヒトラーに抵抗力がない点」だと述べ、彼らの「密かに否定しながら公には肯定する」ような「独特な軟弱さ、ないしは御しやすさ」を指摘していた（Barth 1945: 101-102）彼が問うのも罪というより責任だった。それは、ナチの犯罪を許したドイツ人のいわば〈知的態度〉に向けられ、自ずと知識人批判に行き着いている。

3.2　Carl Gustav Jung（1875-1961）

　1945年5月11日付スイス紙 „Die Weltwoche" 掲載の「魂は平安をみいだすか？」と題されたインタヴューでJungは、ナチか反ナチかにかかわらずドイツ人はことごとく残虐行為に係わっており罪がある、「現在そして今後の政治家たちの関心事である集団の罪の問題は、精神分析家にとってはひとつの事実であり、この罪をドイツ人に認めさせるのが療法の最重要な課題のひとつだ」（Zeller 1973: 171）と語った。これが激しい反撥を呼んだため、同年6月 „Neue Schweizer Rundschau" 誌に論考「破局の後で」をあらためて寄せた。
　彼の場合も部外者の位置から〈ドイツの破局〉を語る。そもそもJung理論は「集団」への親和性が強く、ここでもそれが現れている。彼は、心理学上の「集団の罪」を法的・道徳的なそれと峻別して、家族の一員が犯罪をおかした例を挙げ、そのとき「自分の家族名が汚された（geschändet）と思われる点にすでに罪の雰囲気がはっきり表れる」（Jung 1946: 76-77）と述べる。Th. Mannが強制収容所の出来事を「われわれの汚辱」と言ったときの感情に引きつけてみるなら、合理性におさまらない人間心理の説明として「雰囲気」的には漠然と共感されうる。

> 心理学的な集団の罪はひとつの悲劇的な宿命だ。それは正しい人も正しくない人も、怖ろしい出来事が生じた場所のなんらかの近くにいたすべての者を見舞う。（中略）集団の罪は高度に古代的・原始的・魔術的であ

> る不純なものだが、まさに一般に普及した非理性であるがゆえに高度に現実的な事態なのだ。(Jung 1946: 80)

　ナチの犯罪という出来事に、Jungは〈文明論〉的な解釈をくだす。ちなみにこれは、〈世俗化〉にナチの淵源を見ようとする多くのキリスト教会の側から戦後与えられた理解とも重なり合う[*8]。ただ彼は、そのような〈文明批判〉が〈血と大地〉イデオロギーに近似することを意に介さない。

> このような頽落を招くには、いくつかの条件が必要になる。とりわけ、都市的・工業的な群衆が、すなわち大地から引き離され一面的に勤しむ、健全な本能のいっさいを、それどころか自己保存本能を失った群衆が堆積することが必要だ。国家から期待される程度に応じて自己保存本能が失われてゆく、これは悪しき兆候だ。(Jung 1946: 86-88)

　啓蒙によって非合理なる「自然の精霊」は消え失せた、しかしJungに言わせると、それは実はかたちを変えていまや「無意識の心的潜在力」(Jung 1946: 106)となり、一見正常なヨーロッパ人の頭のなかに住んでいた。

> 我々がいまドイツで体験したことは、普遍的な精神疎外の最初の発現以外のなにものでもない。かろうじて秩序立って見えていた世界の空間へと無意識が噴出してきたのだ。ひとつの国民全体、そしてそれを越えた何百万もの他の国民が、絶滅戦争という血まみれの狂気のなかに引きずり込まれた。(中略)ドイツ人はキリスト教を忘れ、その精神を技術に売り渡し、道徳をシニシズムと交換し、最高の努力を絶滅の力に捧げた。(Jung 1946: 107-108)

　このようにJungは「ドイツの破局はヨーロッパの病一般のひとつの峠にすぎない」(Jung 1946: 111)と、ナチの犯罪を近代ヨーロッパの陥った病理として相対視する。さらにはそれにとどまらず、それが極端なかたちで現れたところに利点すら見いだしていた。

無意識にとどまっているものは、周知のとおり決して変わらない。意識にのぼってのみ、心理学的矯正が示されうる。そのため、罪の意識は強力な道徳的動因となりうる。（中略）罪なしには残念ながら、魂の成熟も精神的地平の拡張もない。／罪がおおきいところでは、恩寵もよりいっそうおおきく示されうる。（中略）ドイツ人は今日、その外的生は困難であるにしても、まなざしを内的人間に向ける無比の好機を迎えている。（Jung 1946: 113ff.）

　必ずしも判然としないものの、彼が思い浮かべているのは明快な罪というよりは漠然とした共同罪悪感のようなものであると理解するなら、そのかぎりで彼の言う「集団の罪」は特異でない。ただ心理学という限定された範囲であるにしても、転禍為福とはこの場合、犠牲者を思い描かずともいかにもふさわしくない。ともあれドイツ人の「集団の罪」を言い切るユングのこの主張は、拒絶を中心としたさまざまな反応を呼んだ。
　このときすでにスイス在住の長かった Hermann Hesse は „Neue Schweizer Rundschau" 誌9月号で、「民主主義諸国の人びとからドイツ国民に向けられている（中略）教化と処罰の説教」が占領軍によってプロパガンダに使われている、との文脈で、Jung にも触れている。「こうした説教は非常に多くの点で完全に正しいことを言っている。ただそれらはドイツ国民に届かない。（中略）とうから良心がしっかり覚醒している、まさに貴重で高貴なことこのうえない層にしか届かない。」(Hesse 1981: 715)「集団の罪」テーゼは実際のナチ体制を支えた〈普通のドイツ国民〉には有効性がないとの危惧を表明していた。
　Alexander Mitscherlich は、1945年11月11日付 „Allgemeine Zeitung" で Jung のインタヴュー内容を批判した。すべてのドイツ人に罪があるといっても、そもそも何をもって「ドイツ人」と呼ぶかの規定が曖昧であり、それはともすれば人種理論に通じてしまう (Mitscherlich 1983: 138)。また Jung は「党と国民と国家を不可分とする国民社会主義の主張を受け容れ」て、「すべてのドイツ人が悪行において秘密同盟を結んでいると述べてもおり、まずもって道徳的な罪の告白を要求している」、だが罪を認めるようはなから要求するこ

とで、事態を明確にしようとする「認識の振る舞いを切り縮めることはできない」と述べる（Mitscherlich 1983: 139-140）。しかし重要であるのは、「個人の自由を剥奪し、匿名化を進める国家の指揮権を増大させた原因、すなわち〈自我（Ich）〉と〈エス（Es）〉の根本関係における変化の原因を探求する」点であり、「体験したことを忘れず、また歪曲もせず、真実にしたがって叙述して私たち自身の、そしてすべての人びとの教訓とする義務を、私たちはもつ」（Mitscherlich 1983: 140）と彼は述べる。

　Erich Kästnerは、自ら学芸欄を担当していた „Die Neue Zeitung" に1946年2月8日付で、すべてのドイツ人は「意識的にか無意識的にか、積極的にか消極的にか、残虐に加担している」とのJungの発言に反駁する。「誰もが勇敢で力強く暗示にかかりにくくはいられなかった、心理学博士ユング教授がもしスイスに暮らしておられるのでなかったなら、まさにその立場にあられただろうように」（Kästner 1998: 521）、と、高みからの物言いを退ける。またゲスターポに惨殺された友人の俳優Hans Ottoを引き合いに出し、ドイツ内にあった〈抵抗〉を指摘する一方で、ユングがほぼ同時期の1934年に、従来の心理学が「ユダヤ的カテゴリーを吟味しないままキリスト教のゲルマン人に適用してきた」のは重大な過ちだと述べ、「フロイトはゲルマンの魂を知らなかった。彼の後継者も皆それを知らなかった。全世界が脅威のまなざしで見ている国民社会主義の力強い出現が、彼らの考えをただすだろうか?」と記していたことに言及する（Kästner 1998: 522）。

　ユングの反ユダヤ主義については、米国の精神医学専門誌（1945年9月号）でも指摘されていた。1934年時点で、「相対的に見て流浪民であるユダヤ人は、けっして自らの文化をもってこなかったし、もつこともないだろう」「アーリア人の無意識はユダヤ人の無意識よりも高い潜在力をもっている」といった文章をJungが記していた、と（Feldman 1945: 263）。

4. おわりに

　ドイツ敗戦前後になされた「ドイツ国民の集団の罪」をめぐる諸説のうち、代表的なものを見た。議論のごく一部にすぎず、またこの後の3年ほどのあ

いだにはさらに多くの発言が重ねられる。ただ以上で概観したなかですでに主要な論点のいくつかは出されている。それをもういちど確認してみよう。

　ドイツ国民に「集団の罪」を見ようという主張であってもその多くの例では、厳密な意味での「罪」が念頭に置かれているというよりは、起きた出来事にすべてのドイツ国民がけっして無関係ではいられないといった緩い設定で考えられている。諸個人それぞれで関与の度合が違うのは言うまでもない、ただし積極的に加担した者にとどまらず、不作為や黙過までを含め法的にならば罪を問われない立場であろうともドイツ国民である以上当事者であり〈道義的責任〉はある、ということだ。そしてこれを国民規模で曇りなく見定める、明瞭に〈意識化〉するところからしか戦後ドイツの再生はありえないと、事態を直視するよう求められた。

　その際に、おぞましい犯罪が暴かれドイツ国民の多数がひそかに抱かざるをえなかっただろうなんらかの「汚辱」の感覚を、「罪（Schuld）」として外から激しい調子で問われた、これが心理的抵抗をいたずらに呼び起こしていると推察できる。この語義の幅は広く、そのどこに定位するかにより理解はおおきく異なる。Jaspersによる罪の4分類も、法的ならびに政治的に解決できる分野として、他者との関係のなかにある罪を限定していた。そうすることで喫緊の課題である国際裁判や賠償問題をめぐる議論から道徳的要因を排除し、これを個人の内面の問題に封じ込めている。他者、とりわけ犠牲者と向き合わずに道徳を語りうるのかといった疑問は措くとして、「罪」へのドイツ人たちの拒否感に直面したうえでの戦略であったようにも解しうる。

　ナチ・ドイツ成立の条件を平易な因果関係のみに還元できるものではない。上記のうちでは、ドイツ人に生得の気質、そこまで言わなくとも歴史的に貫流している国民性、後発国民国家としてのドイツ近代の歪み、あるいは近代化・世俗化の流れのなかでのキリスト教精神からの逸脱、さらには西洋近代の抱える病理への一般化、等々、概しておおまかな把握にとどまる。

　またそうした批判に抗弁する側では、個別の態度の違いに目をやらず国民全体を一体視してそこに罪を帰することへの感情的な拒絶、「集団の罪」の主張こそ全体主義的であるとする反論、暴力支配の下で抵抗は不可能であり面従腹背はやむを得なかった、という抗弁、また知的伝統なり抵抗運動なり、

ナチ・ドイツとは異なった〈より良き別なドイツ〉を引き合いに出す、等々の反応が見られる。

　国家間戦争の直後、そしてナチ・ドイツが全体主義体制であった以上、どちらの側でも〈国家・国民〉という単位が前提とされた議論であるのは避けられなかった。評価基準の置かれるのが肯定面か否定面かの違いだけであり、基本としている枠組みはさほど異なっていない。だがそうしたなかでも、「集団の罪」を矮小化する方向ではなく、より普遍的に考えようという試みも存している。そこからは、〈集団の責任〉、〈戦後責任〉、〈歴史的責任〉といった、現代社会でも切実である思考がつながってゆく。

　敢えて「集団の罪」という設定の積極面を挙げてみる。まずこれは、犯罪を一部のナチ指導部に押しつけて自己批判を伴わない、それどころか自らを犠牲者に見立てたナチ批判を欺瞞であると示した。もっともそうした言い逃れがその後跋扈するのをよく防ぎえたわけではないが。そして罪が行為の次元だけではなく、むしろ個人の内面の道徳性において問われることで、国際裁判や国家賠償とは別の局面を開いた。これは当面は拒絶で迎えられたにせよ長い時間幅から振り返れば、その後の展開および転回を用意した。とはいえ、この時点のほとんどの発言で犠牲者像は視野に入っていない。

　「集団の罪」が頻繁に語られた1940年代後半から時を隔て、50年代半ば以降「過去の克服」の姿勢が、80年代半ば以降は「想起文化」が、徐々にではあれ社会に浸透する。ここにあって、過去の何をいかなる主体が克服するのか、あるいは思い起こすのかと問うなら、まずもっては〈ドイツ国民がかつてドイツ国民の名のもとでなされた犯罪を〉という答えになる。いまやそこに犠牲者像が組み入れられているにしても、枠組みそのものは生き延びている。集団的主体を設定しなければ、緩やかな縛りであろうとも〈国民〉規模での、それも〈後から生まれた者たち〉を巻き込んでの「犠牲者追悼」はありえない。そしてさらに、21世紀の「想起文化」において、〈想起する私たち〉の他者を生むことの否定面が逃れがたくある以上、「国家を越えた人びととの連帯の感情」に向けた考察を深める重要性はいまなお失せていない。

Endnotes　*1　後に触れる1945年6月14日付„Frankfurter Presse"掲載の、Werfelへの反論投書が初出例であるとの記述(Felbick 2003: 360; Eitz & Stötzel 2007: 371)もあるが、それ以前に、本稿でも言及するArendtやJungがすでに用いている。

*2　たとえば、1987年に刊行され議論を巻き起こしたGiordano, Ralf: Die zweite Schuld oder Von der Last Deutscher zu sein. で「集団の罪」が論じられていたのはもとより、1996年の「ゴールドハーゲン論争」に際しても「集団の罪をめぐる新たな論争」との見出しが„Der Spiegel"誌表紙を飾り、同号に掲載された「悪魔の国民?」と題された記事冒頭には次のリード文が置かれている。「民族全体が償わねばならぬ——ユダヤ人の集団の罪についてのこのナチの主張を、戦勝国は1945年一時的にドイツ人に向けた。アメリカ合州国の学者ダニエル・ゴールドハーゲンがそれを蘇生させた。ドイツ人は本当にユダヤ人虐殺者の国民なのか——彼らはホロコーストの何を知っていたのか？　何を知りえたのか、何をなしたのか?」(Meyer, Fritjof. (1996) Ein Volk von Dämonen? Der Spiegel, 20.05.1996, Nr. 21, p. 48.)

*3　占領軍新聞と訳したHeeresgruppenzeitungは、既存ドイツ紙の発行禁止に伴い占領4か国が各占領地域でドイツ語によって発行していた複数の新聞。米国占領地域の12紙は、オーストリアからの亡命者Hans Habeが主導、主記事は共通していた。1945年内には使命を終え、認可制新聞に跡を譲る。Matz (1969)参照。

*4　„Süddeutsche Zeitung"は米国占領軍情報管理局から認可を受けた独立紙で、1945年10月6日付が創刊号になる。

*5　1940年4月にドイツ軍がオスロ進軍したことに伴い、以前より反ナチの旗幟を鮮明にしていたUndsetは難を逃れるため出国、ストックホルムからソ連を経由し神戸港からサンフランシスコに向かう。本書は、日本を含むこの先々での滞在雑感とともに亡命者の境遇を綴った〈脱出記〉。彼女の考えを記した最終章のおおかたは、本人の言では1940年夏までにスウェーデンで、とはつまりナチによる系統的なユダヤ人殺害を知らずに執筆されている。(Undset 1944: 179)

*6　「集団の罪」を前提にしていると捉えられる一連の米国占領政策に関しては、次の拙稿で紹介した。初見基(2018)「衝撃と沈黙—〈集団の罪〉政策と反撥」『リュンコイス』51. 141-168.桜門ドイツ文学会

*7　1945年1月„Jewish Frontier"誌にまず英訳が「ドイツ人の罪(German Guilt)」として掲載、書籍収録に際して「組織された罪と普遍的責任(Organized Guilt and Universal Responsibility)」と改題、ドイツ語による原文はJaspersを介して1946年4月刊の„Die Wandlung"誌に「組織された罪(Organisierte Schuld)」の表題で掲載された。この文章中、英訳では「ドイツ人の集団の罪(the collective guilt of the German people)」とされた一箇所は、原文では「ドイツ国民の全体的罪(eine[r] Gesamtschuld des deutschen Volkes)」であり、正確には„Kollektivschuld"という単語そのものは使われていない。

*8　本稿ではドイツのキリスト教会およびその指導的人物、また右派の言説を扱う余地がない。前者では、ユダヤ人迫害に具体的に言及せず不充分とはいえ、それで

もドイツ国民の「罪の連帯」を謳った „Stuttgarter Schuldbekenntnis" やそれを主導したひとり Martin Niemöller らはむしろ例外であり、概して「罪」への否定的な姿勢が主流だったとだけ断っておく。

参考文献　Arendt, Hannah. (1946) Organisierte Schuld. *Die Wandlung* 1 (4): pp. 333-344.

Barth, Karl. (1945) *Zur Genesung des deutschen Wesens. Ein Freundewort aus draußen*. Stuttgart: Franz Mittelbach Verlag.

Eitz, Thorsten & Georg Stötzel. (2007) *Wörterbuch der „Vergangenheitsbewältigung"*. Hildesheim: Olms.

Felbick, Dieter. (2003) *Schlagwörter der Nachkriegszeit 1945-1949*. Berlin & New York: Walter de Gruyter.

Feldman, S. S. (1945) Dr. C. G. Jung and National Socialism. *American Journal of Psychiatry*: 102 (2), September 1945: p. 263.

Frei, Norbert. (1987) „Wir waren blind, ungläubig und langsam". Buchenwald, Dachau und die amerikanischen Medien im Frühjahr 1945. *Vieteljahrsheft für Zeitgeschichte* 35: pp. 385-400.

Frei, Norbert. (2009) Deutsche Lernprozesse. NS-Vergangenheit und Generationfolge seit 1945. In Frei, Norbert. *1945 und wir. Das Dritte Reich im Bewußtsein der Deutschen*. Erweiterte Taschenbuchausgabe. München: Deutscher Taschenbuch Verlag, pp. 38-55.

Hesse, Herman. (1981) Schluß des Rigi-Tagebuches. August 1945. In Hesse, Herman. *Politik des Gewissens. Die politischen Schriften 1933-1962*. Zweiter Band. Frankfurt am Main: Suhrkamp, pp. 713-716.

Jaspers, Karl. (1947) Antwort an Sigrid Undset. November 1945. In Jaspers, Karl. *Die Antwort an Sigrid Undset*. Konstanz: Südverlag, pp. 5-11.

Jaspers, Karl. (1963) Die Schuldfrage. 1946. In: Jaspers, Karl. *Lebensfragen der deutschen Politik*. München: Deutscher Taschenbuch Verlag, pp. 36-114.

Jung, C.G. (1946) Nach der Katastrophe. In: Jung, C.G. *Aufsätze zur Zeitgeschichte*. Zürich: Rascher Verlag, pp. 73-116.

Kästner, Erich. (1998) Splitter und Balken. In: Kästner, Erich. Werke, Bd. VI. *Splitter und Balken. Publizistik*. München & Wien: Carl Hanser, pp. 520-524.

Kahler, Erich. (1952) Das Problem Deutschland. In: Kahler, Erich. *Die Verantwortung des Geistes Gesammelte Aufsätze*. Frankfurt am Main: S. Fischer Verlag, pp. 92-116.

Koebner, Thomas. (1987) Die Schuldfrage. Vergangenheitsverweigerung und Lebenslügen in der Diskussion 1945-1949. In Koebner, Thomas et al. (Hrsg.) *Deutschland nach Hitler. Zukunftspläne im Exil und aus der Besatzungszeit 1939-1949*. Opladen: Westdeutscher Verlag, pp. 301-329.

Kolbenhoff, Walter. (1976) Brief an Sigrid Undset. In *Der Ruf. Unabhängige Blätter für die junge Generation. Eine Auswahl*. Herausgegeben und mit einer Einleitung von Hans A. Neunzig,

Nymphenburger Verlagshandlung. München, pp. 128-134.
Mann, Thomas. (1986) *Tagebücher 1944-1946*. Herausgegeben von Inge Jens. Frankfurt am Main: Fischer.
Mann, Thomas. (1997) Die deutschen KZ. In Mann, Thomas. *Essays. Bd.6: Meine Zeit 1945-1955*. Frankfurt am Main: S. Fischer, pp. 11-13.
Matz, Elisabeth. (1969) *Die Zeitungen der US-Armee für die deutsche Bevölkerung (1944-1946)*. Münster (Westf.): Verlag C. J. Fahle.
Mitscherlich, Alexander. (1983) Schuld und Seele. In Mitscherlich, Alexander. *Gesammelte Schriften VII. Politisch-publizistische Aufsätze. 2*. Frankfurt am Main: Suhrkamp, pp. 136-140.
Undset, Sigrid. (1944) *Wieder in die Zukunft*. Aus dem Amerikanischen übertragen von Ella Tonnemacher. Zürich & New York: Verlag Oprecht.
Undset, Sigrid. (1947) Die Umerziehung der Deutschen. In Karl Jaspers. *Die Antwort an Sigrid Undset*. Konstanz: Südverlag, pp. 29-31.
Werfel, Franz. (1975) *Zwischen Oben und Unten*. München & Wien: Langen Müller.
Zeller, Bernhard. (Hrsg.) (1973) *»Als der Krieg zu Ende war«: Literarisch-politische Publizistik 1945-1950*. Stuttgart: Ernst Klett.

文献解題

Karl Jaspers. (1946) *Die Schuldfrage*. (カール・ヤスパース　橋本文夫訳 (1998)『戦争の罪を問う』平凡社)

　敗戦直後の混乱状態にあって、ヤスパースは戦争の罪と考えられるものを4つに整理した。これは後々まで罪の問題を考える際のひとつの基準と捉えられる。当時のニュルンベルク裁判や賠償問題については、法の侵犯に対する「刑事的罪」、国家犯罪に対して国民が担う「政治的罪」によって充分に説明がされる。ただ、この2つの罪に入らない、上からの命令の遵守や消極的協力、さらに不作為による加担を彼は「道徳的罪」として「自らの良心」に委ねる。そしてまた、この世で起きているすべての不正に対して人間が担うべき「形而上的罪」を設定し、その判定者を「神」とする。一見明快ではあるが、〈謝罪〉を求める犠牲者と直面するならば、道徳的な罪は「自らの良心」にとどまるものではない。また形而上的罪のもつ射程は汲み尽くされていない。

三島憲一（1991）『戦後ドイツ―その知的歴史』岩波書店

　東ドイツの崩壊とドイツ統一という〈戦後の終わり〉と呼べる事態に際して、本書では西ドイツを中心に、そこにいたる戦後の知的変遷が描かれている。廃墟の風景にはじまり、アデナウアー時代の復興とそれに伴う過去の忘却、そしてこれに抗する知識人たちの営み、さらに1968年の反乱とその残したもの、その後80年代の保守化傾向、というように、けっして一筋縄ではなかった、〈ナチ時代の影〉のもとでの知識人の言説と対抗言説がいかに発せられたかが、多くの具体例を紹介しながら説得的に示される。

　続編とも呼べる『現代ドイツ―統一後の知的軌跡』（岩波書店2006年）、同氏の編訳になる同時代を生きる知識人たちへの貴重なインタヴュー集『戦後ドイツを生きて―知識人は語る』（岩波書店1994年）も出ている。

石田勇治（2002）『過去の克服―ヒトラー後のドイツ』白水社

　「過去の克服」という語が使われるようになるのは1950年代半ば以降で、その浸透は60年代になる。この語もさまざまな含意で用いられ、拒絶の対象にされる場合もしばしばだ。ごく広く取るなら、ナチ時代という負の過去に批判的姿勢を保つことに〈現在〉の保証を得ようとする戦後ドイツの精神的態度と呼べる。本書では、その進展が「戦後ドイツの民主主義そのものの度合いを映す鏡」であるという見地から、敗戦直後にはじまり2000年代にいたる「過去の克服」の概要が示されている。政治、司法、学界、社会、文化など多方面に目配りがされつつ、さまざまな重要事件を中心に丁寧に論じられている。また歴史研究者として、なぜ現在「過去の克服」を問題とするかという視点も明快に打ち出されている。

コラム　罪の追及から「過去の克服」そして「想起文化」へ

　敗戦直後のドイツ国民に問われた「集団の罪」の議論は、1950年代に入ると水面下に消える。冷戦体制下、反共産主義をいわば国是としたアデナウアー時代の西ドイツでは政治・経済の建て直しが第一の課題で、戦争犯罪人の社会復帰、再軍備化などの「復古」政策が進められ、過去に向き合う姿勢は軽視された。ナチ時代への態度は、罪の拒絶と沈黙が一般的となる。反ユダヤ主義も西ドイツ社会に根強く残存した。

　こうした現状に対して50年代半ば以降「克服されていない過去」が問題とされるようになり、60年代には「過去の克服」という語が一般化する。その背景でも政治、経済、司法、世代交代など諸要因が複雑に絡み合っているが、思想史的には負の過去を忘却し繁栄を謳歌する戦後西ドイツに異を唱える少数の文学者や社会哲学者たちの営為も与っている。そして1968年に象徴される政治的激動は、父の世代に対する戦後世代の反抗という意味合いをもった。その後教育改革などとも連動し「過去の克服」は西ドイツ社会に根づく。

　ただ80年代半ばになると、ナチ時代を経験した世代が社会の表舞台から退きつつあるなか、「後から生まれた者たち」が祖先の負の歴史といかに向き合うかに焦点は移る。1986年の「歴史家論争」などを経て、負の過去への「記憶」を社会的に維持しようという議論が強まる。これにも種々の反撥が伴われるが、2000年代ドイツにあっては各地で次々と建てられている「警告碑（Mahnmal）」に象徴されるように、「負の過去の想起」が規範化されている。

第 5 章

ドイツ再統一と政治的言説の変容
国民の「不一致的統合」とある学問的スキャンダル

大宮勘一郎

1. はじめに

　第二次大戦敗戦後の旧西ドイツにおいては、西側占領国の強い意向による「脱ナチス化Entnazifizierung」に加え、ユダヤ人大量虐殺など、ナチス政府下で多くのドイツ国民が積極的・消極的に加担した巨大な犯罪行為が明るみになることで、過去への反省が国是として、国民の政治的良心の根幹をなすものとなった。自らの過去に対するこうした態度は、旧西ドイツにおいて、いわゆる「闘争的民主主義streitbare Demokratie」あるいは「自衛力ある民主主義wehrhafte Demokratie」の理念に基づいた、反民主主義的な言論や結社に対する自由の制限や、学校教育その他様々な機会における啓蒙活動など、幾重にもわたる制度的枠付けによって（完全ではありえぬにせよ）定着がはかられ、またドイツ内外の研究者や政府系・非政府系団体による、記憶の風化に抗する地道で持続的な努力に（これも今のところはまだ）支えられている。とはいえ、その具体的な内実や課題と、その後の歴史的変容に伴って生じた副次的作用は別に論じる必要があろう。本論はとりわけその後者、すなわち歴史的変容を、主に言説史的観点から考察するが、中でもとりわけ大きな転機となったのが、1989年のベルリンの壁崩壊に続く東欧社会主義圏の体制の瓦解と、1990年の東西ドイツ再統一であることは否めないであろう。

　東西統一は、国制としてはドイツ民主共和国（以下DDRと略記）のドイツ連邦共和国（再統一後の現ドイツ連邦共和国と区別するために、DDRとの対

比の文脈において旧「西ドイツ」を指す場合は以下 BRD と略記)への併合として行われたので、旧 DDR 国民にも、ナチスの過去に関しては旧 BRD と同じ自己反省が求められることとなったが、大きく異なる歴史認識のもとで生活してきた DDR の国民にとって、これは抜本的な認識の転換を意味した。

　そもそも、ナチスを金融資本主義と結託した独裁的政治体制と定め、これを労働者の力で打倒して社会主義国家を創設した、とする建国神話に基づく DDR において、ナチスは一掃された「敵なる党派」であって、一国全体の過去としての反省の対象とはならなかった。ドイツ社会主義統一党 (SED) は、ナチスによる独裁という過去を端的に克服されたものとみなし[*1]、このため却って、その(又しても)一党独裁的な体制が崩壊し、西側資本主義勢力と闘う社会主義国家の大義というイデオロギーの抑圧から DDR 国民が解放されるや、それと同時に、「ナチスに対する勝利」という DDR 体制の正統性を裏付ける物語も無効となった。旧 DDR 国民は、「ナチスの過去」への想起と反省に対する免責を失ったのである。統一ドイツという新たな体制への不適応および統一後も持続する東西格差と相まって、旧 DDR 国民の間では、「敵とみなされ敗北を強いられた」ナチスに同一化する態度さえ噴出したが、そこでは、ナチスが DDR でも統一ドイツでもない、第三の情念的避難所として選ばれたのだといえよう[*2]。

　体制を異にしていた両国間に存在していた、過去をめぐる言説上のこの齟齬は、東西ドイツ再統一以降、ナチズムとスターリニズムを同じ一つの現象の亜種とする「全体主義理論」の前景化[*3]とともに、より複雑化する。DDR 自体が、その独裁的体制ゆえに、また国家公安組織 (Staatssicherheitsdienst: シュタージ) の抑圧的相互監視システムが明るみになるにつれ、悪しき国家としての追及を受ける。特に後者は、国民全体を網羅するものであったがゆえに、国民の多くも共犯の嫌疑に問われることになった。「全体主義国家」DDR の元国民たちは、ナチスの過去と DDR の過去という両者に関して、二重の反省を強いられるのである。さらに、グローバリズム、EU 諸国への援助や難民といった、一国内の文脈を超えた政治的問題を負う背景としつつ、とりわけ 2010 年代に入るとデジタル・ネットワークを基盤とした新ナショナリズムが、ネオナチや極右をも巻き込みつつも、それらよりもはる

かに広範に力を増し、政治的言説上の抗争が、相互に歩み寄れる基盤を欠いたままに相互不信と乖離を増強させつつ新たな布置で激化している。

とりわけ、「国民」としての権利享受という文脈を超越した「人道的」対応としての移民・難民の受け容れは、旧DDRの人々の被差別感とコンプレクスをさらに刺激している。グローバル化によって生活基盤を掘り崩され、EU諸国への負担供出に不満を懐く旧BRDの人々も、難民問題に対しては一見旧DDRの人々と同じ主張をしているかのようだが、ここでもまた、複雑な動機から国家依存的な心性を残す旧DDRの人々が、保護への要求から反EU、難民受け容れ反対の立場に立つのと、市民的自由に対する国家およびEUの介入を忌避するがゆえに同じ立場に至る旧BRDの人々との間には深い食い違いがあり、一体的に見ることはできない[*4]。

こうした政治的分裂において、反ナチズム言説は、一方で旧西側では政治的トピックとしてはルーティン化し、市民的良心の相互確認以上の意味を持てなくなりつつあり、歴史の忘却や、ナチスの犯罪を相対化する歴史修正主義の浸潤を抑止するのに苦慮を重ねている。旧DDRの各州で力を獲ている新ナショナリズム勢力に対しては、彼らをポピュリズム的極右とみなし、DDRないし旧社会主義圏に残存した全体主義の悪しき副産物とする、型にはまった批判が繰り返される以上のことは見受けられない。また、DDR時代の体制批判的な市民運動の流れを汲み、統一後のドイツにおいても左派的な立場の政治的主張を展開する諸党派もまた、ドイツの「健全」な政治秩序に地位を得るのが困難な状態が続いている。

2. ドイツ再統一ともう一つの「国民」言説

たとえ再統一以前の歴史認識が権力によって強いられたもので、捨て去るのは容易であったとしても、それに代えて新たな自己拘束を求める思考を受け容れるには、かなりの時間と努力を要するだろう。そしてこれを統一ドイツ全体の困難と考え、国民全体が取り組むべき課題とすることを阻む要因が二重に立ちはだかる。すなわち、旧BRDの人々は、旧DDRの人々が連邦共和国に新たに加わった以上、「人道」という普遍的正義に二度と背馳しない

「国民」の心得として、過去への自己反省を即刻身につけることを彼らに要求するが、このことが旧DDRの人々の眼には、ときに性急な「普遍の押しつけ」と映る。

再統一は、暴力的手段を伴わず、しかも東西ドイツ両国民の圧倒的多数の意志に従い、また近隣および関係諸国の合意のもとで実現したので、疑う余地なく肯定的に評価すべき事業である。さらに、DDRの体制が消滅した後、遍く張りめぐらされた相互監視網など、個人の良心を踏みにじるような抑圧的統治の実態が次々と明るみになっており、DDRが悪しき政府によって統治されていた、存続すべきではない体制であったことは、今日では明白である。ここではしかし、こうした是非の評価を一旦措いて、ある一つの言葉のミクロな推移によって再統一の過程を顧みておこう。

1989年10月9日の、ライプツィヒにおける民主化デモンストレーションの際に配られたビラには„Wir sind ein Volk."(我々は一つの国民だ。)という言葉が書かれていた。ドイツ再統一が未だ誰の念頭にもなかった時期のことなので、これは再統一を先取りした言葉ではない。これは、公安部隊に相対することになるデモ参加者らが、自分たちと相手とが同じ一つの国民であって、敵対はしないという意志を示すものであった。同じ一つの国民同士は、「国民」としての一体性が保たれているとする限り、原理的に敵対しえないからである。デモ参加者たちは、このことを自らと公安当局の双方に訴え、流血を回避しようとしたのである[*5]。ただ、このスローガンは、10月9日デモで実際には叫ばれなかった[*6]。叫ばれたのは、定冠詞付きの„das Volk"を用いた„Wir sind das Volk."であり、これは一週間前の10月2日デモで初めて登場したシュプレヒコールである。そしてこれもまた、9日には「我々はこの国の歴とした国民であって無法狼藉の輩Rowdysではない。」の意で用いられた。公安当局を名宛人とする、こうした呼びかけの背景には、政府系の「ライプツィヒ人民新聞」9日朝刊[*7]に掲載された、7日に市内で行われたデモの「狼藉行為」に関する当局からの警告を示唆する記事があった。その記事は、「人民警察は配慮的対応によって不法行為の拡大を防ぐとしている。」という文で締めくくられていた。„Wir sind ein Volk."は、直接的にはこの警告に対する対応であった。では、これらは当局とデモ参加者双方に、単に暴力の自制を

求めるものだったのだろうか。

　10月2日の „Wir sind das Volk." に遡ってみよう。この日のデモでは、これに加えて、9月4日のデモ以来広く流布した „Wir bleiben hier."（我々はここに留まる。）もまた叫ばれていた。この言葉は、もともとはハンガリーが一足先の同年8月にオーストリア国境を開放して以来、DDRの出国を申請する市民が殺到するのに相対して、DDRの変革と改革を実現するために「この国を立ち去らない」という決意を改革派勢力が表明したものである。„Wir bleiben hier." は、この意味で理解されることが今日でも一般的かもしれない。しかし、この二つのスローガンは、どちらも最初と最後に強勢を置かれて叫ばれたという。

　„Wir sind ein Volk." という言葉の背景をなすのは、統治者と被統治者の間の同一性という民主政の根本原理であり、それが前提とするのは、国民国家としてのDDRの政治的一体性である。これに対して、„Wir sind das Volk." は、この同一性と一体性を当局側から否定されたことに対する再度の否定である[*8]。さらに、„Wir sind das Volk." と „wir" に強勢が置かれれば、「我々（こそ）が国民だ。」の意を帯びる。その「我々」は、定冠詞付き „das Volk" とともに、この言葉を叫ぶデモ参加者および賛同者に限定される。そのとき、治者と被治者の同一性はそもそも存在しないものと見なされる。つまり、踏み込んで言えばこの言葉は、国民の一体性が事実として既に失われていることを示してしまう。DDRという一国内に、「国民と国民ならざる者たち」という敵対関係が現実に存在していることを、この言葉は表現するからである。これを叫ぶ人々は、自分たちの手で現存の政府を打ち倒し、新たな政府を創出する、という革命的意志の担い手へと変容している。そして、最初と最後に強勢を置かれた „Wir bleiben hier." もまた、「（現政府ではなく）我々こそが、（逃げも隠れもせず）ここに留ま（り、彼らに取って代わ）る。」ということを意味するのである。この目立たない強勢の変化が成し遂げたのは、「国民」の対内的政治化、すなわち内乱も辞さないという政治的意思の形成であり、彼らの敵対を招いた為政者にとっては大きな危険を意味する[*9]。

　この変容は特定の誰かの意図や指導に基づいて起きたものではあるまい。むしろ、留まった人々が民主化要求デモを繰り広げてゆくにつれ、潜在的な

ものであった状況もまた尖鋭化された姿で顕在化し、その中で自分たちが何を行い何を目指しているのかが徐々に形をなし、それを正しく表す強勢とともに口を衝いて出たのだと考えるべきであろう。

　これは、クライストが「語りながら徐々に思考が出来上がることについて」(1805/1806年)に描き出している、ミラボーが式武官に撃ち込んだ「雷鳴の楔Donnerkeil」を想起させる「国民」の政治化である。そこにおいて、式武官に三部会の閉会という王命を言い渡された際、第三身分代表らとともに立ち去るのを拒んだミラボーは、返事に窮しながら相手の言葉尻を復唱するなどした挙句、「我々が国民の代表なのであります。Wir sind die Repräsentanten der Nation.」「国民が命令を発するのであり、いかなる命令も受けはしません。Die Nation gibt Befehle und empfängt keine.」と言い放ったとされる[*10]。1989年10月の「我々＝国民wir = das Volk」は、人権という普遍的価値の名において身分制秩序と君主の擅断に論争的に抗した1789年の「国民」と同じ政治理念、すなわち真の意味での「民主共和政demokratische Republik」の理念を、たった数週間ながら共有したのである。

　再び1989年10月9日に時間を進めれば、„Wir sind ein Volk."は、一見したところ革命的意志から一歩退いて穏健化した言葉に思えよう。当局側の警告は、デモ参加者たちの政治的意志を意図的に矮小化し、非政治的「狼藉」として排除・断罪しようとするもので、これに応答する主張としては、確かに„Wir sind das Volk."が適当であったかもしれない。しかし、この„ein Volk"には、10月2日以来の政治的「国民」の新たな形成という文脈の中では、デモ参加者が「DDR国民」という（予め失われた）「単一性Einheit」と「不可分性Unteilbarkeit」を、今や「我々」だけがそれでありえる„das Volk"によるDDR改革の中で、遂に実現することへの希望を読み込まねばならないだろう。そして結論から言えば、その希望は一瞬現れて消えたのである[*11]。

　実際、DDR秩序の瓦解が制しようもなく進むや、変革を求めるDDR国民としての行動は退潮してゆく。遅くとも11月9日にベルリンの壁が崩壊すると、DDRの変革ではもはやなく、それに代わって再統一への機運が高まる。「我々は一つの国民だ。Wir sind ein Volk.」への再転換と呼べようが、これはこの言葉に元来込められていた、他ならぬDDR国民自らの手による改革に

よって獲得される政治的「一体性」という理想の簒奪でもあった[*12]。「単一の国民 ein Volk」という、再統一を基礎づける言説は、このようにして形作られたのである。その実現までDDRの人々を一気に突き動かした力は、DDRという現存する政治的共同体の民主化という、国民としての政治的主張もまた、「DDR国民」という政治的地位もろともに押し流してしまった。そして、より大きな統一ドイツへの参入が既定路線化するなかで、自国の政府に抗して立ち上がった「DDR国民」は行き場を失い、その政治理念ごと解体されたのである。10月23日以前には、BRD側の再統一に向けての外交的働きかけが、公式・非公式のルートで本格化していた。

　もちろんDDRの人々の行動には、自由（であるがゆえに豊か）な社会という、それ自体普遍的なものへの希求も大きな力を与えていたであろう[*13]。しかし、これと同時に、「社会主義」という、やはり「普遍」を標榜する政治的イデオロギーへの倦厭も強く働いたはずである。再統一の言説としての「一つの国民 ein Volk」は、こうした反イデオロギー的心性に訴えかけるかたちで広められていった。「DDR国民」としてであれば引き受けざるをえない新たな国制の構築、すなわち「社会主義」に取って代わる新たな「普遍」の構築を免れることを彼らは選んだことになろう。そこではまた、BRDの大衆メディアが大きな「教唆」的役割を果たしたことが知られている[*14]。

3. 国民統合言説の両義性—包摂という排除

　統一を自らも志向して以来、DDRの人々にとり、自由と繁栄を実現すべき政治的主体は飽くまでも（統一された）「一つの国民 ein Volk」でなければならない。再び不定冠詞に戻った „Wir sind ein Volk." は、今や „ein" に強勢を置かれ、DDR国民とBRD国民が「単一にして不可分」であるという意を帯びる。そのような „ein Volk" は、諸個人が平等な権利を持つ政治的共同体としての「国民」であらねばならないが、この地位を受け取る（勝ち取る、ではない）ために、DDRの人々は、一旦「国民」であることを自ら捨て去らねばならなかった。政治的意志の表明や実現に関し、一貫して強い制限下に置かれてきたDDR国民が、国民としての政治的意志を主体的に実現した最大にして

ほぼ唯一の事業が、この「国民」の放棄であったことは皮肉といえよう。

　DDR国民と再統一後の新ドイツ国民の間にはまた、政治的地位上の大きな断絶がある。この断絶を目立たぬものにできるものがあるとすれば、それは政治以前の歴史的連続性の修辞である。両国民は、他とは区別された文化的独自性という共同社会的紐帯によって予め結ばれていた「単一の民族 ein Volk」であるがゆえに、政治的統一を再度志向するのは当然である、といった19世紀的な理路が情緒に訴えるように動員される。「普遍」の拘束に対して旧DDR国民が示すアレルギー的な反応は、かけがえのない「特殊」としてのこの共同性の観念の植え付けを容易にしたであろう[*15]。

　「我々(こそ)が国民だ。Wir sind das Volk.」もまた、単に消え去ったわけではない。昨今のPEGIDAらが、この政治的国民のスローガンを流用しているのである。そこで意図されているのは、(彼らの思考枠組みによれば)国民たりえない人々(具体的にはイスラム教徒)のドイツからの排除であるが、実はそれだけでもない。この言葉に彼らが込めているメッセージは、「(外国人たちではなく)我々こそが国民である(はずが、国民として遇されていない)。」であろう。彼らの底意を又してもなすのは、「国民」の権利を差し置いて優先される「普遍的人道主義」への不信と拒絶である。

　外国人排斥は連邦政府の方針とも、多数のドイツ国民の公的信条とも対立しはするが、再統一後のドイツの国民統合には、常にこうした(旧DDR系の)反対勢力のそこそこの活躍があってこそ、それらが目を顰められつつ存続していることによってこそ、保たれてきた面もある。旧DDRにおけるネオナチ的情念の噴出が、ナチスのイデオロギーに心から共感しているというよりは、ナチスを擬態することで、おのれの「自由」を否定してみせることさえできるという「自由」の倒錯的な謳歌、ないし自由に対する反動形成という要素を併せ持っていることは見逃せないだろう。そのような彼らの行為は、統一ドイツ国民となることでようやく享受することができた自由権の濫用としての否定なのである[*16]。

　こうした旧DDR国民の一部が示す反(戦後)秩序的行動に対して、普遍的正義という剣を揮い、頭ごなしの批判を浴びせたところで、より頑なな拒絶的態度で撥ね返されるのは明らかである。そして逆説的ながら、批判と拒絶

の連鎖が、噛み合うことなくやまず繰り返されることで、極右集団や新ナショナリストらによる外国人排斥もまた、統一後の国民統合言説の主要な一部を担わせられているのだ。冷戦の終結により間国家的な戦争の危険性が減少し、EU統合によって国家の地位が相対的に低下する中、内なる拒絶者たる彼らが、いわば塞がれるべき傷口として国民の自覚的結集へと刺激を与えているがゆえに、さもなければ多様性へと拡散してゆきかねないドイツは、辛うじて「一つの国民 ein Volk」たりえているのであり、実のところ「一つの国民」は、こうした現実に存在する不一致を不一致のまま包摂する言説としてのみ統合機能を果たしているのである[17]。

4.「ドイツ―ドイツ・シェパード」スキャンダル

　アカデミズムの分野でも、こうした事態を象徴的に示した事件が起きている。2015年12月にドレスデン工科大学付属の「ハンナ・アーレント全体主義研究所 Hannah-Arendt-Institut für Totalitarismusforschung」(以下HAITと略記)の機関誌『全体主義と民主政 Totalitarismus und Demokratie』(以下TD誌と略記)に「クリスティアーネ・シュルテ Christiane Schulte」名で掲載された偽論文「ドイツ―ドイツ・シェパード―極端なるものらの世紀における暴力の歴史への寄与 Der deutsch-deutsche Schäferhund. Beitrag zur Gewaltgeschichte des Jahrhunderts der Extreme」をめぐる騒動である。以下、その経緯を略述する。

　2015年2月6日、ベルリン工科大学の「メトロポリタン・スタディーズ・センター」において、学際的研究組織「人間・動物研究 Human-Animal Studies」[18](以下HASと略記)の会議「『我々の故郷の動物たち』―社会主義統一党イデオロギーがドイツ民主共和国における人間・動物間の社会的関係に及ぼした諸影響」が開催された。件の「シュルテ」を名乗る人物(ボーフム大学所属とある)は、この会議の一登壇者として「ドイツ―ドイツ・シェパード」という題で講演を行った。さらに同じ「シュルテ」名[19]で、この講演を元にした論文がTD誌への投稿としてHAITに送られた。HAITは査読の上、いくつかの修正を求めるもこれを掲載可とし、TD誌第13号(2015年12月)は319–334ページにこの投稿論文を載せて刊行された[20][21]。偽論文なの

で内容の詳述は本来不要、どころか（後に論じる）ネットワーク時代における情報拡散の力学からして有害ですらあろうが、拙論の論旨と関わる限りにおいて紹介する。およそ以下のような主張である。

　ナチスとDDRという、20世紀ドイツの二つの全体主義体制においては、ドイツ・シェパードという19世紀のドイツ国家統一と同時期に育種が始まり「国家化Staatswerden」された犬種が、同じ一つの「暴力の伝統Gewalttradition」を体現している。この犬種が20世紀に辿ることを強いられた歴史は、ドイツの国家的暴力の展開に国民と同様に随行してきた。犬たちの果たした役割には人間同士の暴力が投影されており、彼らは「低強度紛争」の用畜でもあった。DDRの国家人民軍（以下NVAと略記）による国境警備に用いられたシェパードらは、ナチスの強制収容所と、それをソヴィエト・ロシアが特別収容所として流用した施設に配された警備犬の血統を継ぐものである。ナチス時代と同一の育種家から供給されたことを示す血統書も存在する。これに対して、DDRとBRDの間では、40年間、繁殖可能犬齢を2年として20世代以上にわたりシェパードの交配はなされなかった。DDRの犬戦隊は、国境狙撃兵、自動狙撃装置とならび、国境警備管理の三大要員として投入された。この犬戦隊はまた、専門兵士の指導のもと逃亡者の攻撃捕獲に携わる、学習能力の高い一級のエリート犬と、定められた守備範囲でのみ動き回れるよう国境地帯に張られたワイヤーに繋がれ放置される二級の「繋留犬」とに分かれていた。DDRにおける犬の育種政策は、とりわけ軍事的有用性の観点から徹底しており、劣悪な環境下で、他犬と接触しないよう繋留犬として用立てられたのは、生殖・交配に不適当とされた「出来損ない」たちであった。しかし、こうした管理から偶然逃れて自由に動き回った雄犬のために多くの子犬が生まれてしまい、繋留犬らの待遇が改善されるという、生政治（Biopolitik）の管理システムに抗する「我意Eigensinn」による尊厳回復と評しうる出来事もあった。そもそも、繋留犬の配置による国境警備では、犬同士の接触を避けるために各犬の守備範囲相互の間に50センチほどの懸隔が生じざるを得ず、これが人間の逃亡の隘路

となってしまいかねなかった。生政治の動物に対する管理と人間に対する管理は逆説的関係に立つ。DDRの国境管理により、他の野生動物らの極端な繁殖も繰り返し生じ、NVAに課されたその駆除活動は持続的効果のないシジフォスの労働であった。生政治的に「全体das Totale」を管理統治するという思想は、対人間的なそれが1990年に崩壊したのと同様に、動物という自然に対しても破綻する。逃亡者をもっぱら受け入れる側であったBRDの連邦警察において、警察犬は国境警備に投入されるよりはむしろ、麻薬の追跡発見、爆発物処理、屍体探索などが主な任務である。しかし、連邦警察は1951年に連邦国境警察（Bundesgrenzschutz、以下BGSと略記）として創設され、当時は主に独独国境の警備に当たった。そのさらなる前身は、ナチス時代の1937年に組織された「関税国境警備Zollgrenzschutz」であり、ありうべき血統上の連続性を調査するという微視的考察が、BRDの法治国家形成の問題点を明らかにするためには不可欠である。犬たちは国家機構の派生物として、ドイツ分断を国民とともに受忍したのみならず、国民とともに遂行しもした。例えばベルリンの壁建設後、BRD側でNVAの狙撃で最初に命を落としたのは人間ではなく、BSG麾下にあった「レックスRex」という名のシェパード犬である。軍用犬に対する狙撃行為は軍事衝突の引き金にもなりえたが、それが回避されえたのはBSG側が犬の繋索義務を遵守したためである。こうした意味において犬たちは、「想像の共同体」たるドイツ国民の歴史形成の積極的行為体（Agency）である。これは、中欧におけるドイツ国民史のなかで捉え直されるべき問題である。1990年代以降、ドイツの国境警備犬の役割は、DDRからの逃亡者を念頭にした防御的・消極的なものから一転し、東部国境において難民や難民ブローカーに対する攻撃的対応を求められる。その際、DDR国境警備の一級エリート犬らが、その訓練方法共々継承され利用された報告もある。ドイツ・シェパードの国家的暴力への寄与は、いわば体制を超えて世襲されており、その歴史には1989年の平和革命によってもいまだ終止符は打たれていない。

およそ以上が論文の骨子である。こうした論旨の中で、人間、動物、さらには事物を問わず社会的事象の構成における積極的行為者の役割を認めるブリュノ・ラトゥールの「アクター・ネットワーク理論Akteur-Netzwerk Theorie」など「ポストヒューマニズムPosthumanismus」の思想[*22]が考察に有益であるとしているように、HASの問題意識との共鳴関係を演出したり、実際HASの論者らを肯定的に引用したり、といったリップサーヴィスにも事欠かないものとなっている。実際、講演においても、会議主催団体HAS寄りの立場をとる人々が多数を占めていたと想像される聴衆の反応は、好評なものだったという。会議の報告は2015年2月6日に人文社会科学のオンライン情報交換サイト「H-Soz-Kult. Kommunikation und Fachinformation für die Geschichtswissenschaften」[*23]に掲載され、また短期間ながら、当該講演は動画公開サイト「YouTube」でも視聴可能であったという。

ところが、2016年2月16日の情報サイト「heise.de」のオンライン・マガジン「Telepolis」に「Christiane Schulte & Freund_innen」(以下CS&Fと略記)の連名で「学問的順応主義に抗する一弁論Ein Plädoyer gegen den akademischen Konformismus」[*24]（以下「一弁論」と略記）という論説記事が載る。そこで「ドイツードイツ・シェパード」は講演も論文も、架空の資料と情報源に基づくフィクションであったことが明かされる。「クリスティアーネ・シュルテ」も、（少なくとも略歴どおりの研究者としては）実在しない[*25]。

「H-Soz-Kult」上に講演報告が掲載されて以来、ウェブ上では散発的に典拠の実在性や論旨の非現実性など内容への疑問が呈されていた[*26]が、結果からすればHASの審査もTDの査読[*27]も、こうした詭計を見抜けなかったことになり、まずこの点で両者は学術的組織としての体面を汚されたことになる。しかし、それだけではない。さらに重大なことに「一弁論」は、その表題にあるように「学問的順応主義akademischer Konformismus」を標的としており、これに対する「風刺的介入satirische Intervention」であったと打ち明けている。すなわち、単なる審査・査読の不備にはとどまらない、両組織の基本的な学問上の態度と、そこから生じる硬直性を、「順応主義」と呼び、介入の趣旨はその根本的批判だったというのである。以下に「一弁論」の論旨を紹介する。

講演「ドイツードイツ・シェパード」及びその論文版において主張されているテーゼは全て架空である。このことが誰にも気づかれなかったのは、当該テクストがHASに倣い、アカデミズムの最新流行語彙を採用し、同時に従来からの「不法国家DDR」という修辞を再生産したからである。アカデミズムの流行と政治的順応主義という古典的手法をパロディー的に結合したがゆえに、この講演は「批判的」かつ「革新的」と受け取られた。批判的科学者集団たる我々が望むのは、精神科学において積極的社会批判が例外化している原因の議論を刺激し活性化することである。HAS会議「我々の故郷の動物たち」の布告テクストは、DDR研究の語彙とHASのスラングを統合した代物であった。そこで我々は、テレビドラマから名を借りて国境警備犬「レックス」の悲劇から語り起こし、ナチス体制とDDR社会主義の圧政を同列に扱う「全体主義理論」の繰言をグロテスクなまでに極論したが、その信奉者にとって、ナチス・ソヴィエト・DDRの「連続性」というテーゼはあまりに心地良く、そのため批判的検証は等閑にされた。また、HASの動物エージェンシー理論と架橋するために、我々はDDR国境警備犬の「我意Eigensinn」を話題とし、さらに1990年以降、元NVA警備犬がBGSでの任務を果たしていると付け加えた。動物に積極的行為体（エージェンシー）の機能を認めるHASの議論は、左翼的社会批判の崩壊生成物である。一国社会主義の崩壊とユートピアの消滅により、「労働者階級」、「女性」といった被抑圧者集団の批判的主体性が懐疑に晒され、その代用として動物たちがエージェンシーの地位に叙せられたのである。「搾取」や「権利剥奪」といった語彙が人間─動物関係に転用され、「階級」「人種」「ジェンダー」に「動物」が付け加わった挙句、今や乳牛の搾取と奴隷の搾取の区別さえ批判される。HASはベルリンの壁崩壊後のアカデミズムの状況に棹さしつつ、マルクス主義と人間主義をともに一掃した。「リングィスティック・ターン」、「スペーシャル・ターン」、「アイコニック・ターン」、さらにはHASの「アニマル・ターン」などのように繰り返される学問的パラダイム転換は、真理発見のためではなく、業界内の競争相手との差別化のためになされるもので、その概念新造は現実への批判的関与を

欠いた言葉上のラディカリズムにすぎない。HASの動物たちは、インドの比較文学者・哲学者スピヴァクSpivakに従うなら、言葉を完全に奪われた窮極的サバルタンであり、その絶対的無言ゆえに、彼らをめぐるアカデミズムの言説は妨げられることなく空転を続けることができるのである。

「出来栄え」からすれば、CS&Fの企図は、メディア戦略としては成功を収めたといえる。新聞、雑誌など多くのジャーナリズムが学問的スキャンダルとしてこれを報道し、ウェブ上でも様々な意見が飛び交い、もちろん匿名の詭計という手段が卑怯であるという批判や非難もそれらの多くを占めているにせよ、少なくとも学界を舞台とする「事件」という認知を受け、彼らもまたその当事者としての地位を一時的には得たのだからである。しかも、批判や非難でさえ双刃の剣として、卑怯な詭計を見抜けずそれに屈したHASやHAITにも、その学問的地位そのものに深傷を負わせずにはおらず、この点でも彼らが自らに課した目的の半ばは達せられたとみえる[*28]。

HAS側も、「一弁論」が公開された一週間後の2月23日に、組織ウェブサイト上で長文の反論を掲載している。他方、TD誌編集部は3月6日付でオンライン版TD誌のウェブサイトに偽論文掲載に関する謝罪と弁明の文章を掲載した[*29]が、こちらはかなりあっさりしたもので、これ以降HAITもTD誌も、注28に挙げたインタヴューを除いて、自分たちからは事件を話題にしていない。

2月23日付のHASの研究サークル「キマイラ」による反論「クリスティアーネ・S.と人間―動物研究バッシングの新たな諸形態」[*30]は、およそ以下のような内容である。

> HASの活動が徐々に受け入れられている現実は少なからぬ人々の不安を掻き立て、攻撃的批判も目立ちはじめているが、CS&Fの偽講演・偽論文の詭計はその新種である。HASが単なる流行現象であることが講演の場における詭計の露呈を妨げた、とするCS&Fの主張は当たらない。口頭発表の場において詳述せずに列挙される資料の典拠や信憑性を聴衆

が検討しながら議論を追ってけるはずはなく、予稿の事前審査の段階でも、特にアーカイヴ資料を予めつぶさに検証できるわけではない。HASに限らずそもそも人文科学の学会は誠実原則に則った相互の事前信頼義務を相互に負うことで成立するものであり、それを破る悪意を前提としては到底成り立たない。また、「シュルテ」の予稿と講演が不審を免れたのは、それがCS&Fが言うような全くの荒唐無稽ではなかったためである。すなわち、「全体主義的国家権力の道具としての犬たち」という先行研究は実際存在するうえ、ソヴィエト占領地区の警備犬らが強制収容所の警備犬の血統ではない、ということは証明も否定もされてはいない。表向き全体主義理論を標的としているようでありながら、「一弁明」の内容はもっぱらHASに対する酷評である。しかしCS&FがHASの活動をエージェンシー理論に還元するのはその幅広く多様な学際的活動の矮小化であり、人間と動物の社会的関係の変革を目標とするメンバーもいれば、記述的研究を志向する者もおり、CF&SによるHASへの攻撃は的を外している。

　以上のような両者の応酬を確認した上で、CS&Fの主張を検討してみよう。彼らの批判の矛先は一見すると二つに分かれていた。「全体主義理論」と「批判意識を失い流行に左右されるアカデミズム」とである。しかし、この両者が実は一つのものとして扱われていることに、読者は程なく気づかされるだろう。そして顧みれば、件の偽論文もまた、同じこの両者を一括的に揶揄するパロディーとして書かれたものだったのである。アカデミズム、とりわけ人文系学問において、社会批判に関して以前より退嬰的であるという実感は、そのことに対する評価は別として、かなり共有されているのではないだろうか。少なくとも、1960-70年代の、ある程度実践とも結びついたラディカリズムは見当たらない。CS&Fは、これを懐かしんでいるようにも見える。ただ、この変化を考える際には、かつての批判的思考が現実に準拠枠を持っていたことを見逃してはならない。彼らはこのことにも自覚的である。批判的ラディカリズムの勃興が冷戦時代後期に重なるのは偶然ではない。1950年代以来の、東側社会主義圏のイデオロギーにそのまま寄り添うよう

な資本主義批判を繰り広げることが不可能であると自覚する程度には、現実に存在する社会主義国家に対する疑問と幻滅が培われていた時期であればこそ、東西両陣営の緊張関係の存続を前提に、これを相対化しつつ、既存の社会のあり方に批判的な思考が、双方の陣営内で形成されえたのである。これは逆説的、さらに言えば弁証法的過程であったといえる[*31]。対立する陣営に同一化してしまうことなく、しかも自社会に対して距離を取るこうした批判的思考は、旧BRDに比べれば抑圧の度合いのはるかに高かった旧DDRにおいても、より限定されてはいたが、むしろそれだけ一層切実なかたちで息づいていたと考えられる。こうした思考による牽引なしに、1989年の出来事は、（少なくともその途中までの経過は）起こりえなかったはずだからである。CS&Fが拠って立つのは、そして恐らく彼らの思想的出自をなすのも、冷戦後期のこうした非陣営的な社会批判のラディカリズムである。CS&Fが「一弁論」において、「「一国社会主義の崩壊とユートピアの消滅により、「労働者階級」、「女性」といった被抑圧者集団の批判的主体性が懐疑に晒され、その代用として動物たちがエージェンシーの地位に叙せられた」とするのは、単にソヴィエト・ロシアやDDRが批判的主体性を無媒介に支える現実的基礎だった、という意味ではない。現実は肯定的な基礎ではなく、むしろ負のそれであった。そうであったがゆえに、批判的思想はユートピア的傾向を持ちえたのである。この傾向はCS&FにもHASにも、それぞれ別の仕方で残存している。両者の懸隔は、実のところ小さいのである。人間の側ではなくむしろ動物側を主体として定位することで、人間と動物の社会的関係の抜本的転換を目指すHASにも、CS&Fが罵倒するのとは裏腹に、ユートピア主義を見て取るのは容易い。そのような彼らの脱人間主義的な立場を「左翼的社会批判の崩壊生成物」と見下しながらも、むしろそうすることでCS&Fは、DDRの消滅によって自らの基盤もまた崩れ去ったことを認めていることになろう。HASとCS&Fの違いは、社会批判の基盤崩壊を認め、崩壊後のアカデミズム制度が許容する代替的基盤を別に見出すか、同じこの崩壊に対する抵抗を思想的基盤とすることを選ぶか、という点にある。そして後者を選んだCS&Fは、いかなる制度的枠組みからも外れ、辛うじて今回のような掟破りの行為によって、あたかもユートピアの亡霊のような存在として回帰する

のである。そのような彼らからすれば、HASらの活動は、代替基盤を次々に求める学問経営Betriebに身を落としているものと見える。HASはHASで、自分たちこそは制度のぎりぎり内側から批判の延命に寄与していると自負するであろう。

　ここでHASの反論を検討するなら、学問共同体の信義則を訴えるその前半部分は、多くの関係者にとって首肯できるものと思われよう。しかしCS&Fによれば、「内容があまりに心地よく響いたために学問的制御がなされなかったことから目を逸らさせる」非難であり、「かくも攻撃的に信義則遵守を求める者は、批判的に問い質し検証するのを怠ったと自ら打ち明けているだけ」ということになる。問題は後半部分の弁明である。これには誰しも疑問を持つに違いない。CS&Fの架空論文が、悪意の資料偽装はあるものの、実証さえできれば論旨は通っている、というのだからである。このようなHASの反論に対してもまた、当然ながらCS&Fの側から、「不合理故ニ我信ズcredo quia absurdum」と同断である、と嘲弄的な再反論がなされている。その中で彼らは、HASが教義・教条的dogmatischな態度に陥っていることを指摘している。「HASの主張する動物エージェンシーの理論は、ドグマのあらゆる条件を満たしている。定立され、討議の余地なく、すべての帰結はその証明のためにだけ存在し、その普遍性ゆえに反証を許さない。」[32] 虚偽でさえ信じることしかできないのである、と。

　確かにHASの反論は奇妙である。CS&Fの言うように教条主義の匂いも漂う。しかし、学問と教育の自由が保障されているドイツの大学制度において、なぜこうした教義への固執が生じてしまうのかは、再考に値する問題である。CS&Fは、学問的研究活動に蔓延する成果主義を指摘している。キャリアリズムが学問のあり方を歪めているというのは、成果偽装報道が繰り返されることなどからも確かに痛感される点であろう[33]。では、HASはそうした一切を糊塗粉飾し、おのれの身を護るためだけに、右のような批判の論陣を張るのだろうか。彼らを駆り立てているのは、恐らくそのような負の動機のみではない。むしろ、「一つの学問共同体」という文脈への固執なのである。

　HASはいわば、彼らは嘘を吐くつもりで正しいことを言っているかもしれないのだ、という、ある種の精神分析を想わせるような「真理の救出」の

論理を展開している。発話・発言の表層においては敢えて嘘を言っていると語りながら、彼らは嘘さえ言うことができないのだ、と。いかに資料やデータを偽装してHASの文脈に沿った虚構の物語を捏造し、自らそれを暴露しようとも、それを以ってHASの文脈の妥当性にまで影響を及ぼすことにはならないというのだからである。CS&Fが擬態したその文脈とは、「全体主義の抑圧的暴力下では、人間と動物も悪しき関係を強いられ、動物は道具的役割を帯びる」というものである。動物に権利主体としての地位を認め、人間との間の社会的関係の改革を目指す実践的学問集団たるHASを、「批判的」というその標榜にもかかわらず統一ドイツの政治的立場に順応させる機能を果たしているのはこの文脈なのである。「全体主義理論」はそこでは、パスポートのように流通する。これに則った文脈が構築されるなら、極論すれば扱われる対象が虚構であろうと揺るがないのである。それが恒久の真理だからではもちろんなく、この文脈の無謬性が、彼らを「一つの学問共同体」に繋ぎ止める政治的結節点をなすからである。結果CS&Fは、嘘によってこの文脈から排除されるのではなく、むしろ「嘘吐き」として文脈に同化される。

　この同化の論理は、統一ドイツが旧DDRに由来する「異端」を遇する仕方と同型である。すなわち、およそ異端が存在する意味を持つならば、それは正統を堅牢とし、その価値を高めるためである、という論理である。非大学系研究組織として活動し、辛うじて学問的認証を確保しているHASもまた、制度的という意味での正統性からは離れているはずであるが、むしろそれだからこそ異端を異端として引き込み、正統性を新たに帯びようとする「正統性の戦術」を（あるいは無自覚的に）採っているのかもしれない。そうであるとすれば、CS&Fが将来のアカデミック・キャリアのために（!）匿名を貫いている[*34]ことも含め、両者をともに取り巻く人文学のprecariousな状況が背景をなすことになる。

　CS&Fが統一ドイツの政治風土における自己反省の弛緩とアカデミズムの順応主義化との間をつなぐ作用を全体主義理論に認め、それを一挙に批判するのは、単にラディカリズムの時代への郷愁を動機としているだけではない。彼らは、社会批判的言説が公共的認証を失っていることを自覚するがゆえに、亡霊として回帰する戦術に訴えたのである。HASもまた、この点に無自覚

な訳ではなく、認証を獲得する努力を繰り返す過程で（自らがそれでもあり えた）亡霊と出会ってしまったのだと言えよう。

5. おわりに

　全体主義理論に対する批判は、それが全体主義を負の普遍として外形的に描き出すイデオロギーであり、一方ではナチズムの、他方ではスターリニズムの歴史的特殊性を捨象・単純化し、それらの歴史的犯罪を相対化してしまう作用を持つ、というものであった[*35]。現存する敵対陣営批判の具という役割は終えたこの概念が、それでも今日用立てられるのは、本来であればそれぞれ別の枠組みの議論を要する二つの克服困難な過去を一括的な課題へと単純化し、それとの取り組みにおいて現在のドイツ連邦共和国国民の正統性を確保するためであろう。精緻な概念とは言えない「全体主義理論」は、政治的な負の刻印として、あるいは政治的プログラムにおいて克服されるべき問題を指す語として、いわば使い勝手が良い。「全体主義」親和的とみなされる危険を潜在的に持つマージナルな集団は、それだけに先手を打って使おうとするであろう。

　旧DDRの反体制勢力は、ネオナチをも取り込んだ新ナショナリズムや、富の公正な再配分を主張する改革左派らに分裂しており、特に前者は無視できない規模で力を得ている。しかし彼らは、既存の政党や政治組織からは、それぞれが独自に掲げる理念によって国民全体を統合することはできない「異端」としてのみ存在を受忍されている。それらの主張のうち、現政権の個別の政策に対する異論は、匙加減の調整として聞き届けられることがあるとしても、抜本的な変革をもたらすような力として彼らが国民全体に受け入れられることは、そもそもありえないものと見なされている[*36]。というのも彼らの理念そのものは、BRD以来の、過去への反省と西欧的価値と国際協調に基づく戦後政治的伝統に鑑みれば、「国民であること」の必要条件をそもそも否定するものとして、真剣な検討に耐えるものではないと受け止め続けられるからである。極言すれば、彼らの主張は、その強い口吻ゆえにこそ、「消え去った悪しき国の事情」に由来するものとしか聞こえない。その

ような彼らの国政に対する批判は、そのままでは理解されず、「悪しき国の残党」が個別に抱える問題から国政を一面的に批判しているものとされ、かえって過去に関する自己反省の欠如が読み込まれてしまうのである。そしてこうした齟齬の淵源を辿れば、「悪しき国」を、別の「悪しき体制」とともに一括的批判によって棄却し、その「国民 das Volk」を吸い上げた「一つの国民 ein Volk」言説に行き着くことになるだろう。20世紀末の特殊な政治的文脈の中で再浮上したこの言説が実は複数の、相互にかみ合うことの決してない言説の、連関も共通言語も欠いた併存として形作られたものであり、今もなお形作られ続けているという現実が、昨今の複雑な政治的布置を生み出しているのであろう。逆に言えば、「一つの ein」とは、国民であるという現実を留保して国民たりうる可能性へと置き換え、それを先延ばしにする装置として機能しているのである[*37]。そしてこれが、人文学の学問言説にも構造的に転写されている。「ドイツ・シェパード」スキャンダルは、こうした状況の所産、あるいは「傷の現れ」であるといえよう[*38]。

Endnotes

[*1] この言説史的経緯について、以下を参照。cf.: Kämper (2013)

[*2] 戦後体制への不適応からナチスへ、という事例は、もちろん統一前のBRDにおいても、またDDRにおいても、散発的にではあれ既に認められた現象であり、崩壊後の旧DDRに限定されるものではない。体制の違いにかかわらずファシズム的心性が国民の間で潜在的に存続していたことは否定しようがなく、しかもこれは殊ドイツに限らず、日本を含む多くの19世紀型国民国家には妥当する。そうした心性の強度が旧DDRにおいて、BRDに比してより高かったと断ずることはできまい。しかし、それを制度的に囲い込み steril にする自覚的努力に、そしてそうした努力を要請する国際関係に東西で大きな隔たりがあったことは間違いない。

[*3] 「全体主義的 totalitär」、「全体主義 Totalitarismus」は、ファシスト独裁のイタリアにおいて、その反対勢力によって1920年代から論争的に用いられはじめた。反民主政的、反多元主義的な政治的意思決定機構を批判するためのもので、ゆえに概念的構築はかなり大まかなものであった。これとは別に「全体国家 totaler Staat」概念は、学芸、経済、技術など、本来「国家」から自立する「市民社会」の領域の、さらには国民生活全般の国家的意志への再包含の是を説くものであった。ヘーゲル国法学を下敷きにしつつ、第一次大戦という「総力戦 totaler Krieg」の経験から、いわゆる「保守革命」の論者が積極的意味で用い始めたものだが、

「党の指導」を国家より優先させるナチス・ドイツはこれを採用しなかった。こうした「全体主義」概念上の不安定な揺籃期を経て、これを自由主義・民主主義的国家との対立において批判的に捉える理論的定式化がなされたのは1945年以降、特に冷戦時代である。そこでの「全体主義国家」は、崩壊したナチス・ドイツよりもむしろ現実的脅威として存在していたソヴィエト・ロシアおよび社会主義圏の諸国家を念頭にしていた。冷戦時アメリカの外交政策の支柱としての「全体主義理論」は、カール・ヨアヒム・フリードリヒとズビグニェフ・ブレジンスキーによって構築されたが、彼らの定式に最もよく当てはまるのはスターリニズムのソヴィエトであり、これに対してナチズムは「全体主義」の条件を満たさない。これとは別に自らの経験と独自の理論構築から「全体主義論」を近代西欧の政治思想の実存的帰結として展開したのがハンナ・アーレントである。cf.: Friedrich & Brzezinski (1956), Arendt (1951).「全体主義」の大まかな概念史について、以下を参照。Maier (1995)「前景化」とは、ドイツ再統一後にDDR的ないし旧東欧的なものをナチスと一括的に断罪し、統一ドイツの歴史的・政治的正統性を基礎づけようとする文脈でのことである。『共産主義黒書』のドイツ語版に、原書では編者の意図に沿った原稿が出なかったため欠けていたDDRの記述が独自に盛り込まれたことなどは象徴的であろう。cf.: Courtois (1998). これに対する留保と批判は、以下を参照。Hildermeier (1998); Mommsen (1998)

*4 一般には新ナショナリズム政党と見なされるAlternative für Deutschlandの両義性の淵源もここにあるだろう。一方で新自由主義的「反ユーロ」から既存政党批判を展開し、他方では、むしろ排外主義と反多様性の側面を強調し、「国民」としての承認要求にアピールするAfDは、後述するような「噛み合わなさ」によって一体性を保っている政党だと思われる。以下を参照。近藤 (2017)

*5 この言葉の下には、「我々の間で暴力が振るわれるなら、永遠に血の流れる傷を残す。Gewalt unter uns hinterlässt ewig blutende Wunden.」という警告文が続いている。cf.: Richter (2011), S. 379.

*6 このビラの考案者の述懐によれば、デモ組織グループの中からすでに「治安維持部隊と自分たちが一つであるとなど到底口にできない」という異論があり、これに対して彼は、BRD国民への連帯の呼びかけでもある、というダブル・ミーニングとしてこの言葉を残すことができた、という。しかしこれも、DDRの民主化という目標を共有する連帯であって、統一を見込んだものではなかった。Arbeitskreis Gerechtigkeit, Arbeitsgruppe Menschenrechte, Arbeitsgruppe Umweltschutz (1989). 引用は以下による: Fischer (2014). この点に関してHahn (1995), S. 327ff. を参照。

*7 „Leipziger Volkszeitung", 9. 2. 1989. 1894年に社会民主党系新聞として創刊された。DDR時代は党の機関紙。„Volk"は、この文脈では「人民」とする。

*8 双方の立場を架空の対話で再現するなら—「汝らは正当な国民ではなく無法の輩である。Ihr seid kein ordentliches Volk, sondern Rowdys」—「いや、我々は歴とした国民だ。Doch, wir sind das Volk.」といったところか。

*9 この意味で、再統一当時の連邦共和国大統領R. v. ヴァイツゼッカーが、いわゆる「再統一演説」において „Wir sind das Volk" に、DDR 国民の消滅によってその賞味期限がすでに過ぎているにもかかわらず言及しているのは、事実として何がなされたのか、にとどまらず真に求められるべくして求められていたのは何だったのかについての深い理解に基づくものであろう。「„Wir sind das Volk" — この4語からなる簡素かつ偉大な言葉によって、全システムは動揺し、崩壊へと至らしめられたのです。この言葉には、共和国すなわちres publicaを自らその手に引き受けんとする人間の意思が体現されていたのです。かくしてドイツの平和的革命は真に共和政的なものとなったのです。」cf.: Weizsäcker (1990)

*10 Kleist (2010), S. 285f. 1800年前後の政治的文脈において、„Volk" と „Nation" は「国民」の意で互換的であった。特にフランス革命の脱身分制的思想が導入され、前者が18世紀までの「民草」から政治的価値上昇を被ったことによる。

*11 もちろん、„Wir bleiben hier." からして、そもそもは „Wir wollen raus." (我々は出て行きたい。)の広がりに対する対抗的応答でもあったことを考えれば、この「国民」理念が空疎な正論という扱いで棄却され消えたことには、当事者たちの意志を認めねばならないだろう。

*12 „Wir sind das Volk." はデモにおいては聞かれなくなり、1990年3月18日を投票日として、たった一度だけ普通選挙として行われたDDR人民議会選挙に名乗りを上げた多くの政党により、専ら有権者に対する惹句として用いられるものとなっていった。「国民」の政治化から、11月9日以降の „Wir sind ein Volk." における「エスニックethnisch」な Volk 概念への転換に関して cf.: Reiher (1992)。ただし語用論的説明に終始している。

*13 切り札となったのは、言うまでもなくドイツ・マルクである。

*14 壁崩壊直後の11月11日付「ビルト」紙には „'Wir sind das Volk' rufen sie heute — 'Wir sind ein Volk' rufen sie morgen!" (「我々が国民だ」と今日彼らは叫ぶ – 明日は「我々は一つの国民だ」と叫ぶのだ!) という見出しが躍った。(„Bild-Zeitung" vom 11.11.1989)

*15 ドイツ再統一には、19世紀のロマン主義によって歴史的連続体として捉えなおされた、いわば特殊個別な存在としての(エスニックな)「民族Volk」に立ち戻り依拠する心性が一定の度合いで働いたように見えはするが、これは転倒した議論である。ロマン主義は政治的に動員されたのであって、再統一をもたらした原因causaではなく、たかだか機会因的okkasionellに再統一と結びついた見かけをとるにすぎない。(もちろんカール・シュミットが説得的に論じるように、ロマン主義には機会因親和性がありはする。)ドイツ再統一後に繰り返されるロマン主義への退行を示す事例にもまた、統一後の政治的現実からの「特殊」への逃避を積極的に促す政治的・社会的な力が働いているものと想定すべきであろう。cf.: Schmitt (1982), S. 23.

*16 実は彼らは、与えられた「自由」の中ではナチスを気取ることしかできないよう

*17 EU加盟国の経済危機による援助要請に対する国民の不満もまた、これと同じ機能を果たしているといえる。
*18 動物の意味論、人間と動物の社会的関係などの分析とそのあり方の変革を、動物を権利主体とすることなどとともに訴える実践的志向の強い研究グループである。ドイツ語圏では2000年前後から活動を本格化させている。
*19 顔写真付き著者略歴には「1989年エアフルト生まれ、カッセル大学歴史学研究所にて博論執筆中、ボーフムとオビエード(スペイン)にて歴史学と哲学の修学」云々、また修論タイトルの記載もある。
*20 „Schulte" (2015)
*21 「極端なるものらの世紀における暴力の歴史への寄与」という副題は、エリック・ホブズボームへの示唆である。ホブズボームはマルクス主義に傾斜した歴史家であったが、1994年の著書『極端なるものらの時代―短い20世紀　1914〜1991年』(ドイツ語訳は1995年刊)において、ナチズムを「ファシズム」に一括して論じるなど、重点的な考察対象としていない。他方、ソヴィエト・ロシアに関しては、功罪併せて充実した記述がなされ、「ナチズム」は二重に埋没した印象を受ける。この点で「全体主義理論」と相通じるものと見なすがゆえに参照されているのか、あるいは事実上「短い20世紀」の一方の主役である「社会主義」に対して、著者らが何らかの情緒的関係を絶ちがたく引きずっているためなのかは、筆者の判断に余る。cf.: Hobsbawm (1994)
*22 HASのアクター・ネットワーク理論およびエージェンシー理論への依拠は顕著である。cf.: Wirth/Laue u.a. (2015). ラトゥールは、ニューヨークの物理学者アラン・ソーカルによる偽論文に端を発する1996年の「ソーカル事件」でも揶揄の対象とされたので、再登場と言える。
*23 Laue (2015)
*24 Christiane Schulte & Freund_Innen (2016)
*25 顔写真はロシアのモデル・エージェンシーのサイトから流用されたものだという。これを突き止めたのはTDの関係者である。cf.: Machowecz (2016)
*26 現代史研究者のエンリコ・ハイツァーは、「H-Soz-Kult」上に講演報告が掲載された段階で、例外的に「ユーモラスに上出来な風刺」と受け取り、同僚・友人らに自身のウェブサイト上で紹介し、「シュルテ」本人のメールアドレスをHAS経由で入手したうえ、内容に関する疑義とともに連絡を取り、その遣り取りの過程でTD誌が掲載を認めたと知った。掲載版を読み、これが単なる噴飯ものの冗談では済まされなくなったと考え、「一弁論」公開以前に、内容上の矛盾や主張の非現実性を歴史家的良心から真剣に指摘している。cf.: Heitzer (2016)
*27 「一弁論」によれば、「シュルテ」へHAITからの「掲載可」の連絡は、「数日後」に届いたという。
*28 このことは、「一弁論」のあとCS&Fがオンライン版「批判的都市研究」誌「sub\

urban」第4巻（2016年12月、2/3合併号）による「Eメール・インタヴュー」に応じて語る彼らの自己評価とは、必ずしも合致しない。彼らは「ドイツ・シェパード」論文が論文盗作剽窃発見サイトWikiplagで検証されることを望んでおり、風刺としてのデータ偽装と盗用などについて、より詳細な理解を要求しているが、それが実現していないことに不満を表明している。偽論文による風刺というゲリラ的かつ戯画的な手段に訴えるのとは裏腹に、彼らもまた「学問」のありかたを憂慮する、「大真面目な」批判的学問集団なのである。これに対してHAS側もまた、同じ誌面に「キマイラ」として編集サイドとのインタヴューを載せており、CS&Fの展開する批判的論点の妥当性自体を、（当然ながら）一つ一つ否認している。

*29 Redaktionsleitung der Zeitschrift „Totalitarismus und Demokratie" (2016) 現在は残念ながら閲覧不能。

*30 cf.: Chimaira – Arbeitskreis für Human-Animal Studies (2016) 名称は古代ギリシャ神話の怪物（獅子の頭、山羊の胴、蛇の尾を持ち火を吐く）の名に因む。

*31 いわゆる「68年世代」を顧みるには、こうした弁証法的思考が必要であろう。当事者の自意識のみに訴えた回顧では、「ソ連、DDRとの内通」といった陰謀説的矮小化に抗するのは困難である。

*32 上掲インタヴュー。

*33 HASのように学際的であり、かつ既存のディシプリンから距離を取り、批判的文化研究を自覚している組織もまた、というよりそのような組織であればこそなおさら、研究資金の調達などにおいては、多くの場合、比較不可能で、ゆえに優劣をつけようのない組織同士で競合を強いられる。「競争」は現代のアカデミズムの宿命と言ってよい。他方、真理発見という、学問の伝統的な自己定義に鑑みれば怪しからぬことだが、山師めいた争いのなかで成長してきた側面も知にはあるといえよう。

*34 上掲インタヴュー。

*35 1950–60年代の西側諸国においては、社会主義陣営との敵対関係がこの概念の使用を広めたが、非陣営的左翼運動の中からこうした批判が強まったとされる。情報検索サイト「Google」の「Ngram Viewer」によれば、60年代後半から70年代にかけ、ドイツ語文献において „Totalitarismus" および „totalitär" の使用頻度に大きな変化は見られないが、80年台中盤の（恐らく「歴史家論争」）以降に上向し、とりわけ再統一後に急激な高まりを見せる。

*36 例えばAfDは、この齟齬を巧みに隠蔽することで勢力を伸ばしていると見える。CS&Fは、こうした事情に対する苛立ちを隠さない。「シェパードのでっち上げ論文によって非学問性が披露された全体主義理論は、ザクセンでは20年にわたり反ファシストや左翼をナチと等置するのに仕えてきたのです。他方正真正銘のナチたちは煩わされることないままでいられるわけです。」その彼らは全体主義理論のパロディー論文によって、いわばHASとAfDの構造的同型性を、自爆的手段で暴きだそうとしたのだといえようか。

*37 かつて「一つの」は、「国民」が到達すべき「理念」を指し示していたが、21世紀の「国民」言説は、「一つの」を疑似餌Köderとして多様な立場をその都度繋ぎ止めることで辛うじて成り立っているのではないか。一般化するのは憚れるが、「国民」言説そのものへの批判的議論の退潮と、昨今礼賛される「多様性 diversity」言説の流行とは、無関係ではないであろう。逸脱的存在は非政治化を受け容れるか、基本的な政治的ドグマを共有するかすれば「多様な個性」として、「国民」言説を内側から補強する統合的役割を担う。他方、左右の政治的異端にとどまる者たちに対しては、「国民」言説はむしろ身を閉ざす身振りを示し、彼らを「国民」の一体性に傷をつける干渉者とみなす。しかし、彼らもまた、国民統合にとって不可欠の存在であって、彼らの場所もこの「傷」にしかないのである。「非－国民」の「非」とは抑圧の徴だが、もちろん、この抑圧に、垂直的抵抗によって傷を負わせようとするのは古風な戦術である。実のところ抑圧は、水平的決壊によって今や意味を失いつつあるのだから。典型的には各「国語」の脱ないし没規範化。しかし、傷つけられ、不安定さに刺激されることでその都度自覚を取り戻す、というのが21世紀に生き延びる「国民」なのではないか。

*38 上記「sub\urban」誌に掲載された、現代史家イルコーザシャ・コヴァルチュク(「H-Soz-Kult」上での報告を読み「愉快な冗談」と笑えた少数の専門家の一人である)のインタヴューでの見解は、この事件の意味と広がりに関してバランスが(取れすぎと思えるほどに)取れたものと思われるが、このバランスが失われるほどのことが起きかねず、実際に起きてしまうのが現実でもある。cf.: Kowalczuk（2016）
　これに対して、この偽論文を「啓蒙的意図の風刺」とする見解や、学問的作法を再度厳密に学ぶ機会としてとらえるべし、とする反応も多い。cf.: Herrmann (2016). ヘルマンのこの記事が „Forschung & Lehre" に再録されたことをして、学問の健全性が保たれているとする立場と、開いてしまった傷口の否認ととる立場との間では、やはり議論は噛み合わないのかもしれない。「我々こそが科学者なのだ。Wir sind die Wissenschaftler.」という叫びが、その虚ろな響きとともにこの傷口からは聴き取られねばならないのかもしれない。

参考文献
Arbeitskreis Gerechtigkeit, Arbeitsgruppe Menschenrechte, Arbeitsgruppe Umweltschutz. (1989) Appell vom 9. 10. 1989（Flugblatt）.
Arendt, Hannah. (1951) *The Origins of Totalitaranism*. New York: Harcourt.
Chimaira - Arbeitskreis für Human-Animal Studies. (2016): Christiane S. und die neuen Formen des Human-Animal-Studies-Bashings. 23. 2. 2016.
(http://www.chimaira-ak.org/christiane-s-und-die-neuen-formen-des-human-animal-studies-bashings/)
Chimaira - Arbeitskreis für Human-Animal Studies (Kurth, Markus u.a.). (2016) Human-Ani-

mal Studies zwischen wissenschaftlicher Distanz und politischem Engagement. Ein Gespräch über Wissenschaft, Politik und Gesellschaft. sub\urban. *Zeitschrift für kritische Stadtforschung*. Bd. 4 (2/3)
(http://zeitschrift-suburban.de/sys/files/journals/1/articles/250/submission/original/250-593-1-SU.pdf)
Christiane Schulte & Freund_Innen. (2016) Kommissar Rex an der Mauer erschossen? Ein Plädoyer gegen den akademischen Konformismus. *Telepolis*. 15. 2. 2016.
(https://heise.de/-3378291)
Christiane Schulte & Freund_innen. (2016) Kritische Wissenschaft braucht einen Begriff von Gesellschaft. Interview mit „Christiane Schulte & Freund_innen". sub\urban. *Zeitschrift für kritische Stadtforschung*. 4 (2/3).
(http://zeitschrift-suburban.de/sys/files/journals/1/articles/239/submission/copyedit/239-572-1-SU.pdf)
Courtois, Stéphane et al. (Hrsg.) (1998) *Das Schwarzbuch des Kommunismus. Unterdrückung, Verbrechen und Terror*. Dt. v. Ansperger, Irmela u.a., München & Zürich: Piper.
Fischer, Vanessa. (2014) „Wir sind ein Volk!" In *Deutschlandfunk Kultur*. 14. 07.2014.
(http://www.deutschlandfunkkultur.de/deutsche-rufe-2-8-wir-sind-ein-volk.1001.de.html?dram:article_id=291734#top)
Friedrich, Carl Joachim & Brzezinski, Zbigniew K. (1956) *Totalitarian Dictatorship and Autocracy*. Cambridge, Mass.: Harvard University Press.
Hahn, Silke. (1995) Vom *zerrissenen Deutschland* zur vereinigten Republik. Zur Sprachgeschichte der „deutschen Frage". In Georg Stötzel & Martin Wengeler. (Hrsg.) *Kontroverse Begriffe. Geschichte des öffentlichen Sprachgebrauchs in der Bundesrepublik Deutschland*. (Armin Burkhardt, Walther Dieckmann, K. Peter Fritzsche & Ralf Rztlewski (Hrsg.): *Sprache, Politik, Öffentlichkeit*. Bd. 4.) Berlin & New York: de Gruyter, pp. 285–354.
Heitzer, Enrico. (2016) Schäferhund-Gate. Webseite-Eintrag vom 18. 2. 2016.
(https://www.enricoheitzer.de/2016/02/18/schäferhund-gate/)
Herrmann, Sebastian. (2016) Die Geschichte vom toten Hund. Über Satire in aufklärerischer Absicht. In *Süddeutsche Zeitung*, 17. 3. 2016; wiederaufgenommen in *Forschung & Lehre*, 6/16, 23. Jg., pp. 504.
Hildermeier, Manfred. (1998) Im Reich des Bösen. Das „Schwarzbuch des Kommunismus" und die Fakten der historischen Forschung. *Die Zeit*, 4. 6. 1998.
Hobsbawm, Eric. (1994) *Age of Extremes: The Short Twentieth Century, 1914-1991*. London: Michael Joseph.
Kämper, Heidrun. (2013) Die Konstruktion von Unschuld in der frühen Nachkriegszeit — Zum Schulddiskurs in der DDR. In Stéphanie Benoist (Hrsg.) *Politische Konzepte in der DDR: zwischen Diskurs und Wirklichkeit*. (*Sprache im Kontext*. Bd. 41.) Frankfurt/M.: Lang, pp. 15–35.
Kleist, Heinrich von. (2010) Über die allmähliche Verfertigung der Gedanken beim Reden. In

Kleist, Heinrich von *Sämtliche Werke und Briefe*. Münchner Ausgabe, auf der Grundlage der Brandenburger Ausgabe, hrsg. v. Roland Reuß & Peter Staengle, Aufsätze bis 1806, Bd. II. München: Hanser, pp. 284–289.

近藤正基（2017）「排外主義政党の誕生—「ドイツのための選択肢（AfD）」の発展と変容」、新川敏光編『国民再統合の政治　福祉国家とリベラル・ナショナリズムの間』pp. 179–210. ナカニシヤ出版

Kowalczuk, Ilko-Sascha. (2016) Schulte et al. haben nicht nur den Finger in die Wunde gelegt, sie sind auch Ausdruck derselben. Ein Gespräch über den ‚Schäferhund-Hoax'. sub***urban***. *Zeitschrift für kritische Stadtforschung*. 4 (2/3).

(http://zeitschrift-suburban.de/sys/files/journals/1/articles/251/submission/original/251-597-1-SU.pdf)

Laue, Annette. (2015) Tagungsbericht: „Tiere unserer Heimat": Auswirkungen der SED-Ideologie auf gesellschaftliche Mensch-Tier-Verhältnisse in der DDR, 06. 02. 2015 Berlin, *H-Soz-Kult*, 28. 03. 2015. (www.hsozkult.de/conferencereport/id/tagungsberichte-5903)

Machowecz, Martin. (2016) Das Hunde-Elend. Wie der deutsch-deutsche Schäferhund einen akademischen Eklat an der Dresdner TU auslöste. *Die Zeit*, Nr. 17, 2016.

Maier, Hans. (1995) „Totalitarismus" und „Politische Religionen". Konzepte des Diktaturvergleichs. *Vierteljahrshefte für Zeitgeschichte* (Institut für Zeitgeschichte) 43 (3): pp. 387–405.

Mommsen, Hans. (1998) „Das Schwarzbuch des Kommunismus": Ein Bestseller im Dienste des Ressentiments. *Zeitschrift für Sozialistische Politik und Wirtschaft*. 102.

Redaktionsleitung der Zeitschrift „Totalitarismus und Demokratie" (2016) Einführung in das Heft 2016/1, Jg. 13.

(http://www.hait.tu-dresden.de/TDV/TD_13_0_Einfuehrung.pdf)

Reiher, Ruth. (1992) „Wir sind das Volk". Sprachwissenschaftliche Überlegungen zu den Losungen des Herbstes 1989. In Armin Burkhardt & K. Peter Fritzsche. (Hrsg.) *Sprache im Umbruch. Politischer Sprachwandel im Zeichen von „Wende" und „Vereinigung"*. (Armin Burkhardt, Walther Dieckmann, K. Peter Fritzsche & Ralf Rztlewski. (Hrsg.): *Sprache, Politik, Öffentlichkeit*. Bd. 1.), Berlin & New York: Walter de Gruyter, pp. 43–57.

Richter, Michael. (2011) *Die Friedliche Revolution: Aufbruch zur Demokratie in Sachsen 1989/90*. Göttingen: Vandenhoeck & Ruprecht.

Schmitt, Carl. (1982) *Politische Romantik*. Berlin: Duncker & Humblodt.

„Schulte, Christiane". (2015) Der deutsch-deutsche Schäferhund — Ein Beitrag zur Gewaltgeschichte des Jahrhunderts der Extreme. *Totalitarismus und Demokratie* (Göttingen: Vandenhoeck & Ruprecht) 12: pp. 319–334.

Weizsäcker, Richard von. (1990) *Ansprache von Bundespräsident Richard von Weizsäcker beim Staatsakt zum „Tag der deutschen Einheit" am 3. Oktober 1990*.

(http://www.bundespraesident.de/SharedDocs/Reden/DE/Richard-von-Weizsaecker/Reden/1990/10/19901003_Rede.html;jsessionid=8A26FB50D272E399B0D-

8D62C04989586.2_cid362）

Wirth, Sven et. al.（2015）（Hrsg.）*Das Handeln der Tiere. Tierliche Agency im Fokus der Human-Animal Studies*. Bielefeld: transcript.

文献解題

Heinrich von Kleist.（2010）*Über die allmähliche Verfertigung der Gedanken beim Reden*. In Heinrich von Kleist. *Sämtliche Werke und Briefe*. Münchner Ausgabe, auf der Grundlage der Brandenburger Ausgabe, hrsg. v. Roland Reuß & Peter Staengle, Aufsätze bis 1806, Bd. II. München: Hanser, pp. 284-289.（ハインリッヒ・フォン・クライスト「話しながら徐々に思考が仕上がってゆくことについて」）

　1806年の著作の一つで、著者没後に公開された未完のテクスト。友人リーリエンシュテルンに宛てた書簡の形式をとる。クライストの作品は押し並べてそうだが、重大な意味をなす言葉は、その発話者ではなく、その場の危機的な状態Zustandが生み出すのだ、という言語観に従っている。これに従えば、他者との緊張をはらんだ関わりの中で不明瞭になされる発語（言葉を中断する呻きや呟きまでも含む）こそが、おのれの語るべき言葉をあらかじめ指し示しながら、思考を徐々に形作ってゆくのである。ミラボーの逸話のほか、ラフォンテーヌの動物寓話なども引かれ、政治・外交（軍事）という舞台の歴史的変容を言語の、そして思考の生成の場ととらえている。円滑な意思疎通ないしコミュニケーションの道具としてではなく、緊張をはらんだ様々な局面ごとに更新を強いられる実践知として発語行為や思考を捉えようとする態度が、言葉の根源的作用に対する洞察を生んだのであろう。

Georg Stötzel & Martin Wengeler.（1995）*Kontroverse Begriffe. Geschichte des öffentlichen Sprachgebrauchs in der Bundesrepublik Deutschland*.（Armin Burkhardt, Walther Dieckmann, K. Peter Fritzsche & Ralf Rztlewski（Hrsg.）Sprache, Politik, Öffentlichkeit. Bd. 4.）Berlin & New York: de Gruyter.

　本書所収のSilke Hahn論文を拙論でも参照した、1949年のドイツ連邦共和国建国

から90年のドイツ再統一直後までの様々な公共的語彙の言説分析を扱った論文集であり、ミクロな問題史ないし概念史研究として読むこともできる。概念史Begriffsgeschichteは、それがナチスと関係のあったO・ブルンナーやW・コンツェなどによって推進されたという皮肉も含めて20世紀ドイツ歴史学の大きな成果であり、VolkにせよNationにせよMasseにせよ、概念史の厚い蓄積を無視しては表層的な理解にとどまってしまう。ただ、本書の扱うものの多くは、彼らが編纂した『歴史の基礎概念Geschichtliche Grundbegriffe』に収められている右記のような「大文字の」公共的概念ではなく、より一般的な言葉である。そのような公共的語彙は、新造されるものもあるが、多くは従来から存在していた語彙が特定の文脈に置かれたり、他の語彙と組み合わせられたり、あるいは置かれる強勢が変えられたりすることによって新たに焦点化される。またそれらは、無自覚的な集団的使用や政治的操作によって特定の傾向的意味を帯びる。概念史の泰斗R・コゼレックの言葉を借りれば、普通の言葉が論争的kontroversな「鞍部の時」Sattelzeitを迎えうるのである。

Gayatri Chakravorty Spivak. (1988) Can the Subaltern Speak? In Carry Nelson & Lawrence Grossberg. (eds.) *Marxism and Interpretation of Culture.* Urbana: University of Illinois Press, pp. 271-313.（ガーヤットリー・チャクラヴォルティ・スピヴァグ　上村忠男訳 (1998)『サバルタンは語ることができるか』みすず書房）

　サバルタン・スタディーズの古典。『マルクス主義と文化解釈』というシンポジウムの論文集に収められたもので、1988年刊行という日付からしても、ソ連・東欧とともに一掃された感のある思考枠組みに首を捻る読者が今では多いかもしれない。しかし、政治的実践の書という側面は（著者の蔑みを覚悟で）一旦措くなら、ある特殊な国民的言説空間が消滅した際、その中で生きてきた人々がその後強いられる言語状況を考えるのにも、本書は有益な手がかりを与えてくれよう。新たな、しかも従来のそれが表向き敵対していた国民的言説に同化する彼らは、もちろん「サバルタン」などではないが、そこには「語ることのできない」禁圧された言葉の層が沈殿する。これが1945年と1990年の二度にわたって繰り返された場合、禁圧はより複雑である。それが機会を得て思いがけぬ形で噴出するなら、真意を推し量るには注意深い聴き取りが必要であろう。しかし本当の問題は、何を語ろうと現存の国民言説に寄与してしまう、ということではないだろうか。

コラム　　学問言語とその〈限界〉

　「言語学」に関して何かを述べる用意はない筆者でも、文学テクストを読んで「言語」を考えるきっかけを得ることは多い。例えば本論で触れたクライストもそうだが、カフカをもとに学問的言語について、とりわけその限界について考えることがある。私たちが活動する世界にはさまざまな限界があり、それを定めるのは「法」である。（垂直的な法＝掟 Gesetz と水平的な法＝権利 Recht の区別はここでは措く。）法は遍在しているかのようでありながら、法が姿を表す、すなわち言葉を発するのは実は例外的な場合、すなわちそれが侵犯されんとする局面に限定される。それ以外の場合、法の言葉が沈黙を破ることはなく、かつ破る必要もない。法の言葉は寡黙であってよい。カフカの物語では、法が突然姿を現し、主人公に立ちはだかる。これによって当人は不可解な目に遭うが、視点を変えて法の側から考えれば、無自覚な挑発者によって法が脅かされていることの表現でもある。つまり法のほうが、そうと知らずその限界に触れる者に挑発され、語ることを強いられてしまうのだ。そして、一旦口を開いたならば、挑発者との関係の中で法もまた僅かであれ変容を余儀なくされる。いかなる法も不変でありえないのは、人間の挑発と法の語り、そして人間の弁明の競い合いが繰り返され、それによって法の妥当領域が再画定されるからである。学問言語にも制限や限界があり、それは日常言語よりもはるかに厳しいものとされる。何かを論じる場合、通常はその範囲内で言葉は語られ書かれるが、多くの場合私たちは習慣的にその制限内の言葉を選び用いてしまう。人文学の場合、確かに制限内においても語彙や表現法に事欠くことはあまりない。逆に言えば、書かれるべきことは、潜在的には既にそこにあるということにもなろう。すると、限界に触れ、法と競うという可能性が学問言語にはあらかじめ奪われているのだろうか。学問は、実証の限界や論理の限界や倫理の限界などについてはぎりぎりまで踏査してきたし、これからもするであろうが、おのれの言語の限界についてはどうだろうか。何も奇怪な言葉を用い晦渋な文章を書くことを推奨するわけではないが、レオ・シュトラウスのいう art of writing のように、あえて明晰の度合いを下げることが不可欠となる場合が、特に今後の人文学の環境下では、ないとも限らないのである。言語表現というものを限界において問い詰める努力は、geistlose Geisteswissenschaft に堕してしまわないためにも必要なのではないだろうか。

第 6 章

透かし彫りのナチ語彙

AfD党幹部ビョルン・ヘッケの言説をめぐって

高田博行

1. 拡散する「粗悪な」政治的言説

　このところ、ドイツにおいて政治的言説が大きく変質しているように見える。人種や文化の多様性を大っぴらに否定する政治家のことばが、TwitterやFacebookで拡散し、YouTubeではその政治家の表情やジェスチャーとともに何千回、何万回も再生される。箍の外れた政治的言説が市民の心の箍を外し、支持を奪う。2013年に設立されたばかりの右翼ポピュリスト政党「ドイツのための選択肢」(Alternative für Deutschland、以下AfDと略記)が2017年9月のドイツ連邦議会選挙で「ドイツキリスト教民主・社会同盟」(CDU・CSU)と「ドイツ社会民主党」(SPD)に続く第3党として国政に進出できた所以は、ここにあるのだろう(→第9章も参照)。2014年に反イスラムのデモ活動組織PEGIDA(「西洋のイスラム化に反対する愛国的ヨーロッパ人たち」)がドレスデンを拠点に設立されてからは、タブー破りの政治的言説がさらに目立っている。

　人種や文化の多様性を否定する言説は、今に始まったことではない。TwitterやFacebookがまだなかった2003年に、CDUの政治家ホーマン(Martin Hohmann)がユダヤ人を*Tätervolk*「犯罪者民族」と呼び、これが「その年の粗悪語」(Unwort des Jahres)に選ばれた。また、ベルリンの壁崩壊後まもない1991年に「その年の粗悪語」として選出されたのは、*ausländerfrei*「外国人が混じっていない」であった。これは、1991年9月に難民の住居が大規模に襲

撃されたときの中心的概念である。

　ナチスドイツ時代に用いられた*Überfremdung*「過度の異質化」は、ネオナチの「ドイツ国民民主党」(NPD、1964年結成)を経由して、1990年代から右翼の言説でよく使われ、1993年に「その年の粗悪語」となった。現在ではAfDの政治家やPEGIDAの活動家たちが、*Lügenpresse*「嘘つきメディア」、*Gutmensch*「(難民に対して寛容な)善人づら(をする人)」、*Volksverräter*「国民の裏切り者」などのスローガンを多用する。これらは2014年、2015年、2016年と立て続けに、「その年の粗悪語」に選ばれている。このうち*Lügenpresse*と*Volksverräter*は、ナチ語彙が再使用されたものである(→第11章、250ページ参照)。AfDの政治家ポゲンブルク(André Poggenburg)は2015年に*Volksgemeinschaft*「民族共同体」という語を、AfDの党首を務めたペトリー(Frauke Petry)は2016年に*völkisch*「民族主義的」という語を、ポジティブな意味で用いたいと宣言した。どちらも明らかにナチズムを想起させる語である。シュミッツ＝ベルニング(Schmitz-Berning)が1998年に公刊した『ナチズムの語彙』(Vokabular des Nationalsozialismus)において、「今では歴史的にしか用いられない」としていた*völkisch*という語が、この本の出版からまだ十数年しか経っていない現在、復活するばかりか、無害化を通り越してポジティブ化されようとしている。2017年に入ってからも、AfDからこの種の発言が聞こえ、1月にロットマン(Hendrick Rottmann)は「ドイツよ目覚めよ」(*Deutschland erwache*)というナチズム時代のスローガンをそのままツイートし、2月にはポゲンブルクが「ドイツ国民の身体に増殖した腫瘍」(*Wucherungen am deutschen Volkskörper*)のように、*Volkskörper*「国民の身体」というナチス時代の語を用いて物議を醸した。

2. 名称と意味をめぐる闘争

　Volksgemeinschaft「民族共同体」や*Überfremdung*「過度の異質化」などの語は、「一語で政治的立場を十分に示すことができる」(Niehr, Kilian & Wengeler 2017: 169)語である。このように言語使用者の立場性を明らかにする語を、「標榜語」(Schlagwort)と呼ぶ。図1でわかるように、当該の事態をどういう語

で呼ぶかで、語と事態の間に介在するイデオロギーが露わになる。

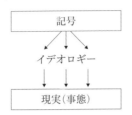

図1: イデオロギー的記号モデル（Girnth 2015: 5）

　標榜語は図2のように、当該の事態を「表示する（名称で呼ぶ）」機能のほかに、事態について「評価を下す」機能と、受け手になんらかの行動を「要求する」機能を有している。

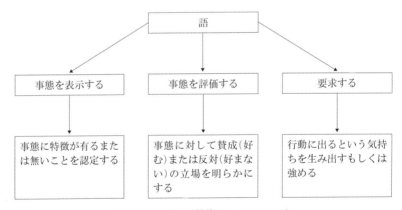

図2: 言語記号の3機能（Girnth 2015: 21）

　標榜語が表示する事態に関しては、賛成と反対の立場性があり得る。この「両極性」に鑑みHermanns（1994）は図3のように、表示する事態に関してポジティブな評価を下す標榜語を「旗標語」（Fahnenwort）、ネガティブな評価を下す標榜語を「烙印語」（Stigmawort）と名づけて区別した。

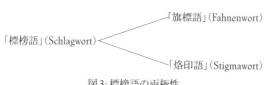

図3: 標榜語の両極性

　例えば1980年代のドイツの「緑の党」にとって、Ökologie「エコロジー」は党活動の旗振り役をする旗標語であり、他方 Atomkraft「原子力」は党が廃絶を強く主張する烙印語であった。Burkhardt (1998)は、ネガティブな評価を下す標榜語に3種類を区別し、「烙印語」のほかに「罵声語」(Scheltwort)と「反撃語」(Gegenschlag-Wort)を提案している。同じ事態を違った語で言い表し反論するときの語が、反撃語である(Burkhardt 1998: 103)。反撃語の場合、例えばある法案を「安全保障法案」と呼ぶか、それとも「戦争法案」と呼ぶかといった具合に、同じ事態をどういう名称で呼ぶのかをめぐって「名称論的な(onomasiological)闘争」が行われる。これとは逆に、同じ語にどういう意味を与えるのかをめぐる「意義論的(semasiological)闘争」もある(Burkhardt 1998: 104を参照)。例えば、同じ「自由主義」という語を使用していても、その語が実際に意味する内容は陣営間で異なり（「イデオロギー的多義」）、どの陣営も自らの解釈が「正しい」ことを受け手にアピールし、受け手に支持を要求する。

　上に述べた「表示」、「評価」、「要求」という3機能を踏まえ、本章では政治的な標榜語について次のような表記を行う。例えば Migrationswelle「移民の波」という語の場合、次のようになる。

Migrationswelle「移民の波」	
1. 表示	移民が大量に入ること
2. 評価	ネガティブ：恐ろしい災難という《烙印》
3. 要求	（移民流入を）阻止せよ！

　この標榜語によって、移民の大量到来が表示され、その表示内容について災難というネガティブ評価の「烙印」が押され、その事態を阻止せよと要求される。

3. データ：ヘッケの演説とFacebook

　さて本章では、AfDのなかでも先鋭的な発言で知られるビョルン・ヘッケ（Björn Höcke、1972年生）の政治的言説を分析する。ヘッケは、ギムナジウムの歴史の教員であったが、2010年に極右のデモに参加しており、ネオナチの「ドイツ国民民主党」（NPD）との関連が憶測されている（Kemper 2016a: 45-46）。ヘッケは、2013年2月にベルリンでAfDが設立された直後にテューリンゲン州にAfD支部を設立し、2014年9月に同州州議会選挙で議員当選して以来、同州議会のAfD党議員団長を務めている。

　ヘッケの政治的言説を分析するにあたり、ヘッケの行った演説とFacebookにおける発言をデータとする。演説については、YouTubeに動画がアップロードされている102回の演説テクストを文字化し、約25万語の「ヘッケ演説データ」（総計約41時間分）を作成した。内訳は、2013年が1件、2014年が2件、2015年が26件、2016年が43件、2017年が30件である（詳しくは143ページを参照）。Facebookについては、ヘッケのFacebook（https://www.facebook.com/pg/Bjoern.Hoecke.AfD）にヘッケ自身が2016年9月1日〜2017年12月31日までの16ヶ月に書き込んだ346件の書き込みを集積し、「ヘッケFacebook書き込みデータ」（約5万語）とした。2016年9月1日より前のヘッケの書き込みも、Facebook内の検索機能を使って、必要に応じてチェックした。また、ヘッケのFacebookに閲覧者たちが同じ16ヶ月間に書いたコメントを、「ヘッケFacebookコメントデータ」（約100万語）として集積した。

4. ヘッケ演説の概要

　「ヘッケ演説データ」で出現回数の最も多い名詞と形容詞は、次のとおりである（かっこ内は使用回数）。

　1. *Freund*「友人」(984)、2. *Land*「国」(911)、3. *Deutschland*「ドイツ」(769)、4. *Jahr*「年」(762)、5. *deutsch*「ドイツの」(761)、6. *Mensch*「人間」(605)、7. *Politik*「政治」(501)、8. *politisch*「政治的な」(479)、9. *groß*「大きな」(470)、10. *Volk*「国民、民族」(439)。

ヘッケの演説には、テューリンゲン州議会の議場内のものと、デモに際してなど議場外のものがある。この点に注目して、議場内の演説と議場外の演説とを統計的手法(「対数尤度比」による有意差検定、高田(2011: 94-95)、高田(2014: 62)を参照)で比較してみると、上に挙げたもののうちFreund「友人」、Land「国」、Deutschland「ドイツ」、deutsch「ドイツの」、Volk「国民、民族」が議場外でのヘッケ演説に特徴的な語であることが確認できる。ドイツという国、ドイツ人という民族に関わる語をヘッケは議場外で多用していることがわかる(Freundは、集まった聴衆たちに「親愛なる友人たちよ」と呼びかけたことばであるので、有意差を持って議場外の演説に多いわけである)。

　ヘッケは演説ではたして、どのような内容を語っているのであろうか。「ヘッケ演説データ」のなかから、演説を6つ(いずれも議場外の演説)を選び出して、その概要を示しておきたい。

　[演説1](2015年9月23日)は、エルフルトのアンガー広場で行われたデモに際しての演説である(約34分間、約2400語)。この年、ヨーロッパに到達した難民の数が100万人を超え、ドイツの年間難民申請者数が47万人と最大に至った。その9月以降、「シェンゲン圏における国境の自由往来は停止され」(柏崎 2016: 45)、国境検査が再開された。演説でヘッケは、難民を歓迎するメルケル首相の「幼稚園内閣」の政策を批判すると同時に、「偽造報道」をするメディアも批判する。難民庇護認定を受けた者は、「統合でなく同化」されるべきで、ドイツ人の伝統を犠牲にするような多文化の「並立社会」(Parallelgesellschaft)を作らせてはいけない。こう、ヘッケは訴える。

　[演説2](2015年11月21日)は、旧東ドイツのザクセン・アンハルト州にある新右翼系の「国家政策研究所」(Institut für Staatspolitik)において行われた(約53分間、約6000語)。この演説でヘッケは、旧西ドイツで進行していた多文化の「並立社会」化が、ベルリンの壁崩壊後に旧東ドイツ地域でも起こっていると主張する。ドイツは今「巨大な移民の波」に呑み込まれようとしており、人口増加を自然のままに任せた「アフリカのような進化の遅れた」地域から人口が流入しないよう、国境管理が必要である。今の難民・移民政策を転換できる党は、AfDだけであるという。

　[演説3](2016年1月13日)は、デモに際してエルフルト大聖堂前で行わ

れた（約23分間、約1700語）。その2週間前の大晦日に、ケルンで女性らが暴行される事件が起こり、北アフリカと中東出身の難民申請者が容疑者として挙がっていた。このようなことが二度と起こらないよう政策を「180度転換」させねばならない、政策に反対の意志をデモ行進で示しこの運動を拡大させようと、ヘッケは訴える。難民対策に莫大な国家予算が充てられ、ドイツ人が貧困になる。ヘッケは、庇護権申請者の上限として「毎年マイナス20万人」という数値を提案する。

［演説4］（2016年9月13日）は、AfDの「市民対話」としてシェーングライナ（Schöngleina、イェーナ近郊）で行われた（約33分、約4000語）。ヘッケは、言論の自由の保障をまず訴える。2015年9月4日にメルケル首相が「全面的な国境開放」を決定したのは歴史に名を残す失策で、メルケル首相のひき起こした「津波」のため、2015年にテューリンゲン州に3万人の移民が入り込み、町の景観も変わった。CDUを初めとする「古参諸政党」（Altparteien）はドイツを「溶解」させている。ヨーロッパは、征服の宗教であるイスラム教から身を守り、自由の大陸であり続けるべきだと、ヘッケは主張する。

［演説5］（2017年1月17日）は、AfDの若者組織「若い選択肢」（Junge Alternative）が主催した「ドレスデン会議」に招かれ行われた（約47分間、約4400語）。壁崩壊から25年経った今再び、ドイツは政治的転換期にある。メルケル首相の政策のために健全な国家が溶解し、旧東ドイツに存在していた「連帯の共同体」（Solidargemeinschaft）が捨て去られ、「異質な」社会となったとヘッケは言う。戦後の再教育で、ドイツ人は被害者ではなく犯罪者に仕立てられ、ドイツ人は自らの首都に「恥辱の記念碑」（「虐殺されたヨーロッパのユダヤ人たちのための記念碑」のこと）を作る唯一の国民となった。今から「記憶史を180度転回」させ、ドイツの歴史を肯定的に評価する目を持つべきだと、ヘッケは強弁する。

［演説6］（2017年11月25日）は、新右翼系の雑誌„Compact"がライプツィヒで開催した会議で行われた（約56分間、約6100語）。1月に「恥辱の記念碑」という発言をしてから、それに対する抗議として芸術家グループがヘッケの自宅前に記念碑を作り、嫌がらせをしているのは「自由の侵害」だとヘッケは嘆く。他方で、AfDが9月の選挙で連邦議会に進出したのは歴史的な

出来事であり、「多文化の独裁」を跳ね返す「私たちの祖国に益する最後の進化論的チャンス」である。グローバル化の意味は、国家と国民を破滅させることではない。今後は、左翼と右翼の戦いではなく、エスタブリッシュメントと国民の戦いなのだと、ヘッケは宣言する。

5.「標榜語」としてのナチ語彙

　さて、語彙を具体的に見ていこう。*Garant*「保証人」は、「国民社会主義において多用された標榜語」(Schmitz-Berning 1998: 248)である。「『わが闘争』でヒトラーはまだこの語を使用していないが、［…］ヒトラーのお気に入りの語になってからは大きく普及した」(Schmitz-Berning 1998: 248)という。ヒトラーが1920年から1945年までに行った558の演説(その内訳の詳細については、高田(2011)を参照)をもとに筆者が確認した範囲では、Garantはヒトラーの演説に37例確認でき、ヒトラーは『わが闘争』第1巻を出した1925年にすでにこの語を演説で使用している(1925年7月15日; Institut für Zeitgeschichte, Band 1, 1992: 126)。ヒトラーは演説で「平和の保証人」(1939年4月1日; Domarus 1988: 1120)や「最終勝利のための最も確かな保証人」(1945年1月30日; Domarus 1988: 2196)のように、この語をポジティブな評価の旗標語として用いている。ヘッケも Garant を、「言論の自由が現実となるための保証人」(2015年11月25日演説)とか「自由と民主主義の保証人」(2017年9月13日演説)のように、ナチ時代と同様に旗標語として用いている。したがって、この語に関しては、次のように表記できる。

	Garant「保証人」	
	ナチ時代	ヘッケ
1. 表示	確かであると請け合う人	確かであると請け合う人
2. 評価	ポジティブ:《旗標》に値する	ポジティブ:《旗標》に値する
3. 要求	その人物を信頼せよ！	その人物を信頼せよ！

　Festung Europa「ヨーロッパ要塞」という表現は、「戦争初期の頃のスローガンで、連合国との戦いのなかで枢軸国の支配下にある大陸側の力を表現す

るもの」(Schmitz-Berning 1998: 232)であった。ヘッケは、移民問題において、「私たちの国の存続には、私たちの大陸の存続がかかっているのです。ヨーロッパを補強して要塞にしないと、ヨーロッパ内で文化的核溶解が起こります。私たちには、ヨーロッパ要塞が必要なのです。」(2017年9月11日)と述べ、この表現をポジティブな旗標語としてナチス時代から受け継いでいる。

	Festung Europa「ヨーロッパ要塞」	
	ナチ時代	ヘッケ
1. 表示	国の存続を守るヨーロッパ大陸の強固な防備	国の存続を守るヨーロッパ大陸の強固な防備
2. 評価	ポジティブ：《旗標》に値する	ポジティブ：《旗標》に値する
3. 要求	ヨーロッパ大陸を強固に防備せよ！	ヨーロッパ大陸を強固に防備せよ！

　tausendjährig「千年の」という語についても、同様である。「千年帝国」(*tausendjähriges Reich*)という表現は、ナチ時代の表現としてよく知られる。ただし、「ナチス国家に高揚感を与えたこの名称は、［…］第三帝国という名称と比べるとはるかにまれであった」(Schmitz-Berning 1998: 607)。たしかに、ヒトラー演説を見ると、全48例の*tausendjährig*のうち「千年帝国」は1回のみ使用が確認できる。(ヒトラーは一度も「千年帝国」という言い方をしていないという説をSchmitz-Berning (1998: 607)は紹介しているが、実際にはこのように1例は確認できる。)それに対して、「千年の歴史」(*tausendjährige Geschichte*)という表現は、7回用いられている。例えば、ヒトラーは1933年9月3日のナチ党大会の閉会演説で、「千年の歴史のなかで、ドイツ民族の諸特徴は個別には相異なっていても、私たちにとって今や見慣れたもの、かけがえのないものになった」(Hitler 1934: 36)と述べている。ヘッケは、前節で概要を示した［演説1］(2015年9月23日)の中盤で、「千年後にあって私たちは存在を失いたくありません」と述べ、演説最後では「三千年のヨーロッパ、千年のドイツ、私は皆さんを見放しませんし、皆さんも私を見放すことはありません。」と述べている。また［演説6］(2017年11月25日)の冒頭部では、「私たちの国の千年の、——いや、もはや千年ではないのです——千年以上の歴史、そしてヨーロッパ大陸の三千年以上の歴史において今まで成功して

こなかったこと」のように、「千年の」を旗標語として用いている。

　Freiheitskampf「自由を求めての戦い」は、ナチズムが早い時期から使っていた語である。例えばヒトラーは1927年8月6日の演説で、「自由を求めての戦いの先頭にわたし自身が立ちます。将来どうなるかなど、顧みることなしに。」(Institut für Zeitgeschichte, Band 2.2, 1992: 457) と述べている。ヘッケは、バルバロッサ記念碑で知られるキッフハウゼンで演説した際(2016年6月4日)に、歴史を振り返りながら、「ローマ帝国を敵に回して戦ったアルミニウスの自由を求めての戦い」に言及し、この語をポジティブな評価の旗標語として用いている。

　Neuordnung「新秩序」は、ヒトラーもゲッベルスもよく使った語で、「ヨーロッパの新秩序」という言い方も確認できる(1941年1月30日のヒトラー演説; Domarus 1988: 1663、1939年5月27日のゲッベルス演説; Goebbels 1941: 153)。ヘッケは、シュタウフェン朝のフリードリヒ2世が「900年前に普遍帝国の理念を構想しましたが、この理念は、現在の私たちに迫ってきているヨーロッパの新秩序を考える上で非常に興味深い示唆を含んでいます」(2016年6月4日)と述べ、このナチ時代の旗標語を借用している。

　2015年9月16日にエルフルトでのデモの際にヘッケは、「そろそろたそがれ状態から目覚めるよう、私はドイツ国民に要求します」と語った。このことばは、*Deutsche erwacht!*「ドイツ人よ、目覚めよ」というナチ時代のスローガンを旗標語として借用し、少し変形させた表現である。

6. 回避されるナチ語彙

　以上の例はすべて、ヘッケがナチ時代の語彙をナチ時代と同様にポジティブな評価の旗標語として用いている例である。しかし、これとは異なって、ヘッケが使用を避けようとしている例も少なくない。

　ヘッケは、「粗悪語」として広く知られている *Lügenpresse*「嘘つきメディア」を自ら用いるのを意識的に避けている。「嘘つきメディア」という標榜語は、表示対象を不誠実な存在として評価する烙印語(ないし「罵声語」)である。ヒトラーには、早くも1922年2月22日の演説に、この語の使用が確

認できる。「ヴィルヘルム2世に反対する行動を私たちが千回取ったとしても、嘘つきメディアのおかげで、私たちはマルクス主義者たちにとっては常に反動的君主制主義者なのです」(Jäckel 1980: 576)。ゲッベルスも、例えばダンツィヒのドイツ復帰をめぐる住民投票に際しての演説(1939年7月17日)で、「パリとロンドンには、住民のみなさんがドイツへ戻りたくないと思っていると主張するような、戦争を挑発する嘘つきメディアが存在します」(Goebbels 1941: 179) と語っている。

　ヘッケはFacebookでこの語に3度言及しているが、いずれもこの語から距離を置いており、自らのことばとしてこの語を使用しているわけではない。まず2015年11月19日の書き込みで、ヘッケは「多くの人が言うところの「嘘つきメディア」は、その名のとおりであることがまれでない」と述べ、「多くの人が言うところ」という表現によって、この語を自らが使用する表現ではないことを示している。2016年1月5日の書き込みには、「これからも私は引き続き、Lügenpresse「嘘つきメディア」という言い方をすることを拒みます」と宣言し、罵声のニュアンスを弱めたLückenpresse「欠陥メディア」という語を自らは使うとした。2016年8月15日の書き込みには、「私は私の知る限り、「嘘つきメディア」という概念を自ら口にしたことはありません。ある職業人グループ全員を一括りにしてどうだこうだと判断するのは、私の性分に合いません。」と述べている。この説明に違わず、「ヘッケFacebook書き込みデータ」には、上の3つの書き込み以外には一度もこの語は使用されていない。

　「ヘッケ演説データ」には「嘘つきメディア」が4回見られるが、いずれもヘッケ自らのことばとしてではなく、第三者の発言の引用である。例えば、ヘッケを批判する新聞記者を槍玉に挙げ、「あなたは、ビョルン・ヘッケがきっとまた「嘘つきメディア」ということばを用いるだろうと書いているが、あなたは私の演説をまだ一度も聞いたことがないのではないでしょうか」(2015年10月21日) と反論している。

　Volksverräter「国民の裏切り者」についても同様である。このナチ語彙をヘッケは、Facebookで一度も用いていない。この表現を避けたい様子が、演説でも窺える。[演説1] (2015年9月23日) では、ドイツ語ができない移民に

最低時給8.50ユーロを稼がせることを「国民に対する裏切り」(*Verrat an unserem Volk*)と巧妙に語群として言い表し、*Volksverräter*を避けている。ただし一度だけ、［演説1］でヘッケは口をすべらせている。移民問題に関して意見が対立するガブリエル副首相に、「国民の裏切り者屋さん(Herr Volksverräter)、一対一での議論をしましょう」と語りかけてしまったのである。

　ヘッケが「嘘つきメディア」や「国民の裏切り者」を口にするのを避けているのは、「ナチの棍棒」(Nazi-Keule)で殴られないためである。「ナチの棍棒」とは、右翼の立場からのメタファー表現である。誰かが「民族主義的」な右翼的発言をしたとする。その人物は、「難民に対して寛容な善人づら」をする人たちによって、「その発言はナチと同じだ」というレッテルを貼られ、「正当性を剥奪され」(Feustel, Grochol, Prüwer & Reif 2016: 96)、それ以上議論ができなくなる。意見の封殺に用いられるこの「ナチと同じだ」というレッテル付けが、「ナチの棍棒」である。実際にヘッケは、「この国では、Facebook社が財政面でナチの棍棒を振るって強力に威嚇をしてきます。書き込みで違反すると、なんと最高5千万ユーロの罰金を支払わねばならないのです。」(2017年6月22日)と、「ナチの棍棒」の威力について語っている。

　ナチ時代に特徴的な語として、**Umvolkung**「民族転換」がある。この語は、「1940年以降、ドイツ民族化と同義となり」(Schmitz-Berning 1998: 617)、スラブ地域にいたドイツ系住民を再ドイツ化するという意味を持っていた。しかし現在ではこの語は、移民背景を持つ者たちによってドイツが非ドイツ化することを警告的に表す烙印語として用いられている。この語をヘッケは、演説で一度口にする。「みなさんは、民族のトランスフォーメーションが、——私たちはUmvolkungとは言ってはいけないのです、これはナチのことばだとされます、ですからこの語は避けておいて——民族のトランスフォーメーションが何十年も前から西部ドイツで、民主主義に敵対するワン・ワールド・イデオロギーの唱道者たちのプロジェクトとして進められています。」(2016年10月22日)このようにヘッケには、この語は避けるべき語だという意識が明確にある。ただし、Umvolkungが「ナチのことばだとされる」ことを知っていながらその名を出すところは、レトリックで言う「逆言法」(paralepsis)になっている。この手法により、ヘッケはこの語を巧妙に焦点化し

強調しているのも事実である。

　演説でヘッケ自身は「嘘つきメディア」や「国民の裏切り者」を口にしないものの、デモの演説会場では、これらの語が数分おきに聞こえている。集まった聴衆側(デモ参加者)が、これらの語をシュプレッヒコールするのである。例えば［演説1］(2015年9月23日)では、難民申請者の収容が理由で本来の施設使用ができなくなったとヘッケが言うと、聴衆は「国民の裏切り者！」と呼応し、ヘッケがメディア批判をすると、聴衆は「嘘つきメディア！」と呼応し、ガブリエル副首相の話になるとまた、聴衆は「国民の裏切り者！」を唱和する。［演説3］(2016年1月13日)でも、マスコミ批判の箇所で、聴衆から「嘘つきメディア！」というシュプレッヒコールが起こり、［演説5］(2017年1月17日)でも、連邦大統領批判の箇所で、「国民の裏切り者！」が唱和される。これらの語は、ヘッケと聴衆、そしてまた聴衆同士に連帯を生み出している。ヘッケは、これを黙認するというよりも、聴衆が言うのを期待して待っているように見える。「ナチの棍棒」は不特定多数の聴衆に振り下ろされても、だれも痛みを感じないで済む。同様に、不特定多数の閲覧者が書いた「ヘッケFacebookコメントデータ」には、「国民の裏切り者」と「嘘つきメディア」という語が多く使用されている(それぞれ74回と156回)。不特定多数だと、振り下ろされる「棍棒」は痛くないわけである。

7. 反転したナチ語彙

　ヘッケが再使用するナチ語彙には、表示する事態に関する評価がナチ時代と逆で、ネガティブな評価の「烙印語」として使用される事例も少なくない。
　Nazi「ナチ」は、「ヘッケ演説データ」では29回用いられているが、いずれも否定的なコンテクストに置かれている。［演説5］(2017年1月17日)でヘッケは、PEGIDAの設立時に反移民デモの中にいたのは「奇人でも貧困者でもナチ(Nazi)でもなく、愛国主義者たちであった」と強調する。また［演説6］(2017年11月25日)では、ヘッケの自宅前で「芸術家と称するグループ」がヒトラーとゲッベルスの演説録音を大きな音で流し、「ナチにはナチの方法で戦ってかまわない」と言ったことを紹介し、ナチの方法を使った彼らこ

そナチだとした。つまりヘッケにとって、「ナチ」という語は烙印語となっている。ここにある *Nazi-Methode*「ナチの方法」という語は、戦後まもなく「公的議論において政治的敵対者もしくは敵対行動を中傷し罵倒する」(Eitz & Stötzel 2007: 476)語として用いられた。1980年代からは、このような語で安易に烙印を押すこと自体に異議が唱えられ、「ナチの方法」という語は安直なレッテル貼りを批判する語としても用いられた(Eitz & Stötzel 2007: 476 を参照)。ヘッケ自身、2017年11月2日の演説で、「<u>ナチの例え</u>(*Nazi-Vergleich*)は、そう批判する以外になにも論拠を持たない人の専売品だ」と突き放している。

「ヘッケ演説データ」でナチズム体制に関わる語として *Nazi* の次に多いのは、*Führer*「**総統(指導者)**」である(9回)。この *Führer* という語はすべて、独裁的な(とヘッケが判断する)指導者についてネガティブに烙印を押す語として用いている。例えばイスラム教のあるセクトの建物建設に関して語った演説(2016年11月2日)では、そのセクトの指導者が *Führer* として言及され、さらにはそのセクトの体制を称して *Führerprinzip*「総統原理」と *Führerstaat*「総統国家」という語まで飛び出している。また2017年8月24日の演説でヘッケは、トルコのエルドアン大統領を *Führer* と呼んでいる。ナチ時代には最もポジティブな旗標語であったはずの *Führer* をヘッケは一貫して烙印語として用いて、崇拝と軽蔑という逆の要求を行っている。

	Führer「指導者(総統)」	
	ナチ時代	ヘッケ
1. 表示	(ナチドイツの)指導者(総統)	(一国、一組織の)独裁的な指導者
2. 評価	ポジティブ:《旗標》に値する	ネガティブ:《烙印》に値する
3. 要求	崇拝せよ!	軽蔑せよ!

[演説3](2016年1月13日)でヘッケは、ヘッケ批判を繰り広げる「報道キャンペーン」に強く抗議している。とくに、『フォークス誌』(Focus)がヘッケをヒトラーになぞらえたことを問題視している。(AfDテューリンゲン支部のHPに掲載されているこの演説のテクストには、「ヒトラーになぞらえられたこと」への抗議が書かれている。しかし、実際の動画を見ると、原稿

に目を落としながらもそれに触れるのを忘れていることがわかる。）　*Hitler*「**ヒトラー**」に等しいとする例えは、ヘッケにとって強く否定するべき、ネガティブな評価である。

　［演説1］（2015年9月23日）の冒頭でヘッケは、「同質化された（*gleichgeschaltet*）メディア」を批判している。*Gleichschaltung*「**同質化**」とは、「思考と行動を国民社会主義的世界観に合わせること」（Schmitz-Berning 1998: 277）である。ナチ党一党による一元化、中央集権化を意味する同質化という語をヒトラーは、政権掌握後まもなく用い始めた。「ドイツで何世紀にもわたって待ち焦がれられながら達成できなかったことが、今や現実となりました。すなわち、国の政治的意志と国民の意思とを同質化することが完了したのです」（1933年3月12日、Domarus 1988: 222）。この翌日、文化面で国民と政府との「同質化」を目的とする「国民啓蒙とプロパガンダのための省」（国民啓蒙宣伝省）が創設され、ゲッベルスが大臣に任命された。ゲッベルスは、1933年6月16日の演説で、「私たちは、諸機関を同質化しました。諸政党から権力を剥奪し、報道機関には国家意識を取り戻させました。［…］私たちは、国民に統一的な理念と統一的な組織を与えたのです。」（Heiber 1971: 116–117）と述べている。このように「同質化」という語は、ナチス時代においては自陣営の（ナチス的な）考え方に合わせることをポジティブに評価する旗標語であった。それが、ヘッケの使用法では、メディアがそろって反自陣営（反AfD）であるという意味であり、この語はネガティブに評価を下す烙印語となっている。次の表記のように、事態の表示も評価も要求もナチ時代とは反転している。

	Gleichgeschaltung「同質化」	
	ナチ時代	ヘッケ
1. 表示	同じ（自陣営の）考え方に向けること	同じ（反自陣営の）考え方に向けること
2. 評価	ポジティブ：《旗標》に値する	ネガティブ：《烙印》に値する
3. 要求	（同じ考え方に向けることを）促進せよ！	（同じ考え方に向けることを）止めよ！

　また、*Endsieg des Islams*「イスラムの最終勝利」（2016年11月2日）、*Sturmtruppen der politischen Korrektheit*「ポリティカル・コレクトネスの突撃部隊」

(2017年6月22日)も、ナチズムにとっては旗標語であったが、ヘッケの演説においては烙印語として使われている。

さらにまた、ヘッケは[演説3](2016年1月13日)で、*Lebensraum*「**生存圏**」という語を用いている。この語はナチ時代には、「ドイツ帝国を東方へ力尽くで拡大することを人種主義的に理由づけ正当化する」(Schmitz-Berning 1998: 357)ために用いられた。1935年以降ヒトラーは、ヴェルサイユ条約の取り決めを破棄する行動に出始め、3月には徴兵制を復活させ、5月21日の国会演説で政権掌握後として初めて「生存圏」という語を用いた。ヒトラーはこの演説で、第一次大戦以前のドイツは、「限られた生存圏のなかで人間としての富を蓄積することができ、狭いドイツの生存圏のなかで自らの内的な生存権が保障されていた」(Hitler 1936: 40-41)が、第一次大戦敗戦後は賠償という名のもとでドイツ経済が破壊され、「ドイツ国民は狭い生存圏故に、食料と原料の欠如に苦しんでいる」(Hitler 1936: 40)と訴え、この語によって領土拡大を正当化した。それに対してヘッケは、これとは異なる語使用をしている。ヘッケは、人口増加を自然に任せたままのアフリカを「進化論的に」劣っている地域であると捉えて、ヨーロッパ地域のように「生存圏」の収容力に合わせて人口増加を抑制するあり方をより「進化」したものとする。このヨーロッパの生存圏にアフリカから人が殺到し、生存圏が侵されることを回避すべきだというのがヘッケの主張である。ヒトラーにとって生存圏は力で拡大されるべきものであったのに対して、ヘッケにとって生存圏は力から防御されるべきものである。評価がポジティブである点は変わらないが、要求が裏返しになっている。次のように表記できる。

	Lebensraum「生存圏」	
	ナチ時代	ヘッケ
1. 表示	(ドイツ民族が)生存する空間	(ヨーロッパ人が)生存する空間
2. 評価	ポジティブ:《旗標》に値する	ポジティブ:《旗標》に値する
3. 要求	(生存圏を力で)拡大せよ!	(生存圏を力から)防衛せよ!

8. テクストの透かし彫り―「イペルテクスト性」

　ドイツのマスメディアにおいてヘッケは、ナチズムとの近さがよく指摘される。にもかかわらず、言語面に関して調べてみると、ヘッケがナチ語彙をつねにポジティブな評価で使っているわけではないことがわかった。たしかに、Garant「保証人」や tausendjährig「千年の」のようにナチ時代におけるポジティブな用法をそのまま《借用》している事例は存在する。しかしヘッケは、Lügenpresse「嘘つきメディア」や Volksverräter「国民の裏切り者」のような語はそもそも《自制》し、Nazi「ナチ」や Führer「総統」のような語を用いて対象人物に《烙印》を押し、Gleichschaltung「同質化」や Lebensraum「生存圏」のような語ではナチ時代から《反転》させたネガティブな評価づけを行い、ナチ時代と異なる要求を受け手に対して行う。これはいったいどう解釈すればよいのであろうか。

　この疑問に答える鍵を、ジュネット (Gérard Genette) の「イペルテクスト性」(hypertextualité) という概念に求めてみたい。ジュネットは『パランプセスト―第二次の文学』(1995) のなかで、文学テクストの相互関係として、「相互テクスト性」(intertextualité)、「パラテクスト性」、「メタテクスト性」、「イペルテクスト性」、「アルシテクスト性」(architextualité) という5つの類型を提唱した。このなかでジュネットが『パランプセスト』で論じているのは、「イペルテクスト性」である。「イペルテクスト」とは、「先行するあるテクストから、単純な変形によって、あるいは間接的な変形——これを模倣と言うことにしよう——によって派生したあらゆるテクスト」(ジュネット 1995: 25) を指す。ジュネットの労作のタイトルとなっている「パランプセスト」(Palimpsestes) とは、書いた文字を削り取ってその上に再び文字が書けるようにした中世の羊皮紙の再生紙のことである。この羊皮紙の再生紙のイメージを思い描きながらジュネットは、上書きされたあと上層に見えているテクストを「イペルテクスト」(hypertexte)、上書きされる以前に書かれていた下層のテクストを「イポテクスト」(hypotexte) と呼んだ。「同じ羊皮紙上で、あるテクストが別のテクストの上に重なっているのだが、といってそれは下のテクストを完全に隠すには至っておらず、下のテクストは透けてみえている。」

(ジュネット 1995: 655、傍点は筆者による)

　上書きしたはずの下の部分が「透けて見える」という発想で考えてみよう。ナチズムの「イポテクスト」(下層にある、上書き前のテクスト)においてポジティブな旗標語として用いられていた語を、ヘッケが自らの言説という「イペルテクスト」(上層に見えているテクスト)においてポジティブな旗標語として上書きしても、また、ネガティブな烙印語として上書きしても、下にある「イポテクスト」においてそれらが旗標語として機能していたことは受け手に透けて見えている。つまり、演説の口先ではナチ語彙をネガティブに用いながらも、聴衆にポジティブな評価を透けて見させる戦略が採られているということになる。ナチ語彙を少なくとも表面的にはネガティブな評価で使用することで、「ナチの棍棒」を免れることができる。しかし同時に、そもそもナチ語彙を使用することで、その元にあるナチズム的なポジティブな評価を受け手に想起させることもできる。ナチ語彙は、ヘッケの演説において頻度が高いわけでも、多くの場合ポジティブな意味でもないにもかかわらず、ナチズムの透かし彫りであるがゆえに、ナチズムと親和性のあるヘッケというイメージがヘッケにとって安全に醸成され、一定の支持者を確保しておくことができるのであろう。

9. 生物学的・病理学的メタファー

　「ヘッケ演説データ」では、*Keimzelle*「胚細胞」という語が10回使用されている。例えば、「私たち国民の胚細胞としてのAfD」(2017年8月29日)、「父、母、子という古典的な家族こそが社会と国家の胚細胞であり、共同体として私たちに未来を与えてくれる」(2015年9月1日)。この「胚細胞」という語を、ヒトラーは「家族は、健全な民族の胚細胞、そう健全な民族の基礎である」(1932年1月17日、Institut für Zeitgeschichte, Band 4.2, 1996: 50)、「民族の最小の胚細胞である家族」(1932年5月24日、Institut für Zeitgeschichte, Band 5.1, 1996: 125)のように好んで用いた。このように、ナチ時代もヘッケも、「胚細胞」という生物学的メタファーをポジティブな旗標語として用いている。

　この種のメタファーがいったん烙印語あるいは罵倒語として使用されると、

恐ろしい様相を呈する。Schmitz-Berning (1998: 672) によると、ナチ時代において「国民の裏切り者」は *Volksschädling*「国民の害虫」とも呼ばれた。生物学的・病理学的メタファーは、受け手の心に奥深く入り込み、受け手に恐怖心を植え付け、「正常な」状態を取り戻せるよう対応せよというメッセージを放つ。特定の民族を「コレラ」、「癌」、「寄生虫」などと呼ぶ「この非人間的なメタファーは、ナチ主義者たちの反ユダヤ的プロパガンダにおいてその悲しい頂点を迎えた。」(Burkhardt 1998: 109)

　生物学的・病理学的メタファーは、ヘッケに多く見られるばかりか、ヘッケの思想的主張の根幹に関わる部分を言い表している。ヘッケは、「古参諸政党」の提案する行政改革案を、「毒(*Gift*)を薬として説明する」(2017年2月18日) ものと断じ、[演説4](2016年9月13日)では、「かつては健全(*gesund*)であった国家」が溶解し、かつては高い評価を受けたドイツ文化がアメリカ化して多文化になり、「荒廃した町は犯罪と暴力の温床、イスラムのすみかとなりました」と言う。ここで「温床」と訳したドイツ語は *Brutstätte*「孵化する場所」である。つまり、イスラム教徒たちは「孵化」する存在として認識されている。またヘッケは、人種や文化の多様性に配慮した言語表現を心がける「ポリティカル・コレクトネス」を一種の「病気」とみなす。[演説4]でヘッケは、ポリティカル・コレクトネスを、「うどん粉病」(*Mehltau*)と診断している。「うどん粉病」とは、植物の葉や茎のいたるところにうどん粉(小麦粉*Mehl*)のようなカビが発生する病害である。「現在のドイツでは、ポリティカル・コレクトネスの定め事がうるさいので、言論の自由が実際には停止しています。このポリティカル・コレクトネスがうどん粉病のようにこの国を覆っています。[…] 私たちは、このうどん粉をともに取り除かねばなりません、今すぐに。」(2015年9月16日)とヘッケは訴える。ヘッケはこのうどん粉病メタファーを好み、他の演説でも6回口にしている。また、[演説5](2017年1月17日)でヘッケが記憶史を180度転回せねばならないと言うときの理由は、「過去の克服は国民の手足を麻痺(*lahm*)させる」からである。

　ヘッケの思想に反する政治家は、病人とされる。2016年2月10日の演説でヘッケは、テューリンゲン州CDU議員団代表のことを、「実質のないプロフィールだけの神経症患者(*Profilierungsneurotiker*)」と呼び、「あなたには、

州首相の職にふさわしい風格も懐深さもありません」と切り捨てる。AfDが第3党に躍り出た2017年9月の連邦議会選挙に向けた演説キャンペーンでは、「古参諸政党カルテルの攻撃は日に日に**ヒステリック**(*hystereisch*)になっていて」(2017年9月12日)、「よく知られているように、クラウディア・ロート(緑の党)は**ヒステリー発作**(*hysterische Anfälle*)を何度も起こし」(2017年9月13日)、「SPDのラルフ・シュテーグナーもCSUのヨアヒム・ヘルマンも最近この**病気**(*Krankheit*)を起こし、ロートと同じように私たちのことを《ナチ、ナチ、ナチ》と叫んでいるのです。」(2017年9月15日)などと、他党を攻撃した。

　このように見てくると、[演説5](2017年1月17日)や[演説6](2017年11月25日)などでヘッケが言っている「最後の進化論的チャンス」というスローガンの意味が見えてくる。進化論は、生物学に関わる。生物学的・病理学的メタファーという色眼鏡で事象を見ることの帰結が、進化論に関わる言及であると考えられる。[演説6]で「脅威にさらされた私たちの祖国に益する最後の進化論的チャンス」と言った1分後にヘッケは、「私たちは、根全体に広く張り巡らされたこの生命に不可欠な**網状組織**(*Wurzelgeflecht*)がうまく成長するようにせねばなりません」と訴える。ヘッケは、AfDによる政治的運動が大きく成長することを指しているが、そのときに用いられたメタファーが「網状組織」という解剖学の専門語によるものなのである。

　Volksverräter「国民の裏切り者」や*Lebensraum*「生存圏」であれば、その元にナチズムが容易に透けて見える。しかし、今述べたような生物学的・病理学的メタファーの場合には、ナチズムとの親和性に気づきにくい。ヘッケが用いるこの即物的なメタファーの元には、ナチズムの「イポテクスト」がある。優生思想に通底するこの種のメタファーに慣らされてはいけない。

一次資料　　Domarus, Max. (1988) *Hitler. Reden und Proklamation 1932–1945.* 4 Teile. Leonberg: Pamminger & Partner.
　　　　　　Goebbels, Joseph. (1941) *Die Zeit ohne Beispiel. Reden und Aufsätze aus den Jahren 1939/40/41 von Joseph Goebbels.* München: Zentralverlag der NSDAP, Eher.

Heiber, Helmut. (Hrsg.) (1971/1972) *Goebbels Reden 1932-1945*. 2 Bände. Düsseldorf: Droste.

Hitler, Adolf. (1934) *Die Reden Hitlers am Reichsparteitag 1933*. München: Eher.

Hitler, Adolf. (1936) Rede des Führers und Reichskanzlers Adolf Hitler vor dem Reichstag am 21. März 1935. In *Verhandlungen des Reichstags IX. Wahlperiode 1933*. Band 458. Stenographische Berichte. Anlagen zu den Stenographischen Berichten. Berlin: Reichsdruckerei.

Institut für Zeitgeschichte. (Hrsg.) (1992-1998) *Adolf Hitler. Reden, Schriften, Anordnungen. Februar 1925 bis Januar 1933*. 5 Bände in 12 Teilbänden. München, New York, London & Paris: Saur.

Jäckel, Eberhard. (Hrsg.) (1980) *Hitler. Sämtliche Aufzeichnungen 1905-1924*. Stuttgart: Deutsche Verlags-Anstalt.

「ヘッケ演説データ」: 102演説
(注: 年月日のあとにあるのは演説の行われた地名。なおTLは、Thüringer Landtag「テューリンゲン州議会」のことを指す。)

2013-08-30 Erfurt; 2014-10-14 TL; 2014-12-12 TL; 2015-01-28 TL; 2015-03-02 TL; 2015-03-07 Eppelheim; 2015-05-01 TL; 2015-05-09 Gröbenzelle; 2015-06-18 TL; 2015-08-24 TL; 2015-09-16 Erfurt; 2015-09-23 Erfurt; 2015-09-26 Berlin; 2015-09-30 Erfurt; 2015-10-07 Erfurt; 2015-10-21 Erfurt; 2015-10-22a München; 2015-10-22b Erfurt; 2015-10-24a Nürnberg; 2015-10-24b Nürnberg; 2015-10-28 Erfurt; 2015-10-30 Gera; 2015-11-18 Erfurt; 2015-11-21 Schnellroda; 2015-11-25 Cottbus; 2015-11-26 TL; 2015-11-27 TL; 2015-12-17a TL; 2015-12-17b TL; 2016-01-11 Merseburg; 2016-01-13 Erfurt; 2016-01-20 Jena; 2016-01-27 Magdeburg; 2016-01-28 TL; 2016-02-10 Bayern; 2016-02-24a TL; 2016-02-24b Erfurt; 2016-04-18 Neuruppin; 2016-04-20 TL; 2016-04-21 TL; 2016-04-26 Gera; 2016-04-28 Schweinfurt; 2016-05-13 Paderborn; 2016-05-18 Erfurt; 2016-05-18 TL; 2016-05-19 TL; 2016-05-23 Jena; 2016-06-02 Elsterwerda; 2016-06-04 Kyffhausen; 2016-06-22 TL; 2016-08-12 Neubrandenburg; 2016-08-24 TL; 2016-08-31 TL; 2016-09-01 TL; 2016-09-09 Northeim; 2016-09-13 Schöngleina; 2016-09-16 Obermehler; 2016-09-21 Erfurt; 2016-09-30 TL; 2016-10-15 Wolfratshausen; 2016-10-22 Arnstadt; 2016-10-26 Erfurt; 2016-10-28 Gera; 2016-11-02 Erfurt; 2016-11-06 Ludwigsburg; 2016-11-10 TL; 2016-11-11 TL; 2016-11-17 Illmenau; 2016-11-25 Büdingen; 2016-12-07 Gunzenhausen; 2016-12-09 TL; 2016-12-29 TL; 2017-01-19 Dresden; 2017-01-25 TL; 2017-02-18 Arnstadt; 2017-02-23 TL; 2017-05-01 Erfurt; 2017-05-05 TL; 2017-05-07 TL; 2017-05-10 TL; 2017-05-19 Möhringen; 2017-05-29; 2017-06-01 TL; 2017-06-22 TL; 2017-08-16 Gera; 2017-08-17 TL; 2017-08-24 Neuruppen; 2017-08-29 Seebach; 2017-09-02 Kyffhausen; 2017-09-09 Potsdam; 2017-09-11 Merseburg; 2017-09-12 Magdeburg; 2017-09-13 Altenburg; 2017-09-14; 2017-09-15 Gera; 2017-09-20 Erfurt; 2017-10-28 Niederbayern; 2017-11-02 TL; 2017-11-25 Leipzig; 2017-12-12 TL; 2017-12-15a TL; 2017-12-15b TL.

二次文献　Burkhardt, Armin. (1998) Deutsche Sprachgeschichte und politische Geschichte. In Werner Besch et al. (Hrsg.) *Sprachgeschichte. Ein Handbuch zur Geschichte der deutschen Sprache und ihrer Erforschung*. Berlin & New York: de Gruyter, 1. Teilband, pp. 98–122.

Eitz, Thorsten & Georg Stötzel. (2007/2009) *Wörterbuch der „Vergangenheitsbewältigung". Die NS-Vergangenheit im öffentlichen Sprachgebrauch*. 2 Bände. Hildesheim & New York: Olms.

Feustel, Robert, Nancy Grochol, Tobis Prüwer & Franziska Reif. (Hrsg.) (2016) *Wörterbuch der besorgten Bürgers*. Mainz: Ventil.

Fischer, Torben & Matthias N. Lorenz. (Hrsg.) (2015) *Lexikon der »Vergangenheitsbewältigung« in Deutschland. Debatten- und Diskursgeschichte des Nationalsozialismus nach 1945*. 3. überarbeitete und erweiterte Auflage, Bielefeld: transcript.

ジュネット, ジェラール　和泉涼一訳（1995）『パランプセスト―第二次の文学』水声社

Gießelmann, Beate, Robin Heun, Benjamin Kerst, Lenard Suermann & Fabian Virchow. (Hrsg.) (2016) *Handwörterbuch rechtsextremer Kampfbegriffe*. Schwalbach: Wochenschau Verlag.

Girnth, Heiko. (2015) *Sprache und Sprachverwendung in der Politik*. 2., überarbeitete und erweiterte Auflage, Berlin & Boston: de Gruyter.

Hermanns, Fritz. (1994) *Schlüssel-, Schlag- und Fahnenwörter. Zu Begrifflichkeit und Theorie der lexikalischen ‚politischen' Semantik*. Arbeiten aus dem Sonderforschungsbereich 245 „Sprache und Situation", Heidelberg & Mannheim.

柏崎正憲（2016）「移民政策におけるリベラリズムの二律背反―統一ドイツの事例」『東京外国語大学論集』第92号: pp. 45-63.

Kemper, Andreas. (2016a) *»… Die neurotische Phase überwinden, in der wir uns seit siebzig Jahren befinden« Zur Differenz von Konservatismus und Faschismus am Beispiel der »historischen Mission« Björn Höckes (AfD)*. Jena: Rosa Luxemburg Stiftung Thüringen.

Kemper, Andreas. (2016b) Zur Nazi-Rhetorik des AfD-Politikers Björn Höcke. *DISS-Journal. Zeitschrift des Duisburger Instituts für Sprach- und Sozialforschung* 32: pp. 3-5.

Niehr, Thomas, Jörg Kilian & Martin Wengeler. (Hrsg.) (2017) *Handbuch Sprache und Politik in 3 Bänden*. Bremen: Hempen.

Paul, Jobst. (2016) Der Niedergang – der Umsturz – das Nichts. Rassistische Demagogie und suizidale Perspektive in Björn Höckes Schnellrodaer IfS-Rede. In Helmut Kellershohn & Wolfgang Kastrup. (Hrsg.) *Kulturkampf von rechts. AfD, Pegida und die Neue Rechte*. Münster: Unrast, pp. 122-146.

佐藤公紀（2017）「『怒れる市民』の抗議活動の内実とその論理―AfDとペギーダを例に」『ドイツ研究』(日本ドイツ学会編)第51号: pp. 10-29.

Scharloth, Joachim. (2017) Ist die AfD eine populistische Partei? Eine Analyse am Beispiel des Landesverbandes Rheinland-Pfalz. *Aptum. Zeitschrift für Sprachkritik und Sprachkultur*. 13 (01): pp. 1-15.

Schmitz-Berning, Cornelia. (1998) *Vokabular des Nationalsozialismus*. Berlin & New York: de Gruyter.

高田博行 (2011)「時間軸で追うヒトラー演説—コーパス分析に基づく語彙的特徴の抽出」『学習院大学ドイツ文学会研究論集』第15号: pp. 89–155.
高田博行 (2014)『ヒトラー演説—熱狂の真実』中央公論新社
Takada, Hiroyuki. (2018) Hitlerreden auf der Zeitachse. Korpuslinguistische Analyse von Eigenschaften ihrer Lexik. In Heidrum Kämper & Britt-Marie Schuster. (Hrsg.) *Sprachliche Sozialgeschichte des Nationalsozialismus*. Bremen: Hempen, pp. 53–82.
高橋秀寿 (2017)「ドイツと右翼ポピュリズム」『Voters』No. 36: pp. 10–11.
田中友義 (2016)「欧州の反グローバリズム台頭の背景—経済格差、難民危機、エリート、大衆、ポピュリズムという要因」『季刊 国際貿易と経済』No. 105: pp. 16–33.
山下仁 (2017)「公開授業座談会『排外主義の高まりをどうとらえるのか』の覚書」『言語文化共同研究プロジェクト』(大阪大学大学院言語文化研究科)、pp. 25–34.
山脇修三 (2017)「ポピュリズム政治における『民衆』と『大衆』—批判的コミュニケーション論からのアプローチ」『メディア・コミュニケーション』(慶應義塾大学メディア・コミュニケーション研究所)No. 67: pp. 19–28.

文献解題

ヴィクトール・クレムペラー 羽田洋・藤平浩之・赤井慧爾・中村元保訳 (1974)『第三帝国の言語〈LTI〉—ある言語学者のノート』法政大学出版局

　ドレスデン工科大学のフランス文学教授であった著者Klempererは、「ニュルンベルク法」(1935年)が制定されると、ユダヤ人であるがゆえに教授職から追放され、ユダヤ人住宅地と工場との間を往復する毎日となった。その状況下で、著者は持ち前の鋭い言語分析能力を活かして、生活の中で日々刻々に遭遇するLTI (第三帝国の言語)の記録を秘密裏に行った。それをエッセイの形でまとめ上げたのが本書であり、戦後まもない1947年に初版が出版された。LTIは、略語で実態を隠し、誇大語法で実態を膨らませ、白黒図式で対立を煽る。「知らないうちに口から体内に入って頭を朦朧とさせる麻薬」として、個人の個性を奪い取り、個人を一定方向へ誘導する。さまざまな逸話を交えて書き綴られた文章は、これらのLTIの特徴を生き生きと暴いている。

Cornelia Schmitz-Berning. (1998) *Vokabular des Nationalsozialismus*. Berlin & New York: de Gruyter.

　本書は、ナチズムの公的言説において特徴的であったと見なされる言語表現（諸機関の名称も含む）、つまりナチ語彙を約500語収録した700ページを超える専門辞典である。著者は、ナチ時代の語彙に対して言語批評的にアプローチするのではなく、あくまでも辞典形式による記述に徹する。各見出し語についてまず、ナチズムにおけるその語の意味が説明され、引き続いてその語の来歴が概観される。各時期にその語がどのように用いられたのかを示す目的で、用例がアンソロジー的にテクストの形で原典から引用される。その原典とは、ナチ党の機関紙、月刊誌、週刊誌、政治・経済等の理論書（『わが闘争』を含む）、世情報告書、報道統制通達書、法律文、個人の日記などで、1920年から1945年の間の200点を超えるものである。

Torben Fischer & Matthias N. Lorenz. (Hrsg.) (2015) *Lexikon der »Vergangenheitsbewältigung« in Deutschland. Debatten- und Diskursgeschichte des Nationalsozialismus nach 1945*. 3. überarbeitete und erweiterte Auflage, Bielefeld: transcript.

　本書は、ドイツにおけるナチズムという過去の「克服」に関する事典である。I. 1945-1949、II. 1949-1961、III. 1961-1968、IV. 1968-1979、V. 1979-1995、VI. 1995-2008という6つの章からなる。各章には、キー概念をもとに数個の中項目が立てられ、その下にさらに具体的な小項目が立てられて解説が行われる。例えば、第1章は「連合国占領下における新秩序」(I. A) という中項目で始まり、その中項目の下には「非ナチ化」(I. A1)、「再教育」(I. A2)、「ニュルンベルク裁判」(I. A3) といった小項目が置かれ、また第6章の最後の中項目「社会全体が巻き込まれていたという認識」(VI. F) では、「ギュンター・グラスの武装親衛隊所属の告白」(VI. F8) が扱われている。このように明確な項目立てのおかげで、「過去克服」の歴史の全体像を把握しながら、それぞれの時期のナチズムをめぐる議論と言説を知ることができる。

コラム　　ヒトラー演説における「女性」

　筆者(高田)が作成した「ヒトラー演説150万語データ」によって、ヒトラーの演説文に関して政権掌握までのナチ運動期(1920年8月〜1933年1月)と政権掌握後のナチ政権期(1933年2月〜1945年1月)とを統計学的に比較すると、「女性」(Frau)という語(ナチ運動期に63回、ナチ政権期に312回)はナチ政権期のヒトラー演説に11番目に特徴的な語であると検定される。つまりヒトラーは、政権掌握後になって、演説で頻繁に「女性」に言及したわけである。ナチ政権期の演説文で「女性」は、「すべての」、「各々の」、「個々の」という語と頻繁に共起し、ヒトラーは「女性」を総称的に把握したことがわかる。第二次世界大戦開戦前の演説では、「女性」は「母」という語と頻繁に組み合わされていたが、開戦後になると「戦争」という語と固く結びつくようになる。そして今や、労働力を補塡する要員として動員された女性の手からは、武器が遠ざけられなくなる。「年長者と男子青年が故国の防御兵器を操り、何十万人もの女性と女子がそれを手伝うであろう。」(1943年3月21日〔英雄記念日〕の演説、ベルリン)。

　このように、ヒトラー演説における語彙的特徴の変化から、「女性」が子どもを産む母親というあり方から総力戦における労働要員という位置づけへと変化していったことが示唆される。事実、ナチ党が政権を掌握すると、ワイマール共和国時代の男女平等の考え方から退行して、女性を公職から追い、家庭へ戻す政策が取られた。それが開戦後になると、女性像は一転し、女性にも労働奉仕が義務化され、スターリングラードでの敗戦を受けて1943年1月には、16歳から65歳までの男性、17歳から45歳までの女性が総力戦に向けて強制動員されることとなったのである。

第2部 現代社会と言語

第2部　はじめに

　第1部「ナチズムと言語」は、ナチ政権下におけるコミュニケーション状況を現在と関連づける歴史的な視点が中心的であったのに対して、**第2部「現代社会と言語」**では、同時代的な観点から21世紀初頭の現代社会にみられる断絶のコミュニケーションの諸相について考察する。

　そもそもある現象に関する意見は多様であってしかるべきであり、白黒がはっきりしないケースの方が多いものだが、そこに権力や利害がからむと人は「私たち」と「彼ら」に分かれ、自分たちを正当化してポジティブに評価し、他者にはネガティブなレッテルを貼ろうとする。**第7章「ドイツの「フクシマ」報道と新聞読者の反応—または社会を分断する言葉の流通」**（川島隆）では、その典型とも言える原発に関する意見の対立を、ドイツの有力紙の記事を題材にして取り扱っている。ドイツにおける「フクシマ」の報道が日本における報道に比べてかなりセンセーショナルなものであったことは記憶に新しいところだが、本章では特にその点を問題にしているわけではなく、原発に対する報道とそれに対する読者の反応によって社会が分断される様子が明らかにされる。すなわち、ドイツの新聞報道では「ヒステリー」や「不安」といった言葉が「議論を封殺するマジックワード」もしくは「思考停止を促すキーワード」として機能し、社会の亀裂を深めていくことになったと論じている。

　第8章「トルコ系移民のドイツ語—ドイツ社会における実態と認知をめぐって」（田中翔太）では、ドイツにおける右傾化というコンテクストにおけるトルコ系移民の話すドイツ語についての実態調査の結果が記されている。ドイツにおけるトルコ系移民の歴史とともに、彼らが話すドイツ語に関するイメージの変遷が論じられた後、2003年に行われた林徹の調査を踏まえて筆者が行ったトルコ系移民の若者を対象にした言語使用と意識調査の結果が記述されている。最近の傾向として明らかになったこととして、トルコ系移民のドイツ語を新しい若者ことばとして評価する人々とブロークンなドイツ語というイメージを持ち続ける人々という両極化が起こっている現象が明らかにされている。トルコ系移民のドイツ語に対する評価は、トルコ系、もしく

はイスラム系の移民に対する相反する評価と結びついているのであろう。

　第8章がアンケート調査を用いた議論であったのに対して、**第9章「難民・移民をめぐるコミュニケーション―「対抗する談話」構築のための予備的考察」**（野呂香代子）は批判的談話研究の枠組みでの論考である。そのタイトルが示すように、難民・移民を排除しようとする側の談話とそれらに対抗する談話のドイツ語の実例を取り上げ、それぞれの特徴を具体的に分析している。副題にある「対抗する談話」というのは、「支配的な談話に批判するまなざしを向け、それを分析し、可視化し、それに異議を唱えるものである」。ここで注目すべきは、ドイツの場合、この「対抗する談話」が「官」の談話であるという点だ。「官」の談話が、支配的な談話に批判的なまなざしを向ける、というのである。日本にいち早く批判的談話分析（CDA）を紹介し、その後ガイドラインなども提示している筆者の分析例は、これからこのような研究をしようとする人にとっては大いに参考になるだろう。また、「対抗する談話」という表現の中に、すでにコミュニケーションの断絶が前提とされてしまっている、という問題についても考えてみたい。

　第10章「ヘイトスピーチに関する社会言語学的考察」（山下仁）は、コミュニケーションの断絶というテーマには格好ともいえるヘイトスピーチの問題を社会言語学の立場から考察したものである。ここではヘイトスピーチを特別な人々の特別な言語行為としてとらえるのではなく、「構造的な差別」や「構造的な暴力」のひとつの顕在化としてとらえようとしている。まず、社会言語学以外の先行研究とドイツにおける社会言語学の議論を紹介し、歴史学者であるヨルク・バベロフスキーや政治学者のマーサ・ヌスバウムの議論を援用しつつ、感情が果たす役割について指摘し、「あたりまえ」と考えられているものの中にヘイトスピーチに通底する感情や、その感情をもたらす信念が潜在的に存在することを論じている。

　第11章「そもそもコミュニケーションは成り立っているのか？―「言語の檻」を超えるしくみ」（田中愼）は、それまでの議論とは異なり、理論言語学の立場から「コミュニケーションの断絶」という問題そのものと正面から向き合って考察した論考である。そこで援用されているのは、エリザベート・ライスの『言語哲学』であり、言語にはもともと世界を認識し、言語化し、

それを聞き手に伝えるためのしくみが備わっていることが確認される。その際、「言語はそもそも何も表象していない」といったややショッキングな見解などが紹介され、言語相対論や、それを超えているという「言語論的再転換」を踏まえ、言語記号の「汎言語的に観察される記号化のしくみ」がわかりやすく、論理的に説明されている。そして、それにもかかわらずコミュニケーションの断絶がなされてしまうことについての議論が展開されている。本章には、言語の本質について理論的に考えようとする人にとって、興味深い題材が示されていると思われる。　　　　　　　　　　　　　　（山下仁）

第 7 章

ドイツの「フクシマ」報道と新聞読者の反応
または社会を分断する言葉の流通

川島 隆

1. はじめに―「パニック報道」?

　2011年3月11日に発生した東日本大震災とそれに続く福島第一原発の事故は、ドイツでも大きく報道された。地震と津波による街の破壊、被災者の窮状、福島第一原発の事故の動向と放射性物質の拡散が、連日トップニュースとして伝えられた。とりわけ原発事故への関心は高く、「GAU（最大級と想定される事故）」や「Super-GAU」という言葉が新聞の見出しやテレビ画面にしばしば登場した。このときの報道は、ドイツの原発政策の急激な転換に結びつく。かつてドイツでは社会民主党（SPD）と緑の党（Die Grünen）の連立政権下の2002年に脱原発が法律で定められていたが、キリスト教民主同盟（CDU）と自由民主党（FDP）が連立を組んだメルケル（Angela Merkel）政権は、2010年の法改正で原発の稼働期間を延長するなど原発推進の立場をとってきた。しかし日本の震災後、その立場は一変する。メルケル首相は3月14日、原発の稼働期間延長の凍結（モラトリアム）を決定し、翌日には老朽化原発7基の停止を発表した（小野 2012: 243）。3月27日に行われた州議会選挙では緑の党が躍進し、長年CDUの牙城であったバーデン＝ヴュルテンベルク州で緑の党の州政権が誕生するなど、脱原発へ向かう世論の流れを強く印象づける。5月末には2022年までの段階的な脱原発が閣議決定され、法案が6月末に連邦議会で可決された。

　この流れを後押しした脱原発の世論形成にあたってマスメディアが果たし

た役割については、これまで多くの批判が寄せられてきた。そこでは、原子力災害に関する「ヒステリー」的な過熱報道が「パニック」を呼んだとされる。そう主張したのは多くの場合、ドイツ在住の日本人や日本在住のドイツ人、あるいは日本文化の専門家であった。たとえば、震災発生時に京都に滞在していた日地谷＝キルシュネライト(Irmela Hijiya-Kirschnereit)は『ヴェルト』(Die Welt: W)紙のインタビューに答え、ドイツのメディアの反応は「ヒステリー」的で、原発事故を「自国の関心のために利用」するものであったと述べた(Schmitt 2011)。家族とともに東京で震災を体験した日本学者ツェルナー(Reinhard Zöllner)も『ヴェルト』紙に寄稿し、原発事故をめぐって「黙示録的状況(世界の終わり)」が来たように騒ぎ立てるドイツ人の「ヒステリー」を糾弾した(W 2011.03.28: 25)。彼はさらに、さまざまな誤報や偏向報道がドイツで「パニック」を呼んだと主張している(Zöllner 2011: 147–155)。社会言語学者クルマス(Florian Coulmas)と雑誌特派員シュタルパース(Judith Stalpers)も、原発事故を偏重するドイツの報道が「客観性を欠き、センセーショナルで、ときに誤報を含む」ものであったと批判する(Coulmas & Stalpers 2011: 128)。震災直後に東北の被災地を訪れた言語学者フェリクス(Sascha W. Felix)も、日本人の「落ち着き」とドイツ人の「ヒステリー」を対比させつつ、ドイツの震災報道がいかに異常であったかを強調している(Felix 2012: 15–43)。

　ドイツの報道への批判的な視座は、NHKに代表される日本のメディアの報道姿勢を「冷静」かつ「客観的」(Felix 2012: 19–20)なものと礼賛する視座としばしば表裏一体をなしている。ドイツ在住のジャーナリスト熊谷徹は、「安心情報」を重視したNHKなど日本のメディアとは対照的に、ドイツのテレビや新聞は不安をあおるセンセーショナルな報道を行ったと総括する。「ドイツではマスコミの報道のために多くの市民が不安を抱き、フクシマから1万キロも離れているにもかかわらず、放射線測定器やヨード錠剤を買い求めた」(熊谷 2011: 54)。「ドイツの報道を批判的に見る国民は、少数派である。大半のドイツ人の心の奥底には、昨年3月11日から1カ月間の報道に影響されて、「日本政府と東電は今も何かを隠しているのではないか」という不信感が残っている」(熊谷 2012: 75)。

3月11日以降のドイツの震災報道に接して上記のような印象を抱いた視聴者・読者が多かったことは、おそらく事実であろう。しかし坂田邦子が指摘するように、原発事故の偏重や被災者の表象の不足、過度の物語化などは、ほかならぬ日本のマスメディアの報道において露呈した問題でもある（坂田 2013: 70-71）。ドイツの震災報道を見るにあたっては、「冷静」な日本の報道と「過熱」したドイツの報道といった単純な二項図式をひとまず捨象する必要があるのだ。作家の多和田葉子は、ドイツの新聞が東京電力と日本政府への批判を強めていた一方、東北の被災者に対してはシンパシーを表明し、原子力の是非についても当初から多面的な意見を提示していたと語っている（多和田 2013: 14）。震災後のテレビニュースについての調査研究も、やはりドイツ公共放送の報道が概して「客観的で正確」、「淡々と事実を報じた」ものであったことを確認している。「8日間を通じて誤報とみなせるものはなく、正確な報道であった。内容と演出の点で誇張とみなせるものもほとんどなかった」（木幡ほか 2012: 79）。

　ただし、震災報道に際して原発事故関連の話題が扱われる割合がドイツにおいて突出して高かったことは、統計的に裏づけられている（木幡ほか 2012: 66）。テレビのニュース番組の背景写真の用い方などからも、原発事故に視聴者の関心を向け、ドイツの原発問題へと誘導する意図が見られた（Schatz 2011: 9）。また林香里は、公共放送の第2ドイツテレビ（ZDF）のニュース番組にもとづき、ドイツのテレビニュースでは原発事故が「ドイツの国内政治」と関連づけられることが多く、「原発反対の意見が優先的に提示されていた」と指摘する（林 2013: 54）。鄭佳月は、このように原発事故を自国内の政治状況と関連づける傾向を、ドイツの公共放送制度の特徴としての「内部多元性」モデルの帰結と見なしている（鄭 2012: 6）。内部多元性とは、さまざまな利益集団の代表からなる「放送委員会」が公共放送協会の内部に置かれ、可能なかぎり多様な社会層の声を番組内容に反映させる仕組み（鈴木 2000: 155）である。なお、民間放送の場合は、各州に置かれた独立行政機関「メディア庁」（Medienanstalt）が放送局を監理する。

　つまり、ドイツの震災報道は全体として何ら突発的な「ヒステリー」現象ではなく、無軌道な「パニック」を煽るものでもなかった。原発事故へ注目

が集まる傾向は、ドイツのメディア制度の特性や政治情勢から必然的にもたらされたものだったのである。この報道に接したオーディエンスの側も、文字どおりの「ヒステリー」や「パニック」に陥ったとは考えがたい。原発への賛否に関しては、福島の原発事故を受けたドイツのメディアの論調の変化が世論に与えた影響は限定的であった（Arlt & Wolling 2014: 294）。長年にわたり原発をめぐる議論が積み重ねられてきたドイツ社会にあっては、原発推進と原発反対の立場がある程度固定されており、その色分けは2011年の「フクシマ」報道によって大きくは揺るがなかったのである。

　それでは、多くの人の口にのぼった「不安」「パニック」「ヒステリー」といった言葉は、いったい何だったのだろうか。もとより「不安」をドイツの思想や文化の重要な構成要素にして実体的なものと見なす本質主義的な議論も存在するが、以下ではその議論には立ち入らず、あくまで対立意見へのレッテル貼りに用いられる「不安」「パニック」「ヒステリー」などの言葉がどのように流布され、どのように伝播していったのかを、特に新聞記事と読者投稿欄の相互関係に注目しながら論じる。

2. ドイツの原発報道の歴史

2.1 原子力をめぐる言説の付置

　ギャムソンとモジリアニ（Gamson & Modigliani 1989）はアメリカ合衆国における報道を分析し、原子力について意味づけと価値判断を行う言説の系譜を取り出した。1950年代から60年代までは、技術革新としての原子力「平和利用」の未来を信じる楽観的な言説が圧倒的に優位を占めていたが、1970年代の石油危機を受け、新たに代替エネルギーとしての原子力の必要性を説く言説が台頭する。そして1979年のスリーマイル島の原発事故を転機として、原子力の制御可能性に悲観的な言説が一気に広まる。この流れは1986年のチェルノブイリ原発事故で加速した。

　ドイツ連邦共和国（西ドイツ）では1960年代から原子力発電の商業運用が始まり、やはり1970年代の石油危機を経て代替エネルギーとしての原子力の需要が高まった。ドイツにおける原子力関連の報道の内容分析を行ったケ

ップリンガーの研究(Kepplinger 1988, 2000)が示すように、ここでもまた楽観的な見方が支配的だったところに原発事故がきっかけで転換がもたらされたという経緯があり、基本的にはギャムソンとモジリアニの描いた図式と相似形をなす状況が存在した。ただし、1970年代以降の西ドイツでは環境保護運動の一環としての反原発運動が高度に発達し(ラートカウ 2012)、それに応じてマスメディアにおける原子力という話題の登場頻度は高まった。チェルノブイリ原発事故は、距離的な近さからドイツに直接的影響を及ぼし、そのため巨大な関心を引き起こしたが、それ以前にすでに、西ドイツでは隣国フランスと比べて3倍の報道量で原子力の問題が扱われており、報道の枠組みも一通り出揃っていた(Kepplinger 2000: 91)。この傾向がチェルノブイリの事故を受けて強まったのである。

2.2 ドイツの新聞各紙の傾向

　もっとも、チェルノブイリ以後に反原発の世論が優位を占めたとはいえ、ドイツのマスメディアがこぞって反原発を唱えてきたわけではけっしてない。ドイツの場合、各新聞の政治的立場によって原子力への賛否が明瞭に分かれる点に注意しなければならない。「内部多元性」のチェック機構によって多元的な市民の声を番組内容に反映させることを求められるドイツ公共放送の場合とは異なり、新聞の紙面においては編集部のイデオロギー的なスタンスがしばしば顕著に表れる(Eilders 2004: 145)。こと原子力に関しては、各紙の論調は当初は必ずしも固定されていなかったが、特に1995年以降に大きな話題となった、ゴアレーベン中間貯蔵施設への使用済み核燃料の輸送に反対する運動をめぐる報道の過程で、各紙の色分けが固定化されていく(Schulz, Berens & Zeh 1998: 108)。現在、左派の新聞は原子力にとって不利な状況に焦点を合わせて報道しがちで、紹介される専門家の意見も反原発のものが多数を占めるのに対し、保守系の新聞は原子力にとって不利な状況の報道を避けがちで、原発推進の専門家の意見を多めに取り上げる傾向が見られる(Kepplinger 2000: 87)。この点は、チェルノブイリ後20年間のドイツの新聞各紙の原発報道を比較したイワニエツの研究(Iwaniec 2010)においても確認されている。いわゆる高級紙に分類される全国紙のうち、保守系の『ヴェルト』は一貫して原子力に対して好意的である。リベラル保守の『フランク

フルター・アルゲマイネ』(Frankfurter Allgemeine Zeitung: FAZ)は全体として原子力に肯定的であり、条件つきながら原発を推進していたメルケル政権とは立場が近かった。中道左派の『南ドイツ新聞』(Süddeutsche Zeitung: SZ)と、緑の党に近い左派の『タ−ゲスツァイトゥング』(Tageszeitung: taz)は原子力に否定的である。

2.3 福島原発事故の影響と「ジャーマン・アングスト」言説

　東日本大震災発生の翌日の3月12日から18日までの7日間、ドイツの新聞各紙は一面トップで日本の震災と原発事故を報じた。報道される内容そのものは、同時期に日本で報じられていたことがらと大きく異なるものではない。当初は地震・津波の被害規模が驚きをもって受け止められ、集中的に報道されたが、その後は原発事故関連の記事が相対的に増えていく。この点は、米・中・英・仏の4ヶ国の新聞における震災報道の調査から明らかになった特徴（横内ほか 2012: 11）にも一致している。なお、米国と仏国の新聞では原子力に対して賛否両論を掲載しながら自国の原発の安全性を強調する傾向が見られること、英国の新聞では原子力推進の主張が明瞭に打ち出され、中国の新聞では原子力の是非をめぐる議論そのものが抑制されていることが指摘されている（横内ほか 2012: 11）。これらの調査結果と比較すると、ドイツの新聞では、先に触れたテレビニュースの事例と同様、自国の原子力政策との関連づけが多いことが分かる。

　日本の原子力災害を受け、もともと脱原発を掲げていた左派の『南ドイツ新聞』と『タ−ゲスツァイトゥング』は、当然ながら以前の立場を維持した。『フランクフルター・アルゲマイネ』は困難に直面することになった。再度確認すると、もともとCDU支持の立場であった同紙は、かつてチェルノブイリ原発事故に際しては、社会主義圏であるソ連の原発と西側のドイツ連邦共和国の原発の安全性を峻別して語るという方策により、CDUの原発推進政策を掩護する報道を行っていた（Iwaniec 2010: 99-100, 117-118）。近年こそ再生可能エネルギーの推進などの要素も多少は取り入れるようになったとはいえ、紙面全体ではエネルギー供給の安定性を重視する観点から原発の必要性を訴える論調が支配的であった（Iwaniec 2010: 146）。そこに勃発した日本の原子

力災害は、もはや「社会主義圏の原発＝危険」というレトリックで対応できるものではなかった。さらに、メルケル政権が急速に原発政策を転換させたせいで、これまでCDUの原発推進を支えてきた『フランクフルター・アルゲマイネ』の立場は、いわば宙に浮くことになったのである。そのため、同紙の編集部は難しい舵取りを迫られることになった。同紙はその後、政治・経済面では従来どおり脱原発の経済的デメリットを説く一方で、原発事故を扱った1987年の児童文学『雲』(Die Wolke)（邦題『みえない雲』）の作者グドルン・パウゼヴァング(Gudrun Pausewang)へのインタビュー(FAZ 2011.03.16: 29)を掲載するなど、反原発派の主張にも紙面を割き、主に文芸欄において脱原発の主張を打ち出すようになっていく。編集委員の一人フランク・シアマッハー(Frank Schirrmacher)は、同紙の方向転換を最もラディカルな形で体現した人物である。彼は3月19日の文化面の論説で、前々日に放送されたZDFのニュース番組で目にした日本の被災地の惨状から説き起こし、原子力の利用は過ちだったと認識すべき「歴史的瞬間」が訪れたと述べた。

> ZDFがこの放送で示したのは、自然の力と、絶大な影響力をもつテクノロジーとが、思想信条やイデオロギーや確信だけでなく、数多くの人間の人生までも丸ごと否定し去ったという事実である。［…］過ちを犯したと認め、この災いの連鎖を断ち切るために自ら終止符を打つことが政治的・社会的に不可避となる、そんな歴史的瞬間が存在する。そのことが証明されたのだ。(FAZ 2011.03.19: 33)

　地方選挙での脱原発勢力の躍進が伝えられた28日、シアマッハーは原発推進派が好んで引き合いに出す論拠を9項目にまとめ、すべて詭弁と断じた(FAZ 2011.03.28: 27)。
　それに対し、保守の『ヴェルト』は原子力を擁護する立場を変えなかった。ただ、近年の趨勢であった、地球温暖化への対策という観点からの直接的な原子力擁護に距離を置き、反原発の主張に否定的レッテルを貼るという方策での間接的な擁護への移行が起こった(Lauvhjell 2012: 62)。その際、ドイツ人は自らの安全を脅かすものに対してヒステリックに「不安」(Angst)を感じ

がちだとする「ジャーマン・アングスト」(german angst)論の枠組みが大いに活用された。これは、特にチェルノブイリ原発事故後に放射能汚染のリスクに敏感になったドイツ人の気質を揶揄することで、ひいては反原発の主張を感情的・非理性的なものと位置づける言説の型である(Radkau 2011)。かねてから保守系のメディアで定着していたこの種の言説が、「フクシマ」後の文脈に転用されたのである。

　福島原発の事故直後から、『ヴェルト』紙はこの言説を精力的に展開しはじめる。3月16日のウリ・クルケ(Ulli Kulke)の論説「ジャーマン・アングスト」(W 2011.03.16: 8)、3月23日のダニエル・ヴェッツェル(Daniel Wetzel)の論説「不安の景気変動」(W 2011.03.23: 3)、4月11日のマティアス・ケップリンガー(Mathias Kepplinger)の論説「原子力への不安＝幻影への不安」(W 2011.04.11: 2)など。これらの記事は、交通事故死の数と原発事故死の数を比較するなどして反原発の主張を「感情的」かつ「非合理」なものと断じている。さらに、反原発の価値観に染まった世代がドイツのジャーナリスト全体に占める割合が増えており、そのことが、反原発の世論の優位というドイツの特殊状況を作り出しているとして、反原発派への批判をマスメディア批判と結びつけている点が特徴的である。

　『フランクフルター・アルゲマイネ』紙では、上述のようにメルケル政権の脱原発政策と歩調を合わせる必要上、脱原発の主張が積極的に打ち出されていくが、その一方で、やはり「ジャーマン・アングスト」言説を応用した議論が随所に顔を出す。一例として、3月16日の無署名記事を引用してみよう。

> 日本人は落ち着いているのに、ドイツ人はヒステリーに陥っている。日本における災害の連鎖に直面した西洋の報道機関の目を引いたのは、人々がいかに冷静にこの事態に対処しているか、という点である。国の半分が瓦礫と化し、何千人もの死者が予想され、福島原発のために何百万人もが放射線被曝の危険に瀕している。にもかかわらずパニックは起こっていない。日本には、ドイツのテレビに登場する政治家とは一味違う指導者がいるのだろう。[…] アンゲラ・メルケル［CDU］、ジグマー・ガブリエル［SPD］、クラウディア・ロート［緑の党］、ゲジーネ・

レッチュ［左翼党］といった面々が自国の原発問題について述べ立てるのを聴き、テレビで内向きの報道ばかりやっているのを見るのは、ほとんど耐えがたい。実際に災害に見舞われた人々への関心は、かけらもない。日本人がこれを知ったら、どう思うだろうか？（FAZ 2011.03.16: 35）

「ヒステリー」「パニック」といった言葉が脱原発の世論の形容として用いられ、それはドイツ人の特殊性として説明される。脱原発の主張は、日本の被災者への共感を欠く態度として糾弾されるのである。同じ論調が、3月20日のクラウディウス・ザイドル（Claudius Seidl）の論説にも見られる。

この国で被害者面をしている連中は、ただ単にヒステリックなだけではなく、自分がいかに無知で、自己中心的で、同情と共感という基本的な人間的感情を欠いているかを公表しているのだ。［…］アジア大陸の東の端で原子力災害の危機が迫っているときに、ドイツでガイガー計測器が売り切れるというのは、少々滑稽なことではないのか。

　もちろん、けっして起こりそうにないと思われていたことが日本で現実に起こったからには、ドイツに関しても現実性の想定を見直すことは必要だろう。しかし、今週ドイツ政府が打ち出したのは、政治的なヨード剤でしかない。「フクシマはどこにでもある」というスローガンが突然言われだした。連邦首相とバイエルン州環境相とバーデン＝ヴュルテンベルク州首相が、そういう合意に至ったらしい。日本の地震・津波と、本州東岸で起こった一連の爆発の遠隔作用。そのせいで、ベルリンとシュトゥットガルトとミュンヘンで棚からコップが転げ落ちる、というわけだ。

　政府当局が自らヒステリーに陥ったのか、有権者のヒステリーに合わせてやろうと思っただけなのかは、どちらでもいい。結果が悲惨であることには変わりないから。（FAZ 2011.03.20: 21）

3. 新聞各紙の投書欄に見る「社会の分断」の超克の可能性

　以下では、新聞各紙の投書欄への読者投稿を手がかりに、日本の原発事故をめぐるドイツの新聞報道がどのように読者に受け止められ、どのような世論を形成したかを考察したい。

　もとより投書欄とは、ハーバーマスによると、コーヒーハウスでの議論の延長線上に成立するものであり、新聞というメディアの原風景に位置づけられる（ハーバーマス 1994: 63）。ただし投書欄は、必ずしも読者のリアクションを忠実に反映しているわけではなく、編集部側の取捨選択を経たものである（Bucher 1986: 143-145）。編集部の立場に賛同する投書だけを並べたならば、それは編集部と読者が同じ解釈共同体を共有していることを再確認する作業以上のものではないだろう。しかし、投書欄には編集部に対して批判的な意見もしばしば掲載される。その意味での投書欄は伝統的に、情報の送信者および受信者の役割を固定化するマスメディアの一方向的な構造に風穴を開けるものとして重要視されてきた。それは、民主主義的な公共圏の存立にとって不可欠な「対話」（Loreck 1982: 260）を創出する経路である。そして新聞以外の多様なメディアが発達し、とりわけインターネットの普及によって一般市民の情報発信が容易になった今日、新聞の編集部にとっての読者の投書の重要性は高まっている（Mlitz 2008: 18-20）。編集部が読者の批判的な意見を無視することは困難になり、編集部のとは異なる意見が紙面にフィードバックされることによって、社会の分断を乗り越える「対話」の可能性がそのつど現出するのである。

3.1 『南ドイツ新聞』の投書欄

　まずは原発に否定的な論調の、中道左派の『南ドイツ新聞』の投書欄を見てみよう。福島原発の事故報道を受けた同紙の投書欄は、予想されることであるが、原発に否定的な見解で埋め尽くされている。たとえば3月17日の投書欄に掲載された6通すべてが反原発の立場からのものであり、福島原発の事故を受けたメルケル政権の脱原発路線を機会主義的、ないし選挙対策として批判したり、原発を含めたテクノロジーへの信仰を糾弾したりしている

(SZ 2011.03.17: 39)。3月19日の投書欄もやはり6通すべてが反原発の主張であり、即時の脱原発を訴えるもの、原発を推進してきた政治家や原子力産業への怒りの表明が並んでいる(SZ 2011.03.19: 46)。3月25日の投書欄には「今週の質問への回答」として、世界第三位の経済大国である日本が地震・津波・原発事故の被害により経済低迷に陥ることで世界経済に与える悪影響に不安を感じるかどうか、という問題についての読者の投稿が寄せられている。世界的な経済危機よりも放射能そのもの、あるいは政治家の無能に対して不安を感じる、との回答が並んでいるのが興味深い(SZ 2011.03.25: 35)。

　総じて、ここには編集部と読者の意見対立はない。両者が反原発の立場を共有しているがゆえのモノローグ的な空間が現出していると言えよう。

3.2 『ヴェルト』の投書欄

　それに対して保守系の『ヴェルト』においては、投書欄の意見は割れている。原発事故が報じられた直後の3月14日には、早期の脱原発の必要性を訴える投書1通が掲載される(W 2011.03.14: 8)。翌日にも、原発の安全性に疑問を呈する3通の投書が掲載されるが、同時に、原発事故に集中するドイツの報道のあり方に疑問を呈する2通の投書が掲載されているのが目を引く。そこでは、ドイツで高揚する脱原発の世論が、日本の被災者への共感を欠くものと見なされている(W 2011.03.15: 8)。現時点で脱原発の主張をすること自体が日本の被災者に対して不謹慎であるとするこの論調は、当時の多くの脱原発批判の論説において採用されていたレトリックと同じである。さらにその翌日には、原発に懐疑的な2通の投書が掲載されるが、この日の『ヴェルト』には先に見たウリ・クルケの「ジャーマン・アングスト」論が掲載され、これが大きな反響を呼ぶ。3月17日の投書欄には、この論に賛意を表する投書6通が並ぶのである(それに対し、原発に懐疑的なものは、ごく短い1通のみ)。そのうち最初に置かれているものは、反原発派を批判するクルケらの論説を「日本の状況をめぐる報道にさしこんだ希望の光」と呼び、感謝の意を表明している。

　　ドイツのメディアとドイツの政治において地震と津波の犠牲者がほとん

ど無視されているありさまは、恐ろしく恥ずかしいものです。福島で起きたかもしれないGAUや、ドイツの原発の性急な停止ばかりが話題になっています。自然災害の被害と犠牲者について客観的に報道する代わりに原子力パニックに陥っているのです。同じことを、残念ながら多くのドイツ人がやっています。哀悼の意を表する代わりに反原発デモに行って着飾って楽しげにねり歩き、日本の犠牲者のために募金する代わりにガイガー計測器とヨード剤を買いに走るのです。(W 2011.03.16: 8)

　その後も、同紙の投書欄には原発についての賛否両論がほぼ同数で並ぶが、日本の被災状況をよそに脱原発の世論が盛り上がっているドイツを「奇妙な国」と位置づける意見や、マスメディアに「感情的に操作」されたドイツ人に対する失望を表明する意見が目立つようになる(W 2011.03.21: 8)。先に見たダニエル・ヴェッツェルの論説は「原発の即時停止を求める、目下広く蔓延しているヒステリーに距離を置く記事がようやく現れた」(W 2011.03.25: 2)と称賛され、「原子力はとにかく危険だという、マスメディアの側のヒステリックな報道」(W 2011.03.28: 2)の対抗軸を示したものとして歓迎された。先に見たラインハルト・ツェルナーの寄稿も、ようやく「原子力の危険にまつわる、特派員の主観に染められたレポート」に距離を取り、日本の被災者に寄り添う記事が載ったと礼賛される(W 2011.04.04: 2)。

　原発推進の立場の『ヴェルト』の投書欄で、以上のようにポリフォニックな「対話」的状況が現出したことは興味深い。一方では、3月11日以降の福島原発の事故についての大々的な報道が読者にショック作用を与え、編集部の意図を超えて脱原発の主張を活性化させたものと思われる。それに対するいわば火消しの手段として、編集部は「ジャーマン・アングスト」論を援用し、ドイツのマスメディアが左翼の反原発派に支配され、彼らによって大衆が感化されているという図を描き出したのである。この方策が一定の効果を上げたことは、同紙の投書欄に「ヒステリー」の語が頻出するようになる事情からも窺える。

　ドイツは明らかに、福島原発の事故を受けて、この上ないヒステリーが

住民のあいだで広められた唯一の国です。原発の停止を主張し、再生可能エネルギーの話ばかりする人たちは、それが電力供給にどんな影響を及ぼすか、考えてみるべきです。（W 2011.04.07: 2）

「ヒステリー」という言葉は、脱原発の主張をおしなべて感情的かつ非理性的な「パニック」にすぎないものと位置づけることで、それ以上の議論を不必要なものとイメージさせる。この言葉が編集部と読者のあいだでやり取りされることで、原発事故後に一時的に芽生えた「対話」の契機は圧殺され、同じ価値観を共有する者同士にとって居心地のいいモノローグ的状況が回帰する。

3.3 『フランクフルター・アルゲマイネ』の投書欄

リベラル保守の『フランクフルター・アルゲマイネ』は、上述のように、ドイツのマスメディアにあっては例外的に、日本の原発事故をうけて原発の是非をめぐる論調を変化させた。それに応じて、投書欄の意見もやはり二分される。

3月18日の投書欄を見てみよう。そこでは、原発への賛否両論はほぼ拮抗している。日本の震災と原発事故についての6通の投書が掲載されており、迅速な脱原発を支持するものが2通、技術的な観点から原発の安全性の向上を求めるものが1通、経済的観点から早期の脱原発を否定するものが2通、メディアの過剰報道を批判するものが1通となっている。最後に挙げたメディア批判的な投書から、特徴的な一節を引用してみる。

この数日間、我々はほとんど耐えがたいほど、原発事故の恐怖のシナリオの氾濫を目にしてきました。詳しい情報も持っていないのに黙示録的なヴィジョンを垂れ流す自称専門家たちが広めたものです。これにメディアは——おそらく一種の破局願望に突き動かされ——嬉々として追随しました。そのため、それ以外の津波の恐ろしい影響についての報道は、ほとんど完全に背後に追いやられてしまいました。（FAZ 2011.03.18: 11）

同紙の投書欄では、その後も同様のマスメディア批判が続く。「原子力をめぐる議論は、ドイツでは残念ながら感情的、非合理的、非理性的に行われています。——とりわけメディアにおいて。中立を謳いながらあらゆる客観性をかなぐり捨てるジャーナリストたちがいるのは、耐えがたいことです」（FAZ 2011.03.21: 10）。「日本人が自国の死者を悼み、原子炉の破損による原子力危機を目の前に思慮深い行動をとっているのに、我が国の公共放送は、まるで超重大事故がすでに起こり、ドイツにその影響が降りかかったかのような印象を作り出している」（FAZ 2011.03.29: 19）。先に見たフランク・シアマッハーの見解はおおむね不評であり、独善に陥っているとの批判（FAZ 2011.03.31: 34）、問題を過度に単純化しているとの批判、この新聞が原発問題に関して硬直化したモラルの押しつけに傾きつつあることを憂慮する声（FAZ 2011.04.01: 34）などが次々と寄せられた。
　4月3日、シアマッハーは脱原発を「ジャーマン・アングスト」と位置づける議論に反論し、選挙で緑の党を圧勝させたドイツ人の反応はけっしてヒステリックではなく理性的だと論じている。

> ヒステリーだという診断はあまりにも的外れかつ不当なので、面白いくらいだ。箱舟を造った人は誰もいない。買い占めは起こらなかった。ドイツでヨード剤は売り切れなかった。国外脱出の動きがあるという話も聞かない。逆に、今回のできごとに接したドイツ人は、民主主義の枠内でめいっぱい合理的にふるまった。つまり、自らの意思を投票行動で表したのである。（FAZ 2011.04.03: 23）

　読者はこの意見にも賛否両論で応じた。4月10日の投書欄では、緑の党に投票した市民に対して「恐怖や不安に駆られた人々」というレッテルを貼るのは政治家の大衆侮蔑だとする意見が1通ある一方で、やはりドイツのマスメディア（特に公共放送）の原発事故報道は過剰であり、ドイツ人特有の「不安」の典型例を示したという見方が3通と、多勢を占めている（FAZ 2011.04.10: 32）。4月15日にも、シアマッハーの「ヒステリー」否定に反論する形で、原発事故当初に日本滞在中のドイツ人に対して出国を迫る（有言・無言の）圧力があったことを指摘する投書が掲載される（FAZ 2011.04.15:

7)。全体として、同紙の投書欄からは、主に経済的観点から即時の脱原発には懐疑的で、マスメディア批判および「ジャーマン・アングスト」論に傾斜しがちという読者像が浮かび上がる。

> 「ジャーマン・アングスト」が国民の目を曇らせ、我が国のメディアと政治を覆っています。詩人と思想家の国はどこへ行ってしまったのでしょう？（FAZ 2011.04.16: 36）。

『フランクフルター・アルゲマイネ』の投書欄は、『ヴェルト』の場合と同様、福島原発の事故報道がもたらしたショック作用により、一時的に高度に「対話」的な要素を示した。そしてこれも『ヴェルト』の場合と同様、日を追うごとに「ジャーマン・アングスト」論の言説の枠組みに依拠して脱原発をめぐる議論を断ち切ろうとする投書が増える。ここで注目すべきは、『フランクフルター・アルゲマイネ』の編集部自体が「ジャーマン・アングスト」論を否定する論陣を張った点である。しかしながら、その主張は壁に突きあたった。同紙の読者は、脱原発の世論に「ヒステリー」のレッテルを貼る言説の枠組みを好んだのである。

4. おわりに―社会を分断する言葉

　震災や原発事故のような衝撃的な事態においては、一時的に社会の分断を架橋する契機が生まれる。災害に見舞われた当事者のあいだで突発的に生じる、融和的な「災害ユートピア」（ソルニット 2010）のみならず、メディアによって災害の情報を仲介された人々のあいだでも、伝えられたできごとの衝撃が既存の価値観を揺さぶるがゆえに、従来の立場を超えた「対話」の可能性が生じるのである。「フクシマ」の報道に接したドイツの人々の身に起こったのは、まさにそのような事態であったと考えられる。
　しかし、災害の勃発から日が経つにつれ、（ドイツ人特有の）「不安」「ヒステリー」「パニック」といった言葉が新聞紙上を闊歩するようになり、それ以上の議論が必要ないことを示す合言葉として読者に歓迎され、拡散されてい

く。これらの言葉は、かねて保守系のメディアで反原発の立場へのレッテル貼りに用いられていたものであり、いわば社会の分断を象徴する語群であった。同じ言葉が2011年3月の原発事故後にも脱原発の世論を攻撃するレトリックとして援用され、議論を封殺するマジックワードとして機能したのである。こうした思考停止を促すキーワードが動員されることで、一度は閉じかけた社会の亀裂が再び口を開け、深まっていく。これは今日の世界のさまざまな局面で幅広く見られる現象である。

参考文献　Arlt, Dorothee & Jens Wolling. (2014) Fukushima-Effekte in Deutschland? Die Reaktorkatastrophe als Ursache von Veränderungen in der Berichterstattung und in der öffentlichen Meinung über die Atomenergie. In Jens Wolling & Dorothee Arlt (eds.) *Fukushima und die Folgen. Medienberichterstattung, Öffentliche Meinung, Politische Konsequenzen*, pp. 269-296. Ilmenau: Universitätsverlag Ilmenau.

Bucher, Hans-Jürgen. (1986) *Pressekommunikation. Grundstrukturen einer öffentlichen Form der Kommunikation aus linguistischer Sicht*. Tübingen: Niemeyer.

Coulmas, Florian & Judith Stalpers. (2011) *Fukushima. Vom Erdbeben zur atomaren Katastrophe*. München: Beck.

Eilders, Christiane. (2004) Von Links bis Rechts. Deutung und Meinung in Pressekommentaren. In Christiane Eilders, Friedhelm Neidhardt & Barbara Pfetsch (eds.) *Die Stimme der Medien. Pressekommentare und politische Öffentlichkeit in der Bundesrepublik*, pp. 129-166. Wiesbaden: VS Verlag für Sozialwissenschaften.

Felix, Sascha W. (2012) *Fukushima. Der Westen und die Kultur Japans*. Münster: Lit.

Gamson, William A. & Andre Modigliani. (1989) Media discourse and public opinion on nuclear power. A constructionist approach. In *American Journal of Sociology* 95 (1): pp. 1-37.

ハーバーマス, ユルゲン　細谷貞雄・山田正行訳 (1994)『公共性の構造転換―市民社会の一カテゴリーについての探究』未來社

林香里 (2013)「際立つドイツの原発事故報道―福島原発事故報道の国際比較研究より」『学術の動向：SCJフォーラム』18 (1): pp. 50-55.

Iwaniec, Mario. (2010) *Die Betrachtung der Risiken der Kernenergie in ausgewählten deutschen Printmedien*. Berlin: Universitätsverlag der TU Berlin.

川島隆 (2013)「ルポルタージュが伝える東日本大震災―ドイツにおける「フクシマ」表象の一断面(特集：カタストロフィ)」『ドイツ文学』12 (2): pp. 105-119.

Kepplinger, Hans Mathias. (1988) Die Kernenergie in der Presse. Analyse zum Einfluß subjektiver Faktoren auf die Konstruktion von Realität. In *Kölner Zeitschrift für Soziologie und Sozial-*

psychologie (40): pp. 659-683.
Kepplinger, Hans Mathias. (2000) Vom Hoffnungsträger zum Angstfaktor. In Joachim Grawe & Jean-Paul Picaper (eds.) Streit ums Atom. Deutsche, Franzosen und die Zukunft der Kernenergie, pp. 81-103. München: Piper.
Kepplinger, Hans Mathias & Richard Lemke. (2014) Framing Fukushima. Zur Darstellung der Katastrophe in Deutschland im Vergleich zu Großbritannien, Frankreich und der Schweiz. In Wolling & Arlt, pp. 125-152.
木幡洋子・斉藤正幸・柴田厚・杉内有介・田中孝宜・田中則広・中村美子・新田哲郎・広塚洋子・山田賢一 (2012)「海外のテレビニュース番組は、東日本大震災をどう伝えたのか―7か国8番組比較調査(東日本大震災から1年)」『放送研究と調査』62 (3): pp. 60-85.
熊谷徹 (2011)「海外メディアの震災報道―ドイツメディアの過熱報道に見えたもの」『放送文化』(31): pp. 52-55.
熊谷徹 (2012)「(海外メディア報告)失墜したハイテク大国日本への信頼―福島原発事故とドイツのメディア」『Journalism』(271): pp. 68-75.
Lauvhjell, Ingeborg. (2012) Die Atomkraftdebatte in Deutschland. Eine Diskursanalyse über die Repräsentation der Atomkraft in der deutschen Öffentlichkeit (Masterarbeit). Universität Oslo.
https://www.duo.uio.no/bitstream/10852/34764/1/Lauvhjell.Master.pdf［2018年1月8日閲覧］
Loreck, Sabine. (1982) Leserbriefe als Nische öffentlicher Kommunikation. Eine Untersuchung in lerntheoretischer Perspektive. Münster: Lit.
Mlitz, Andrea. (2008) Dialogorientierter Journalismus. Leserbriefe in der deutschen Tagespresse. Konstanz: UVK.
小野一 (2012)「「政策過程」としての脱原発問題―シュレーダー赤緑連立政権からメルケル中道保守政権まで」若尾祐司・本田宏編『反核から脱原発へ―ドイツとヨーロッパ諸国の選択』pp. 223-260. 昭和堂
Radkau, Joachim. (2011) Mythos German Angst. Zum neuesten Aufguss einer alten Denunziation der Umweltbewegungs. In Blätter für deutsche und internationale Politik, 56 (5): pp. 73-82.
ラートカウ, ヨアヒム　海老根剛・森田直子訳 (2012)『ドイツ反原発運動小史―原子力産業・核エネルギー・公共性』みすず書房
坂田邦子 (2013)「東日本大震災から考えるメディアとサバルタニティ」『マス・コミュニケーション研究』(82): pp. 67-87.
Schatz, Eva. (2011) »Killerwelle« und »Horror-AKW«. Die TV- und Print-Berichterstattung in Deutschland über die Japan-Katastrophe. In TelevIZIon, 24 (2): pp. 8-11.
Schmitt, Uwe. (2011) „Opfermut ist nichts Unnatürliches". Ein Interview mit der Japanologin Irmela Hijiya-Kirschnereit.
http://www.welt.de/print/wams/kultur/article12975093/［2018年1月8日閲覧］

Schulz, Winfried, Harald Berens & Raimar Zeh. (1998) *Der Kampf um Castor in den Medien. Konfliktbewertung, Nachrichtenresonanz und journalistische Qualität*. München: Reinhard Fischer.

ソルニット，レベッカ　高月園子訳（2010）『災害ユートピア―なぜそのとき特別な共同体が立ち上がるのか』亜紀書房

鈴木秀美（2000）『放送の自由』信山社

多和田菜子（2013）「ドイツで福島」白百合女子大学言語・文学研究センター編『異文化の中の日本文学』pp. 9-15. 弘学社

Weiß, Hans-Jürgen, Sabrina Markutzyk & Berrtil Schwotzer. (2014) Deutscher Atomausstieg made in Japan? Zur Rolle von Fukushima als Schlüsselereignis in der Medienberichterstattung über die deutsche Atomdebatte 2011. In Wolling & Arlt, pp. 71-99.

鄭佳月（2012）「政治報道としての福島第一原発事故ニュースの分析―米独テレビ報道比較研究」(日本マス・コミュニケーション学会2012年度秋季研究発表会・研究発表論文(予稿))

http://mass-ronbun.up.seesaa.net/image/2012fall_C1_Chung.pdf ［2018年1月8日閲覧］

横内陳正・阿部佐智・柴田偉斗子・南出将志・加藤浩徳（2012）「東日本大震災に関する海外四カ国の新聞報道の特性」『社会技術研究論文集』(9): pp. 1-29.

Zöllner, Reinhard. (2011) *Japan. Fukushima. Und wir. Zelebranten einer nuklearen Erdbebenkatastrophe*. München: Iudicium.

文献解題

Hans-Jürgen Bucher. (1986) *Pressekommunikation. Grundstrukturen einer öffentlichen Form der Kommunikation aus linguistischer Sicht*. Tübingen: Niemeyer.

　近世における印刷メディアの誕生以来、読者の投書は新聞や雑誌の存立にとって重要な役割を果たしてきた。投書は読者と編集部のあいだの、あるいは読者同士のコミュニケーションの経路であり、ハーバーマス的な意味での公共圏と「世論」形成の原動力となる。従来の投書研究において、新聞各紙がどのような投書欄を設け、編集部がどのように投書を扱っているかというジャーナリズム論的な観点が表に出ていたのに対し、本書は編集部の側の記事への応答としての投書が創出する「対話」の空間に着目し、投書に記された言葉そのものをコミュニケーション論的および言語学的な観点から分析している。

Reinhard Zöllner. (2011) *Japan. Fukushima. Und wir. Zelebranten einer nuklearen Erdbebenkatastrophe*. München: Iudicium.

　著者は東京で被災した日本学者。家族と一時連絡が取れなくなるなど、不安な体験をした当事者としての意識は、しかし日本の原発事故をめぐるドイツの報道への批判に直結し、著者はドイツのメディアの誤報や偏向報道を厳しく糾弾する。ただし特徴的なのは、「ドイツ人＝ヒステリック」「日本人＝冷静」といったステレオタイプを否定している点である。著者は、特定の地域・特定の期間における特定の単語の検索数を調べることができる「Googleトレンド」のサービスを用い、震災後の日本において一時的に「セックス」の検索数が減り、「避難」の検索数が跳ね上がったことから、洋の東西の人々が基本的にあたりまえの感性を持つ「同じ人間」であることを示そうとする。

Jens Wolling & Dorothee Arlt. (Hrsg.) (2014) *Fukushima und die Folgen. Medienberichterstattung, Öffentliche Meinung, Politische Konsequenzen*. Ilmenau: Universitätsverlag Ilmenau.

　福島原発の事故をめぐる報道についてのメディア論的・社会学的な調査結果を集めた論集。本書の軸となるのは、なぜドイツにおいては日本の原発事故がこれほど大きな原発政策の転換につながったのかという問題意識である。ゆえに、中心に置かれているのはドイツの報道であるが、国際比較的な観点も盛り込まれている。そこから浮かび上がるのは、ドイツ人は「フクシマ」の報道を受けて「パニック」に陥ったというような一般的イメージとは異なる実情である。2011年の状況は、ドイツにおいて原子力がどのように語られてきたかの歴史的経緯を押さえなければ理解することはできない。その点を詳らかにする本書は、このテーマをめぐる今後の冷静な議論のための叩き台を提供するものである。

コラム　「フクシマ」をめぐる報道写真（と見出しの言葉）

　東日本大震災に際しては、過去の大災害で前例がないほど大量の映像情報が氾濫した。ドイツにおいても、衝撃的な場面がテレビニュースで繰り返し流され、それらの動画はネットに上げられ、さらに多くの人々の目に触れた。特に集中的に取り上げられたのは、原子炉建屋の爆発の瞬間や、絶望的とも思える消火活動など、原発事故関連の映像である。それは一方では、報道する側が意図していた以上に「フクシマ」の恐怖を宣伝する結果になり、他方では、同じものの過度の反復によって、災害の現場で苦難に直面している人々への想像力を鈍化させる働きをした。

　新聞や雑誌に掲載される写真も、同じ理由で暴力性をはらみうる。また写真はキャプションや見出しの言葉との組み合わせで、偏った印象や虚像を生み出すこともある。東日本大震災後のドイツの新聞報道においては、マスクをした日本人たちの姿に「放射能の恐怖におびえる東京」といった言葉を添えるといった手続きが、とりわけ露骨なイメージ操作として批判された。

　しかし写真は、動画とは異なり、映像の流れを断ち切って時間を固定する働きを持つメディアでもある。特に人間を写した写真は、長期的に記憶の中に残りやすく、他者の苦痛への共感を持続的に喚起する。放射線防護服に身を固めた作業員のみならず、放射線測定器で計測される幼い子どもや女性たち。日本ではあまり大々的に光をあてられることがなかったこれらの写真を抜きにして、ドイツの世論が「倫理」的な観点から原子力を考える方向へと向かった理由を考えることはできないだろう。

第 8 章

トルコ系移民のドイツ語
ドイツ社会における実態と認知をめぐって

田中翔太

1. はじめに

　現在ドイツでトルコ系移民をめぐる状況は、多様化かつ複雑化の一途を辿っている。就業率や教育問題、宗教の差異、トルコ国内の政治との関わりなど、様々な要因が複雑に絡み合い、トルコ系移民とドイツ人、あるいはドイツ社会との関係に緊張が高まってきている。とはいえ双方の関係は、現在になり突発的に悪化したわけではない。そもそもトルコ系移民が外国人労働者として渡独を開始した1960年代から蓄積されてきたわだかまりが、メディアなどを通して、より目に見える形になってきていると考えられる。2015年以降には、ドイツ政府が率先して難民を受け入れてきたことに対してドイツ国内で不満が高まり、そのひとつの帰結として、2017年9月に行われたドイツ連邦議会選挙では、右派政党「ドイツのための選択肢(Alternative für Deutschland)」が躍進した。ドイツ国内で反難民、反イスラムのデモ運動が活発化し、イスラム教徒に対する暴力事件の件数も増えている。他方で、トルコ系移民はドイツ社会に対する不満をますます募らせ、それがトルコのエルドアン政権に対する高い支持に現れている。トルコで大統領権限を強化する憲法改正の是非を問う国民投票が2017年4月16日に行われた際、この憲法改正に対する賛成票はトルコ国内では51%であったのに対し、ドイツに暮らすトルコ系移民は63.2%が賛成した。

　本章では、このような現在の状況を踏まえながら、トルコ系移民とドイツ

社会のあいだの約半世紀にわたるディスコミュニケーションについて論じていく。

2. ドイツにおけるトルコ系移民

2.1 外国人労働者として

　ドイツでは総人口の約8200万人のうち、外国籍を持つ者の人口が約860万人おり、人口の実に約9人に1人が外国籍所有者という現状である(Statistisches Bundesamt 2017b: 31 を参照)。その内訳を国籍別に見ると、トルコ国籍所有者の数が約150万人で1位である。2位は約78万人でポーランド国籍所有者、3位が約61万人でイタリア国籍所有者と続いている。すなわち、外国籍所有者のうち約17%がトルコ人であり、外国籍を持つ者のなかでトルコ国籍所有者が群を抜いて多い(Statistisches Bundesamt 2017b: 39 を参照)。さらにドイツ国籍を取得したトルコ系移民を加えると、2017年の時点で約280万人ものトルコ系移民がドイツに生活していることになる(Statistisches Bundesamt 2017c: 63 を参照)。

　トルコ系移民の渡独は、すでに第1節で述べたように、1961年に旧西ドイツとトルコとのあいだで締結された労働協定により始まった。当時旧西ドイツは、第二次世界大戦を経て戦後復興を遂げ、経済面でも高度成長期に達していた。労働力の不足が顕著になった旧西ドイツは他国と労働力に関する契約を結び、同協定締結後に、トルコからも多くのガストアルバイター(Gastarbeiter)、すなわち外国人労働者が旧西ドイツへと渡ってきた。また1970年代になると、クルド紛争などの政治的理由から多くの亡命者がドイツへとやってきた。ガストアルバイターと呼ばれた者の多くは当初単身で来独したが、後に労働の契約などを理由にドイツへ定住し、祖国へ残した妻子を呼び寄せることとなった。今日ではトルコ系移民の世代も、第三、第四世代にまで及んでいる。

2.2 ドイツ社会への統合

　ドイツの大都市圏では、トルコ系移民の居住地区が一箇所にまとまって存

在していることが多い。そのような居住地区はパラレルワールド（別世界）と称されるほど、ドイツ人の生活から離れた場所で営まれている。

　現在でこそドイツ政府は移民国家を自認しているが、ドイツ政府が「移民法」なる政策を打ち立てたのは2005年になってからのことである。長いあいだドイツ社会へ移民を統合するための具体的な対策を練らずにきたため、今でも移民に関する多くの課題が残っている。例えばそのひとつが、移民に対する教育問題である。OECD加盟国が15歳を対象として3年に一度実施する学習到達度調査（略称：PISA）というものがある。読解力、数学的リテラシー、科学的リテラシーの3分野から生徒の学力を評価するのであるが、ドイツでは2000年に、この学習到達度調査の結果を受けて衝撃が走った。この年の調査において、ドイツは先進国のなかでもっとも悪い評価を受けてしまった。なかでも当時ドイツ全土のおよそ3分の2にあたる数の移民が生活していたノルトライン＝ヴェストファーレン州での成績がもっとも悪く、移民と成績の関連性が指摘された。

　トルコ系移民はそのため、教育水準が問題視されてきたが、近年徐々に教育水準を上げつつあるのは事実である。次に挙げる図1は、ドイツ全土で2016年・2017年度にトルコ籍、イタリア籍、ポーランド籍、ギリシャ籍、ロシア籍を所有する生徒が、ギムナジウム（Gymnasium）、実科学校（Realschule）、基幹学校（Hauptschule）のうち、どの学校に通っているかを示すものである。この3つの学校はそれぞれ4年間の初等教育終了後に進学する中等教育機関であるが、位置づけが異なる。実科学校と基幹学校の生徒は、卒業後に就労する者が多いのに対して、ギムナジウムには卒業後に高等教育機関への進学を希望する者が入学する。2017年時点で、ドイツ籍ではない生徒の数としては、トルコ籍、イタリア籍、ポーランド籍、ギリシャ籍、ロシア籍の順に多い。そのため図1では、この5か国に関して生徒数を表した。それぞれの学校に通う生徒を国籍ごとにパーセンテージで示し、その下にカッコ書きで生徒の実数を記した。2017年の時点でトルコ籍の生徒数は、ギムナジウムがもっとも多く、次いで実科学校、基幹学校となっている。

176　第2部 現代社会と言語

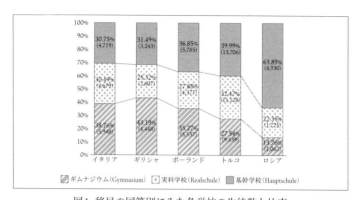

図1: 移民の国籍別にみた各学校の生徒数と比率
(2016/2017年度)
(Statistisches Bundesamt 2017a: 514-515に基づき筆者作成)

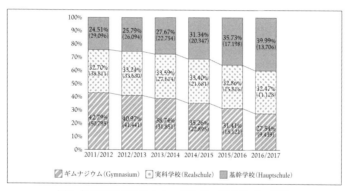

図2: 各学校におけるトルコ籍生徒の数と比率の推移
(2011/2012年度 – 2016/2017年度)
(Statistisches Bundesamt 2012、2013、2014、2015、2016、2017a に基づき筆者作成)

　図2は、トルコ籍の生徒に焦点を合わせ、初等教育を終了したトルコ籍の生徒が通った学校の割合の推移を6年分示したものである。図1と同様に、各学校に通う生徒を年度別にパーセンテージで表示し、その下にカッコ書きで生徒の実数を記した。2011年から2017年のあいだに、ギムナジウムへ通う生徒の比率は約15%増加し、基幹学校へ通うトルコ籍の生徒の比率は約15%減少している。

2.3 トルコ系移民の話すドイツ語とそのイメージ

　1985年にギュンター・ヴァルラフ（Günter Wallraff）は『最底辺』（Ganz unten）というルポルタージュを書いた。ここには、トルコ系移民がまだ第一世代であった1970年代にドイツ社会が外国人労働者に対して抱いていた典型的なイメージが描かれている。『最底辺』に登場するトルコ人アリは、「単純で無教養だが道徳面では誠実な、工場の重労働者である。労働力として搾取され、トルコ人であるとしてドイツ人から除外される」（Dirim and Auer 2004: 4）。第一世代のトルコ系移民を含めた外国人労働者が話すドイツ語はドイツ社会から、「ガストアルバイター（外国人労働者）のドイツ語（Gastarbeiterdeutsch）」と呼ばれた。第一世代が話すドイツ語はいわゆる学習者言語であり、例えば「冠詞や代名詞、前置詞の欠如」（Dirim and Auer 2004: 215）が特徴として挙げられる。

　したがって、トルコ系移民のドイツ語というと、「ブロークンなドイツ語」（Androutsopoulos 2001: 330）を話すという印象が強かった。しかし、第二世代になるにつれ、そのイメージが変化してくる。特に大きな転換点となったのは、1995年のフェリドゥン・ザイモグル（Feridun Zaimoglu）による『カナーケの言葉—社会の周縁からの24の雑音』（Kanak Sprak: 24 Mißtöne vom Rande der Gesellschaft）の出版である。自らがトルコ系移民第二世代であるザイモグルはこの本のなかで、さまざまな境遇・職種のトルコ系移民が実際に話したことばを集め、それに「カナーケのことば（Kanak Sprak）」という名称を与えた。ポリネシア語で「人間」という意味を持つkanakaに由来するKanakeというドイツ語名詞は、1970年代になると、外国人労働者を揶揄する「教養がなく、無知な人間」（Drosdowski 1976: 1415）という意味で使用されるようになっていた。この差別的な意味も持つKanakeという語を意図的に自虐的に用いたことで、「印刷メディアや電子メディアは好奇心を持ってこの本に反応し」（Dirim and Auer 2004: 6）、トルコ系移民のドイツ語がクローズアップされた。

　さらに2000年代に入ると、音楽（ヒップホップやラップ）や映画、テレビ番組でトルコ系移民や彼らが話すことばが多く取り挙げられるようになる。一種のトルコ系移民のブームのような状態が到来した。トルコ系民が話すド

イツ語はとりわけドイツ人の若者から好意的に受容され、一部の若者たちからクールであると受けとめられ始める。また「いくつかのドイツの大都市では、特定のトルコ語の形式、あるいはトルコ系の若者が話すことばの形式が、若者にとっては威信あるものへと発展」(Keim 2002: 233)していった。ただしここで述べられている「トルコ系移民の若者が話すことば」の内実は、メディアを通してステレオタイプ化されている部分もあり、現実に話されていることばと必ずしも一致していたわけではない。

3. トルコ系移民第三世代が話すドイツ語

3.1 トルコ系移民の言語使用に関する調査

　トルコ系移民の第三世代に該当する若者は、2.2で述べたように、両親や祖父母の世代と比較して教育水準を上げてきている。では第三世代は、日常生活においてどのような言語使用を行っているのだろうか。トルコ系移民の言語使用については林(2001, 2003, 2008a, 2008b)がすでに、2000年12月18日から2001年1月9日にかけて調査している。林はベルリンのクロイツベルク地区にある、基礎学校と中等学校までの13年間を一貫した総合学校(Gesamtschule)で、116名のトルコ系の生徒を対象にアンケート調査を行った。このアンケートの目的は、トルコ系移民の生徒の「言語能力に関する自己評価」(林 2003: 39)を明らかにすることである。林調査では、日常生活においてトルコとのつながりが弱い生徒ほど逆に、トルコ語に強いこだわりを持つ可能性があることが明らかとなった。そのため林は、「ドイツ社会への順応が進みトルコとのつながりが薄れることが、かえってトルコ語への関心を喚起することになると解釈することができるだろう」(林 2003: 41)としている。

　林調査を踏まえ筆者は、林調査から12年が経過した2013年3月8日から19日にかけて、ドイツの5都市(ベルリン、ハンブルク、ケルン、マンハイム、ルートヴィヒスハーフェン・アム・ライン)でトルコ系移民第三世代の若者を対象としたアンケート調査を行った。この調査は、林調査のあとトルコ系移民第三世代の若者の言語使用に違いが見受けられるか、また違いが観察できた場合、どのような意識が働いているのかを明らかにすることを目的

とした。対象は基幹学校、実科学校、ギムナジウムそして総合学校に通う、12歳から23歳のトルコ系の男女計50名である（うち、分析可能な有効回答は30名）。本調査は、日本の学童保育にあたる青少年センターへ赴き、各都市のセンターで行った。

次の表1は、アンケート回答者の性別と年齢の内訳である。アンケート用紙は林調査と同様に、ドイツ語とトルコ語の二言語を用意し、回答者が選択できるようにした。まず注目したいのが、アンケートの選択言語である。林調査では116名の対象者のうち、半数を超える62名がトルコ語のアンケート用紙を選んだが、今回の調査では、トルコ語のアンケート用紙を選んだのは1名のみであった。すなわち両調査の範囲内においては、この12年のあいだにドイツ語のアンケート用紙で回答する者が大幅に増えている。

表1: アンケート回答者数（N＝人数）

年齢	女性 N	%	男性 N	%	合計 N	%
12歳	0	0.0%	3	100.0%	3	100.0%
13歳	4	80.0%	1	20.0%	5	100.0%
14歳	2	25.0%	6	75.0%	8	100.0%
15歳	2	100.0%	0	0.0%	2	100.0%
16歳	0	0.0%	3	100.0%	3	100.0%
17歳	0	0.0%	3	100.0%	3	100.0%
18歳	1	20.0%	4	80.0%	5	100.0%
23歳	0	0.0%	1	100.0%	1	100.0%
合計	9	30.0%	21	70.0%	30	100.0%

3.2 家族に対する言語使用

続いて調査したのは、トルコ系移民第三世代の若者が家族に対して使用する言語である。回答者は、「トルコ語のみ」、「どちらかというとトルコ語」、「トルコ語とドイツ語半々」、「どちらかというとドイツ語」、「ドイツ語のみ」の5択から、使用する言語の頻度を答えることができる。

図3からわかるように、話す相手の世代が高ければ高いほど、トルコ語の使用頻度が高いことがわかった。例えば話し相手が祖父母の場合は、回答者

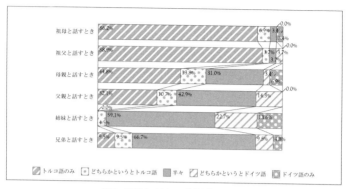

図3: 家族に対して使用する言語

　の8割強が「トルコ語のみ」を使用している。それに対して回答者が両親、とりわけ父親と話すときは、「トルコ語のみ」および「どちらかというとトルコ語」を選択する者は、半数以下である。そして兄弟姉妹と会話をする際は、トルコ語とドイツ語「半々」を使用すると回答した者が6割ほどという結果になった。

　この結果を林調査と比較してみると、興味深い違いが観察される。(林調査では「祖父母」と話すときの言語使用について質問していないため、「父親」、「母親」、「兄弟」と「姉妹」の4項目で比較が可能である。)話し相手が「姉妹」の場合に、トルコ語を使用する割合が林調査の24.1%から4.5%へと減少し、その代わりにドイツ語の使用が16%から36.3%へと増加している。

　さらに筆者による調査の回答者を男女別に分けて言語使用を分析すると、第三世代の女性の方が第三世代の男性よりもドイツ語を頻繁に使用していることがわかった。このことは、女性の方が教育水準が高いことと関連している可能性がある。次の図4は、過去3年間にギムナジウム、実科学校、基幹学校へ通ったトルコ籍の生徒の割合を、男女別に分けたものである。パーセンテージの下に、それぞれの学校に通う生徒の実数を示した。年々男子生徒が女子生徒に近づいてきているとは言え、過去3年間についてはどの年度も、女子生徒の方がギムナジウムへ進学する割合が高く、さらに基幹学校へ通う割合が低い。

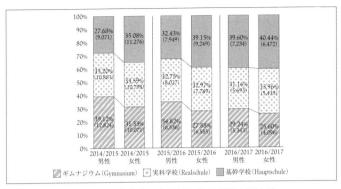

図4: トルコ籍生徒の各学校における数と男女比
（2014/2015年度 - 2016/2017年度）
（Statistisches Bundesamt 2015、2016、2017aに基づき筆者作成）

3.3 家族以外の人物に対する言語使用

第三世代の若者は家族以外の人物に対しては、どのような言語使用を行っているのであろうか。（この調査項目は林調査には存在しないが、家族以外の人物に対する言語使用を観察することで、第三世代が言語を使い分ける際にどのような意識が働いているのかを考察するために設けた。）

まず注目すべきは、「親戚」と「トルコ系の友達/知り合い」が話し相手の場合である。この2項目は、話し相手の年齢が回答者よりも上か下かによって区別した。図5からわかるのは、親戚を相手に話す際も、トルコ系の友人あるいは知人と話す際も、年齢が回答者よりも上であるほどトルコ語の使用が増加するという点である。

「年上の親戚と話すとき」と「年下の親戚と話すとき」では、年上の親戚と話す際の方が「トルコ語のみ」を使用すると回答した者が37.9%多い。特に相手が年上の親戚の場合、もっとも多く使用されるのは「トルコ語のみ」である。続いて「年上のトルコ系の友達/知り合いと話すとき」と「年下のトルコ系の友達/知り合いと話すとき」を比較すると、やはり相手が年上の場合の方が「トルコ語のみ」を使用する者が7.1%多い。さらに友人あるいは知人が年下の場合、年上のときよりも「どちらかというとドイツ語」を使用する者が7.1%多くなっている。

回答者が家族以外に対して使用する言語をもとに、社会的距離という観点

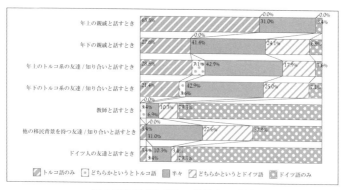

図5: 家族以外に対して使用する言語

から言語の使い分けについて分析を進めたい。図5のなかから「親戚」、「友人/知人」と「教師」という社会的距離の異なる3項目を取り出す。アンケートの回答者が、相関的に見て「親戚」と「友人/知人」、そして「教師」のうち誰に対して、よりトルコ語、あるいはドイツ語を使用しているのかを、図6に散布図として示した。図上の記号説明については、図の右に記した。

　話し相手がVerwandte（トルコ系の親戚）の場合に、散布図上でもっとも近い位置にある項目はTT（トルコ語のみ）である。このことから、「親戚」、「友人/知人」、「教師」を比較した際に、話し相手が「親戚」であるときに回答者がもっとも「トルコ語のみ」を使用していることがわかる。次いで話し相手がFreunde（トルコ系の友人/知人）の場合、TD（トルコ語とドイツ語半々）を使用する割合が相関的に見てもっとも高いことがわかる。散布図の中央左にある項目はLehrer（教師）であるが、そこにDD（ドイツ語のみ）が重なっていることから、回答者は相手が「教師」の場合にもっとも「ドイツ語のみ」を使用していることがわかる。このことから、回答者にとって社会的距離が近ければ近いほどトルコ語を選択し、社会的距離が遠くなるとよりドイツ語を使用することが確認できる。

　以上のように、今回調査対象とした第三世代の場合、12年前の林調査が対象とした生徒と比較して、全般としてドイツ語の使用頻度が高まっていることがわかった。その一因としては、教育水準向上、さらには若い女性のド

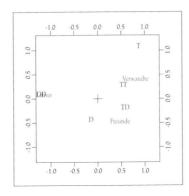

図6: 親戚、友人／知人、教師に対する使用言語

イツ語運用能力の向上が考えられる。続いて、第三世代の若者は日常生活において、話し相手との社会的距離の遠近差によりドイツ語とトルコ語の使い分けを行っていることも明らかになった。これは、使い分けに必要となる言語運用能力が第三世代の若者に備わってきていることの裏付けとも言えるだろう。

4. トルコ系移民が話すドイツ語とドイツ社会

4.1 現代社会が抱くトルコ系移民のドイツ語に関するイメージ

トルコ系移民が話すドイツ語について、ドイツ社会は現在どのような意識を持っているのだろうか。本節では、トルコ系移民のドイツ語に関して書かれたオンライン記事にメディア受容者が寄せたコメントと、トルコ系移民のドイツ語に関してTwitter上で書き込まれた発言を分析することによって、ドイツ社会がトルコ系移民のドイツ語に関して抱くイメージを(あくまでオンラインで観察できる意見に限定してではあるが)明らかにしたい。2006年から2016年の過去10年間に発信されたコメントと発言を調査してみた。

4.2 概念の多様化

まず記しておきたいのは、トルコ系移民が話すドイツ語を指す概念が複雑

化しているという点である。2.3で述べたように、第一世代の外国人労働者が話すドイツ語は、「外国人労働者のドイツ語」と呼ばれてきた。また1980年代には、トルコ系移民が話すドイツ語に対して「トルコ人のドイツ語（Türkendeutsch）」という名称も生まれている。さらにザイモグルが生み出した「カナーケのことば」という概念は、トルコ系移民が自らのアイデンティティとして使用してきた。しかしその一方で、2000年代にコメディ番組等でトルコ系移民が話すステレオタイプ化されたことばの代名詞としても用いられ、意味の多様化が生じている。さらにトルコ系移民のドイツ語は、「ゲットーのドイツ語（Ghettodeutsch）」と呼ばれることもある。トルコ系移民が話すドイツ語に関わるもっとも新しい名称は、Kiezdeutschである。これは、Heike Wieseが2012年に、ネガティブな意味を内包するKiez「怪しげな地区」という語を用いて、『怪しげな地区のドイツ語―新たな方言の誕生』（Kiezdeutsch: Ein neuer Dialekt entsteht）を公刊したものによる。ただしWieseは、この概念には移民の言語という側面だけでなく、若者ことばという側面もあると捉えている。そのため、この概念は、トルコ系移民のドイツ語を一義的に指すわけではない。

　上に挙げたようなさまざまな名称・概念がトルコ系移民の話すドイツ語に関わり使用され続け、メディアに見られる。

4.3　ドイツ人が与える評価

　次に示す図7は、「外国人労働者のドイツ語」、「ゲットーのドイツ語」、「トルコ人のドイツ語」、「カナーケのことば」、「怪しげな地区のドイツ語」という名称がTwitter上でつぶやかれた数の推移である。

　筆者の調査した期間でもっとも古い発言は、「カナーケのことば」に関する2008年のものであった。2009年になると「外国人労働者のドイツ語」以外の名称を用いた発言が見られるようになり、その発言数も、2016年まで大幅に減少することなく使用され続けている。2012年に「怪しげな地区のドイツ語」を用いた発言数が大幅に増加したのは、同年にWieseが『怪しげな地区のドイツ語―新たな方言の誕生』を公刊したからである。

　オンライン記事に寄せられた読者の投稿、さらにTwitter上での発言を内容

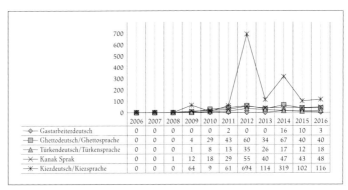

図7: トルコ系移民が話すドイツ語に関する名称の登場頻度(Twitter)

ごとに分類したところ、大きく分けて2つの傾向が見られた。いくつか例示しながら、傾向ごとに観察していこう。

まずはトルコ系移民のドイツ語を若者ことばとして捉え、擁護する立場である。

(1) Junge Menschen haben sich doch immer schon ihre eigene Sprache geschaffen. Nur so, aus Spaß. Heutzutage unter Einfluß der türkischen Mitbürger. Wo ist das Problem? (2008年3月25日, Focus Schule Online)
若者たちは、これまでも常に独自のことばをつくってきた。ただ単に、面白くしようとして。そして今は、トルコ人同胞の影響を受けているというだけのこと。それのどこが問題でしょう。

(2) Ich (21) habe, als ich 15/16 war, auch „Kiezdeutsch" geredet und tue dass [sic] heute nicht mehr. Es hat weder etwas damit zu tun, dass Jugendliche Rebellen sind oder einfach nur Dumm [sic] sind. Es dient nur der schnellen Kommunikation und macht Spaß, genau wie Chat-Sprachen (lol, btw etc...), mehr nicht. (2008年3月25日, Focus Schule Online)
私(21歳)も15、16歳のときに「怪しげな地区のドイツ語」を話していたけれど、今はもう話しはしない。このドイツ語を話すからといって、

若者が反逆者であるとかお馬鹿であるというわけではない。ただ、チャットのことば(lolやbtw、etc)と同じように、素早いコミュニケーションに役立つし、面白いから話すだけのこと。それ以上のことではない。

　ここで投稿者は、トルコ系移民の話すことばがドイツ社会から「反逆者」や「愚か」と見なされていると考えた上で、トルコ系移民のことばを擁護している。好意的に評価している人たちは、批判されがちなトルコ系移民のドイツ語の、どの時代にも見られるような若者ことば的な側面に着目している。その上で創造性や楽しさについて述べ、コードのスイッチングが可能である限り、このようなことばを話すこと自体は問題がないとしている。
　一方でもうひとつの傾向として見られたのは、無教養さと結びつける考え方である。

(3) Ich will ja nicht rassistisch klingen, aber iwie [sic] stempel ich Leute [sic] die Türkendeutsch sprechen [sic] instant als dumm ab.（2014年4月26日 Twitter）
人種差別的だと思われたくないが、トルコ人のドイツ語を話す人に対して私はなにげなく、愚かだという烙印を押してしまう。

(4) Spätestens wenn es zu einem Vorstellungsgespräch bei einem Arbeitgeber kommt, wird sich diese Art der Kommunikation nicht durchsetzen. Wer sich also die Frage stellt [sic] warum er keinen Job bekommt, sollte vielleicht mal an seine Ausdrucksweise feilen. Spätestens hier ist schluss [sic] mit Assijargon.（2008年3月25日 Focus Schule Online）
就職面接をすることになったときには、このようなコミュニケーションの仕方は通らなくなるでしょう。就職がうまくできない人は、自分のことばの表現の仕方に磨きをかけるべきでしょう。遅くともこの段階になったら、このような反社会的な隠語を話すのは終わりにすべきでしょう。

　まず(3)では、トルコ系移民のドイツ語が無教養さと結びつけて考えられている。(4)においても、人生のある段階に至るまでには、トルコ系移民のド

イツ語のような話し方をやめることが重要だと述べている。ただしこの(4)で重要なのは、投稿者が、この種のドイツ語の話者をトルコ系移民と限定してはおらず、ドイツ人もこのようなことばの話者として想定していることである。

　トルコ系移民が話すドイツ語は、今やドイツ人の若者からも、若者ことばとして部分的に受容されている。しかしここで受容されていることばを、トルコ系移民全体が話すドイツ語と同一視することはできない。ドイツ社会においてトルコ系移民が話すドイツ語と認知されている言語は、ステレオタイプ化されたものであることが多いからである。2000年代に流行したコメディ番組などでは、トルコ系移民のドイツ語が誇張され、ステレオタイプ化されて描写されることが多くあった。トルコ系移民の側に目を移すと、大都市圏のトルコ系移民共同体で生活する人の場合に、ドイツ語運用能力を十分に有さないトルコ系移民がいるのは事実であるが、トルコ系移民第三世代の若者のなかには、十分なドイツ語運用能力を有しながらも、ステレオタイプ化されたトルコ系移民のドイツ語を意図的に使用している例があるのも事実である。

5. まとめ

　外国人労働者として渡独した第一世代のトルコ系移民は、ドイツ社会から「無教養で単純」な人間であるという印象を持たれていた。しかし今ではトルコ系移民も、第二世代、第三世代、さらには第四世代まで続いているなかで、若い世代の教育水準は年々上昇し、また第三世代に関しては、ドイツ語の使用率も上がり、話し相手との社会的距離に応じ、ドイツ語とトルコ語の使い分けが行われている。

　ドイツ社会がトルコ系移民の話すドイツ語に与える評価については、両極化が起こっている。若者ことばとして受容して評価をする人々がいる一方で、特定の社会層に属するトルコ系移民が話すドイツ語を一般化して、トルコ系移民全体がブロークンなドイツ語しか話せないかのようなイメージを持ち続ける人も見られる。また、TVメディアなどを通してステレオタイプ化された

トルコ系移民のドイツ語を、現実世界のトルコ系移民が話すドイツ語と同一視をする人々もいる。このようなステレオタイプをいったん取り外し、トルコ系移民の言語使用を言語の多様さと捉えることが、トルコ系移民に対する理解に繋がると、筆者は考える。

資料　Statistisches Bundesamt.（2012）*Bildung und Kultur: Allgemeinbildende Schulen: Schuljahr 2011/2012*. Wiesbaden: Statistisches Bundesamt.

Statistisches Bundesamt.（2013）*Bildung und Kultur: Allgemeinbildende Schulen: Schuljahr 2012/2013*. Wiesbaden: Statistisches Bundesamt.

Statistisches Bundesamt.（2014）*Bildung und Kultur: Allgemeinbildende Schulen: Schuljahr 2013/2014*. Wiesbaden: Statistisches Bundesamt.

Statistisches Bundesamt.（2015）*Bildung und Kultur: Allgemeinbildende Schulen: Schuljahr 2014/2015*. Wiesbaden: Statistisches Bundesamt.

Statistisches Bundesamt.（2016）*Bildung und Kultur: Allgemeinbildende Schulen: Schuljahr 2015/2016*. Wiesbaden: Statistisches Bundesamt.

Statistisches Bundesamt.（2017a）*Bildung und Kultur: Allgemeinbildende Schulen: Schuljahr 2016/2017*. Wiesbaden: Statistisches Bundesamt.

Statistisches Bundesamt.（2017b）*Bevölkerung und Erwerbstätigkeit: Ausländische Bevölkerung: Ergebnisse des Ausländerzentralregisters*. Wiesbaden: Statistisches Bundesamt.

Statistisches Bundesamt.（2017c）*Bevölkerung und Erwerbstätigkeit: Bevölkerung mit Migrationshintergrund: Ergebnisse des Mikrozensus 2016*. Wiesbaden: Statistisches Bundesamt.

参考文献　Androutsopoulos, Jannis.（2001）„Ultra korregd Alder!": Zur medialen Stilisierung und Popularisierung von 'Türkendeutsch'. *Deutsche Sprache 4/2001*: pp. 321-339.

Drosdowski, Günther.（1976）*DUDEN Das große Wörterbuch der deutschen Sprache in sechs Bänden. Band 4*. Mannheim & Wien & Zürich: Dudenverlag.

Dirim, İnci & Auer, Peter.（2004）*Türkisch sprechen nicht nur die Türken: Über die Unschärfebeziehung zwischen Sprache und Ethnie in Deutschland*. Berlin & New York: Walter de Gruyter.

林徹（2001）「トルコ語ドイツ語二言語使用の少年少女たちが「夢の中で話す言語」」『東京大学言語学論集』20: pp. 347-364

林徹（2003）「ふたつの祖国」『月刊言語』32（6）: pp. 36-42. 大修館書店

林徹（2008a）「ベルリンのトルコ語」『月刊言語』37（4）: pp. 98-102. 大修館書店

林徹（2008b）「交差することば、葛藤する人々」GCOE セミナー『コンフリクトの人文学』（2008年3月8日開催）の配布資料

Keim, Inken. (1978) *Gastarbeiterdeutsch: Untersuchungen zum sprachlichen Verhalten türkischer Gastarbeiter: Pilotstudie.* Tübingen: Gunter Narr Verlag.

Keim, Inken. (2002) Sozial-kulturelle Selbstdefinition und sozialer Stil: Junge Deutsch-Türkinnen im Gespräch. In Keim, Inken & Schütte, Wilfried (Hrsg.) *Soziale Welten und kommunikative Stile: Festschrift für Werner Kallmeyer zum 60. Geburtstag.* Tübingen: G. Narr, pp. 233–259.

Keim, Inken. (2007) *Die „türkischen Powergirls": Lebenswelt und kommunikativer Stil einer Migrantinnengruppe in Mannheim.* Tübingen: G. Narr.

田中翔太（2012）「民族性を脱したトルコ系移民のドイツ語―その認知過程における言語学者とメディアの役割をめぐって」『学習院大学ドイツ文学会研究論集』16: pp. 81-103.

田中翔太（2015）「現代ドイツにおけるトルコ系移民の言語意識―若者の声を聞いてみて」『学習院大学ドイツ文学会研究論集』19: pp. 163-198.

ヴァルラフ, ギュンター　シェーンネック, マサコ訳（1987）『最底辺 Ganz unten―トルコ人に変身して見た祖国・西ドイツ』岩波書店（Wallraff, Günter. (1985) *Ganz unten.* Köln; Kiepenheuer & Witsch.）

Wiese, Heike. (2012) *Kiezdeutsch: Ein neuer Dialekt entsteht.* München: Verlag C.H.Beck.

Zaimoglu, Feridun. (1995) *Kanak Sprak: 24 Mißtöne vom Rande der Gesellschaft.* Berlin: Rotbuch Verlag.

文献解題

İnci Dirim & Peter Auer. (2004) *Türkisch sprechen nicht nur die Türken: Über die Unschärfebeziehung zwischen Sprache und Ethnie in Deutschland.* Berlin & New York: Walter de Gruyter.

「トルコ語はトルコ人だけが話すものではない」というタイトルの通り、本来トルコ系移民が話すものとされたドイツ語の変種が、現在はトルコ以外の背景を持つ人物からも使用されているのではないかという問題提起のもと、論を展開している。また、トルコ系移民が話すドイツ語に付随するイメージの変遷を通時的に追い、各段階でドイツ社会にどのような受容のされ方をしていたのかを観察している。

1997年から2000年にかけて著者たちがハンブルクで収集した多民族からなる若者のグループを対象としたインタビューデータをもとに、言語的特徴の傾向性を読み取っている。さらに文化意味論の観点から、トルコの移民背景を持たない若者がトルコ語を習得する動機を、アイデンティティ行為と関連づけて述べている。

林徹（2003）「ふたつの祖国」『月刊言語』32（6）: pp. 36–42. 大修館書店

　本論文は、林が2001年にトルコ系移民の第三世代を対象に実施したアンケート調査を軸に書かれている。社会言語学の分野において、ドイツに暮らすトルコ系移民の言語使用に迫ったアンケート調査の先駆的な論文である。トルコ系移民が多く暮らすベルリンのクロイツベルク地区にある総合学校で、「言語能力に関する自己評価」という観点のもとアンケートを実施している。アンケートの内容は大きく分けて、日常生活とトルコとの関わり、日常生活における言語使用、個別の状況ごとにおける言語使用の3点から構成されており、本論文ではそのなかでも回答者と「祖国」の関係性に着目して論じている。同調査を通し林は、「ドイツ社会への順応が進みトルコとのつながりが薄れることが、かえってトルコ語への関心を喚起することになると解釈することができるだろう」と総括している。

Heike Wiese. (2012) *Kiezdeutsch: Ein neuer Dialekt entsteht.* München: Verlag C.H.Beck.

　本書のタイトルにもあるKiezdeutschとは、著者であるWieseが提唱した新概念である。2012年にWieseが発表した本書は、言語学者や読者のあいだで議論を巻き起こした。Wieseがこの変種を、トルコ、アラビア、クルド等の背景を持つ若者とドイツ人の若者が共生する都市部で形成された、ひとつの「方言」と位置づけたためである。Wieseは本書でベルリンの二つの地域（多民族が生活する地域と比較的単一民族的な地域）で収集した談話データをもとにKiezdeutschの言語的特徴を抽出し、Kiezdeutschの文法に「革新性」が見られると唱えている。さらに、一般社会において批判されがちなこの言語変種に、普遍性が内在しており、またドイツ語を豊かにする可能性もあると述べた。この点も、賛否両論を起こした。

コラム　　ヨーロッパの移民をめぐる言語状況

　現代ドイツのトルコ系移民をめぐる言語状況について執筆したが、実は同じような現象が、ドイツ以外のヨーロッパの国々でも起こっている。ヨーロッパの国々に移住した移民のなかでも、特に若者世代の話すことばが、移民背景を持たない若者から受容されるという現象である。このような現象はすでに1990年代から、スウェーデンやノルウェー、オランダ、デンマーク、イギリスなどで、言語学者によって観察されている。

　移民の若者が話すことばが土着の若者に受容される際に、いくつかの共通パターンがある。まずひとつは、都市部の移民が多い地区に暮らす移民背景を持たない若者たちが、移民の話すことばを受容するのである。移民の若者と日常的に接することにより、移民背景を持たない若者のことばに特定の「民族性」が薄れた、多様な言語の要素が混合していく。移民背景のない、その土地の若者は、若者としてのアイデンティティを示すために、このことばを使用する。

　そしてもうひとつが、日常生活で移民とほとんど接点がない移民背景のない若者が、移民の話すことばを模倣して用いる場合のことである。この場合、模倣する側の若者は、移民が話すことばに関して限定的な知識しか持っていないため、ステレオタイプ化された特定の言い回ししか話せない。彼らが模倣する目的は、移民が持つ「タフさ」や「攻撃的」なイメージをポジティブに評価し、その雰囲気を自らに演出することである。しかしその一方で、移民の人種背景をネガティブに評価し、揶揄するために模倣するという事例も確認できる。つまり移民の話すことばが受容される際、移民背景を持たない若者たちには、移民の話すことばに対する肯定的な評価と否定的な評価とが並存している。

第 9 章

難民・移民をめぐるコミュニケーション
「対抗する談話」構築のための予備的考察

野呂香代子

1. はじめに―対抗する談話とは何か

　連邦移民難民庁(Bundesamt für Migranten und Flüchtlinge)の 2017 年 8 月の報告書[*1]によると、ドイツにおける難民の庇護申請者数はシリア戦争勃発の 2011 年は、53,347 人であったのに対し、2014 年は 202,834 人、2015 年は 476,649 人、2016 年は 745,545 人と急増している。貧相なボートに詰め込まれてようやく着岸する様子や線路を歩き続ける大勢の難民の姿は誰もがメディアで目にしたことであろう。この膨大な数の難民受け入れに対する政策を巡り、ヨーロッパ各国の調整は困難を極めている。難民受け入れは、現在進行中の問題であり、自分の町やその周辺の身近な出来事なのである。難民の急増は右翼政党や団体を勢いづける。2017 年 9 月 24 日に行われた総選挙では、いわゆる右翼ポピュリスト政党である AfD（ドイツのための選択肢）が第 3 党となった。難民・移民の排除を大衆に訴える政党の発する言葉に同調する人が増え、そのような言葉を口にしていい土壌ができれば難民や移民に対する差別や暴力などの勢いが増すのではないかと危惧される。

　本章では、難民・移民を排除しようとする側の談話とそれに対抗する談話の特徴を描きたい。そうすることで、日々の生活の中で対抗する談話を構築する可能性について考察したい。

　「対抗する談話(Gegendiskurs)」とは何か。ドイツでフーコー派の批判的談話分析[*2]を行う Jäger & Zimmermann (2010: 57) は以下のように定義している。

社会的に議論になりやすいテーマを扱い、批判を加えることで、支配的な談話を批判する談話をさす。つまり、支配的な談話に対し抵抗しようとするものである。また、支配者側から、またその利となるように歴史を捉える歴史編纂にも対抗する。歴史的な対抗する談話は、常に、そうした歴史編纂が都合よく取り込んだ情報源と出来事を調べようとする。
（後略）（筆者訳）

　このように「対抗する談話」は、支配的な談話に批判的なまなざしを向け、それを分析し、可視化し、それに異議を唱えるものである。筆者はこれまで社会的に問題となっている事象——具体的には原発関係と改憲——に対する「官」や「メディア」の談話に注目してきた[*3]。そこで用いられる日本語は、対話を拒みながら、読み手をある一定の方向に誘導するものであった。市民の意見を排除しようとする権力側からの談話は、使用された言語的手段から見て「閉じられた談話」と呼ぶことができる。制限された論理構造や論拠、言葉を用いて、その中をぐるぐる回るような談話である。そのような談話に対抗する「開かれた談話」、つまり、人の創造力／想像力を駆り立て、言葉のもつ豊かさや生命を感じさせるような「対抗する談話」[*4]の可能性を探るのが筆者の福島原発事故以降の大きなテーマである。これは日本のコンテクストの中で、「官」や「メディア」といった権力者側に対する市民側の対抗する談話について考察しようとするものである。

　本章では、ドイツのコンテクストで難民・移民をテーマとした二つの談話を見ていく。支配的な談話として扱うのは、右翼ポピュリスト政党の談話である。ポピュリズムは市民を必要とする。「私たち」の世界を築くため市民を取り込もうとし、その一方で「私たち」以外を排除しようとする。

　右翼ポピュリズムに対抗する談話として「官」の言葉を取り上げる。これは、日本の事情と大きく異なる。野呂（2015a）では、福島原発事故後の原発問題を取り上げ、「官」の作成した小学生に対する原発関連の教材を資料に、支配的な談話を分析した。そのため、ドイツの行政が難民・移民という大きな政治、社会問題に対し、特に青少年たちにどのような教材を与えているのかということに関心を抱いた。やはり、原発関連の教育と同様に、行政の支

配的な態度が一定の言葉や制度となって表れているのではないかと考えたからである。

　実はこれが本来のきっかけだったのだが、以下で述べるドイツの「政治教育(politische Bildung)」(英語では「education for democratic citizenship (民主的シティズンシップ教育)」と訳される[*5])の動きを知るにつけ、「官」の談話を、権力側に立つ談話として安易に「支配的な談話」と位置づけることができないことがわかってきた。本章においては難民・移民を排除しようとする右翼ポピュリズムに対抗する談話として「官」の談話を位置づけ、分析してみようと思う。

　そこで、以下では、難民・移民に対する姿勢が明らかに異なる二つの談話——難民・移民を排除しようとする談話と包摂しようとする談話——を比較することで、先に述べた「閉じられた談話」と「開かれた談話」の特徴をいくつか観察したいと思う。

　これは、ドイツ語のテクストを使ってその特徴を対比するという、筆者にとっては初めての小さな試みである。扱う資料は、AfDの選挙綱領の移民をテーマにした部分の最初の節と、州立政治教育センターから出版された、難民・移民に関する青少年向け解説書の序の部分である。二つの資料は、選挙運動という目的と政治教育という目的から言えば、また読者層から見ても単純に比較対照できるものではない。しかし、両者とも扱うテーマが同じだけでなく、それぞれの立場から読者に向かってそのテーマについて訴えかけるものであるため、資料の目的や読者層を超えて、それぞれの特徴が浮き彫りになるのではないかと考えた。

　2節では、まず、難民・移民の定義を簡単に確認し、右翼ポピュリズムの特徴を挙げる。それから、右翼ポピュリスト政党AfDの動きについて概観した後、選挙綱領で述べられた難民・移民に関するテクストの特徴を示す。3節では、ドイツの政治教育一般と連邦政治教育センターおよび州政治教育センターについて簡潔に述べ、同様のテーマを扱う青少年向け解説書を分析する。AfDの選挙綱領における談話と比較し、それぞれの特徴を明らかにする。最後に、対抗する談話の可能性について述べたい。

2. 右翼ポピュリスト政党の談話

2.1 難民・移民

　まず、「難民(Flüchtling)」「移民(Migrantin/Migrant)」の定義を簡単に見ておきたい。国際法上で言うと、「難民」は、戦争、内戦、迫害、自然災害等で肉体的あるいは生命の危機から国外への逃亡を余儀なくされた人々を指す。ドイツ語ではFlüchtlingの語尾の -ling に軽蔑的な意味合いが含まれるため、批判的に見られることがあり、Geflüchteterという語が代わりに用いられることがあるが、Flüchtlingは法律上も用いられ、歴史的な意味を持つ。

　「移民」は、職を求めるなど経済上の理由であれどのような理由であれ、自分の意志で故郷を去った人を指す。しかし、今日、亡命(Flucht)と移住(Migration)の原因や動機は多様で両者を明確に分けることが困難なため、混合移住Mixed Migration (gemischte Migration)という用語が用いられることがある[*6]。本章では、難民・移民と並列して記すことにする。

2.2 右翼ポピュリスト政党

　批判的談話研究、特に右翼談話の研究を行っているルート・ヴォダック(Ruth Wodak)は*The Politics of Fear*（恐怖政治）(2015: 21–22)の中で、ヨーロッパ内外で広がる、右翼ポピュリスト政党に共通する特徴を9つ挙げている。それをまとめると、以下のようになる。

(1) 右翼ポピュリスト政党は移民排斥主義的なイデオロギーに基づく。均質的な「私たち国民」と「彼ら」を設定して、国民に対する救世主として自らを位置づける。
(2) 右翼ポピュリズムは、一つのイデオロギーに基づくのではなく、さまざまな(層を取り込むため、さまざまな[*7])イデオロギーに関連しうる政治的スタイルを持つ。
(3) 右翼ポピュリズムは従来の左翼、右翼の分裂を超え、新たな社会的分断を作り出す。グローバル化に伴う恐怖やそれに続く国家主義と狂信的愛国主義の台頭、財政危機のような深刻な社会的問題に既成政党が対処す

ることに失敗したことなどに関連することが多い。
(4) 右翼ポピュリスト政党は、メディア(新聞やテレビ、また、漫画、ホームページ、ウェブサイト、Facebook、Twitterなどのニューメディア)を大いに利用する。
(5) 右翼ポピュリスト政党は「カリスマ性のある」指導者のイメージを利用する。
(6) 指導的なポピュリストの政治家は、一般大衆に人気がある著名人文化(特に大衆紙や扇動を煽るメディア記事)とリンクしたパフォーマンスの技術を利用する。
(7) 右翼ポピュリスト政党は、反知性主義と無知のおごりと関連し合っている。攻撃的な排除的修辞、常識的で伝統的な価値観への訴えがリンクしている。
(8) 右翼ポピュリスト政党は最近、反イスラム教的修辞やキャンペーンとリンクして、一見解放的に見えるジェンダー政策を支持している。伝統的な家族観が強調される一方で、「女性の自由」を女性のイスラム教徒に向けることで、排除、たとえば、トルコ人移民の排除の修辞と結びつく。
(9) 野党におけるポピュリストのスタイルや修辞と、政府与党におけるそれらとの間には、大きな違いがある。選挙で選ばれ、与党入りしても、経験不足や方針、戦略、能力の欠如から、勢力を維持し、生き残れる右翼ポピュリスト政党はほとんどない。

　これらの特徴のうちの数点が、明確な形で以下のAfDの選挙綱領の中にも現れていた。

2.3　AfDの選挙綱領

　AfDの正式名はAlternative für Deutschland（ドイツのための選択肢）で、2013年に設立された右翼ポピュリスト政党[8]である（→第6章参照）。その党が2017年9月24日の総選挙でFDP（自由民主党）やBündnis 90/Die Grünen（同盟90／緑の党）、Die Linke（左派党）を抜いて第3党になった。2大政党である、メルケル首相率いるCDU（キリスト教民主同盟）も1949年以来の、シュ

ルツ率いる SPD（社会民主党）も党史上初の大幅な落ち込みとなった[*9]。AfD の第3党への躍進はそれと表裏一体となって生じた出来事であった。AfD が「難民・移民」排斥をその指針としているのはおおよそ予想されるし、選挙ポスターを見ても明らかである[*10]。たとえば、選挙のポスターの一つには、妊婦が大きなお腹を出して草原かどこかで寝転んでいる写真に「„Neue Deusche?" Machen wir selber.（新しいドイツ人が必要？　それなら私たちが自分で作ります）」というテキストが添えられている。これは、少子化に悩むドイツが移民による人口増ではなく、家族政策の改革により人口を増やそうという主張である。この時の wir（私たち）は現在のドイツに住んでいるドイツ人を指すものであろうが、無論現実の移民国家であるドイツではなく、2.2 の(1) で見た、漠然とした均質的な国民を想定したものであろう。一方で難民・移民を排斥し、もう一方で「ドイツ」の女性に妊娠を迫るものであり、2.2 (7) の攻撃的な排除的言辞と伝統的な価値とのリンクと言えよう。もう一つの極端なポスターも紹介したい。海辺を歩くお尻の一部が大きく出た露出度の高いビキニを身に着けた二人の女性の後ろ姿に「„Burkas?" Wir steh'n auf Bikinis.（ブルカ[*11]？　ビキニの方がずっといい）」というあからさまな、イスラム文化を排除しようとするテキストが載っている。2.2の(8)で述べられているジェンダー政策とイスラム文化排斥がリンクしたものである。

　本節では、AfD の選挙綱領における「難民・移民」に関するテクストを観察の対象とする。2017 年の総選挙の選挙綱領 „Programm für Deutschland: Kurzfassung des Wahlprogramms der Alternative für Deutschland für die Wahl zum Deutschen Bundestag am 24.09.2017"（ドイツのための綱領：2017年9月24日のドイツ総選挙のための、ドイツのための選択肢の選挙綱領要旨）[*12] は14のテーマに分かれており、5番目のテーマが「Zuwanderung und Asyl（移民と庇護）」で、難民・移民関係が扱われている。その最初の節を分析の対象とする（資料1）。今回の小さな試みではフーコー派の批判的談話分析の詳細分析のガイドライン[*13] に示された言語的、修辞的手段の中の、主に「登場人物（人物、代名詞の使われ方）」、そして地名を中心に観察したい。

〔資料1〕

	5.1 Afrika kann nicht in Europa gerettet werden.	ヨーロッパの中でアフリカを救うことはできない。
①	Die Zukunft Deutschlands und Europas muss langfristig gesichert werden. Wir wollen unseren Nachkommen ein Land hinterlassen, das noch als unser Deutschland erkennbar ist.	ドイツとヨーロッパの将来は長期的に保障されなければなりません。私たちは私たちの子孫に、まだ私たちのドイツと認められる国を残したいです。
②	Während die europäische Bevölkerung überaltert und schrumpft, explodiert die Bevölkerungszahl in Afrika und den arabisch-muslimischen Ländern. Bis 2050 wird sich Prognosen zufolge die Bevölkerung Afrikas, einschließlich aller arabischen Länder, auf 2,4 Milliarden verdoppeln. Europas Bevölkerung hingegen wird sich im gleichen Zeitraum um etwa 50 auf dann ca. 540 Millionen Menschen verringern, wovon ein Drittel über 60 Jahre alt sein wird.	ヨーロッパの人口が高齢化し減少している一方、アフリカとアラブ・イスラム諸国家の人口は爆発的に増えています。予測によれば2050年までにアラブ諸国も含めたアフリカの人口は24億人に倍増します。それに対し、ヨーロッパの人口は同じ時期に5000万人減って、約5億4000万人に減少します。そのうち、3分の1は60歳以上になると見られています。
③	Im Verhältnis zu Europa oder Amerika stellt Afrika ein Armenhaus dar. Aus beiden Ursachen – dem Bevölkerungswachstum in Afrika und dem Wohlstandsgefälle zu Europa – entsteht ein gewaltiger Wanderungsdruck, der Dimensionen einer Völkerwanderung hat. In absoluten Zahlen sind dies derzeit rund 350 Millionen wanderungswillige Menschen, überwiegend junge Männer. Bis 2050 sind sich deren Zahl auf rund 950 Millionen erhöhen.	ヨーロッパやアメリカと比べ、アフリカは貧しいです。アフリカにおける人口増とヨーロッパとアフリカの富の格差という二つの原因から民族大移動のような規模の激しい移民圧力が生じています。目下、およそ3億5千万人の、移民しようとする人がおり、特に、若い男性が圧倒的多数を占めています。2050年までにその数字はおよそ9億5千万人に増えるでしょう。
④	Vor diesem Problemhintergrund ist offensichtlich, dass Wanderungsbewegungen von Afrika nach Europa im zu erwartenden Umfang unseren Kontinent in wenigen Jahren destabilisieren können.	このような背景からすると、予想される規模でアフリカからヨーロッパに移民が来たら、私たちの大陸はあと数年で不安定になることは明らかです。
⑤	Die individuellen Schutz- und Asylgarantien im Grundgesetz wurden 1949 für verfolgte Einzelpersonen geschaffen. Sie versprechen unter den heutigen Bedingungen der massenhaften, globalisierten Wanderungsbewegungen Unmögliches. Sie können nicht aufrechterhalten werden.	基本法にある個々人の保護、庇護の保証という考え方は、1949年時点の国を追われた個々人のために作られたものです。それは、現在の、大量のグローバル化した移民の動きという事態では全く対応できません。それらを保証し続けることはもはやできません。

見出しは「ヨーロッパの中でアフリカを救うことはできない」となっており、「アフリカ」と「ヨーロッパ」という地名が対峙しているが、それは、「ヨーロッパ＝私たち」と「アフリカ＝難民＝彼ら」の構図で、難民を排除する姿勢がうかがえる。
　①では、「ドイツとヨーロッパ」がこの受動文において「明示されないどこか」から、守られなければならないとする。ここでは「私たち」が短いテクストに3度登場する。最初の「私たち」はAfDを指すのか、ドイツ人一般をさすのか明白ではない。「私たちの子孫」と「私たちのドイツ」という表現から、ドイツ人一般をさすと推定されるが、難民の流入からドイツを守るという救世主としてのAfDの意志とも読み取れる（2.2の(1)を参照）。「私たちのドイツ」がどのようなものかが何も明白に示されていないにもかかわらず、「私たちが「ドイツ」と認められる国」を子孫に残したいとする。移民国としての現在のドイツの現状を指すものではなく、2.2の(1)で見た、（理念としての）「ドイツ」の均質的な「私たち国民」を設定したもので、漠然とした愛国心に訴えるものであろう。
　②では、「ヨーロッパ」と「アフリカとアラブ・イスラム諸国家」が対比される。見出しでは、「アフリカ」だけが言及されたのに対し、突如「アラブ・イスラム諸国家」が現れる。しかも、地名だけではなく、宗教が地名に添えて現れる。「私たち」と「彼ら」の二項対立の構造の内容は、自在に微妙に変化する[*14]。ここで、読み取れるのは、アフリカからの難民だけではなく、イスラム教徒に対する嫌悪である。一見、難民とは関係のないヨーロッパの抱える少子高齢化の問題が語られるが、アフリカとアラブ・イスラム諸国家の急激な人口増加とヨーロッパの人口減を対比させることで、難民流入とイスラム化への恐怖を煽る③の前座的な役割を果たしていると思われる。また、イスラム教を出すことにより、難民だけでなく、既にドイツ国籍を持つ移民たちもその範疇に入ることになる。現に、この綱領の次の項目では「トルコ人」の法的、社会的優遇を非難している。これは、2.2の(2)に該当するものとも考えられる。つまり、外国人嫌いとイスラム教嫌いという層がうまく重なって、一つのネガティブなイメージが作り上げられていると言えよう。

③では、「アラブ・イスラム諸国家」が消え、新たに「アメリカ」が登場し、「ヨーロッパやアメリカ」が「アフリカ」と対比される。生活レベルの高さやキリスト教文化という点からアメリカが引き合いに出されたのだろうか。ここに現れるのは、「移民しようとする人」、特に「若い男性」とあり、内戦等、政治的、また経済的に移住を強いられる人々という現実の移民の描写が全く抜けている。大量の人がアフリカから自分の意志でやってくる、という像を作りあげることで、どのような感情を読み手に抱かそうとしているのだろうか。少なくとも、難民に対する同情を排除する効果があるだろう。さらに、「特に、若い男性」ということを特記することで生まれる一定の意味合いがある。たとえば、2015年の大晦日にケルン中央駅で起きた集団的な性的暴行事件[15]や2016年のクリスマスマーケットにおけるテロ事件[16]などにより、イスラム系男性とテロや性犯罪がイメージとして結びつけて語られることがメディアでも多いため[17]、そうしたイメージとのリンクが生じるかもしれない。

　④では、再び「アフリカ」と「ヨーロッパ」が対比される。アフリカからの移民が「私たちの大陸」を非常に近い将来に不安定にすると、その脅威を駆り立てているようである。①ではドイツが舞台になっていたが、④においてはヨーロッパ全体が焦点となる。後の⑤においてもドイツのことが語られており、国民国家主義的な捉え方とEU中心主義的な捉え方の混同が興味深い。というのも、2.2の(1)で見るような均質な国民を訴える一方で、ヨーロッパを「私たちの大陸」として、「彼ら」である「アフリカ大陸」と対峙させているからである。

　⑤では、再びドイツに焦点が当たり、第二次世界大戦後の「国を追われた個々人」が現在の大量の難民と対比される。「政治的に迫害されている者は、庇護者を有する」と定めたドイツの基本法16a条は、外国人だけに適用される唯一の基本的人権であり、元来の基本法16条はナチス政権の犯した犯罪に対する反省から制定されたものである[18]。外国人にだけ適用される人権であるため排斥主義の右翼ポピュリスト政党にとっては格好の攻撃対象であるに違いない。

　単に難民の数だけを問題にするのではなく、かつての難民を個人化し、今

の難民を集団化することで、基本法に制定されている庇護権の現実との齟齬を訴えている。基本法に基づく庇護権という難民の基本的人権を否定するとともに基本法の厳格化、つまり、難民排除という措置の提案となっていると考えられる。

以上、二つのカテゴリーの対比を中心に見てきたが、見出しにおいては、アフリカとヨーロッパという地理的対比であったのに対し、テクスト本文においては、まず、「ドイツ的なるもの」の保持が主張され、次に、難民の膨大な数の提示により、それがヨーロッパに対する脅威となっていることが示された。それだけではなく、イスラム教徒に対する排他性や庇護権を認める基本法に対する非難が描写されている。「ドイツ」的なもの、つまり、国民国家を主張すると、論理的帰結としてEUに反対するEU懐疑派となるはずであるが、そうはならず「私たち」と「彼ら」の対立が続く。

このように、対比されるカテゴリーの対象が次々に移っていくにもかかわらず、熟読しなければ、テクストを結束性のあるものと理解してしまうのはなぜだろうか。一つには、終始、二項対立が続く安定した構造が一貫性あるテクストとして捉えられるためであろう。そして、「（ドイツであれヨーロッパであれ）私たち」以外を敵対化し、「私たち」に恐怖を与える「彼ら」を排除しようとする姿勢が貫かれているため、それがテクストに矛盾がないという印象を与えるのではないだろうか。

以下では、政治教育からの談話について見てゆく。

3. 政治教育

ドイツ（そしてオーストリア）の特徴は、「市民教育としての政治教育において政府が極めて積極的な姿勢を示している」（近藤 2015: 15）ということである。連邦レベルでは、連邦政治教育センターが、州レベルでは、州立政治教育センターが置かれている。近藤（2009: 12）によると、戦後は教師たちが政治教育に消極的であり、冷戦下ではイデオロギーの対立が政治教育に分裂をもたらすことになり、その結果、州が保守派か革新派かによって教育内容の根本的に異なる事態を招いたという。それを打開したのがボイテルスバッ

ハ・コンセンサスである。

　1976年にボイテルスバッハという地で政治教育学者が集い、ドイツの政治教育の理念に関する提言をしようと協議した結果、ボイテルスバッハ・コンセンサスという合意に達し、それが現在の政治教育の基本原則となっている。ボイテルスバッハ・コンセンサスは三つの原則に要約される[*19]。

1) 圧倒の禁止
   生徒を、どんなやり方であれ、期待される意見という意味で圧し、それにより、自立した判断の獲得を阻むことは許されない。これはちょうど政治教育と教化の境目ということになる。
2) 学問と政治において論争のある問題は授業においても論争のあるものとして現れなくてはならない。
   1)とも深く関わるが、さまざまな意見が無視されたり、選択肢が提供されなかったり、別の意見に言及されないままであれば、教化への道を進むことになる。
3) 生徒たちは、政治情勢や自身の利害状況が分析できるような状態に導かれなければならない。

　　　また、生徒たちは、自分の利害という意味において依拠する政治的状況に影響を与える手段や方法が模索できるような状態に導かれなければならない。

　こうした原則のもとで活動しているのが国や州が運営する政治教育センターである。活動の目的を一言でいうなら、「民主主義について自ら考える人物を育成するための啓蒙活動」と言えるだろう。

　ベルリンには連邦レベルと州レベルの政治教育センターが置かれているが、連邦政治教育センターの方は職員が約220名、州立連邦政治センターの場合は20名と規模が大きく異なるだけではなく、その役割も異なっているという。連邦政治教育センターは、ヨーロッパ、特に東欧の民主化に力を入れているのに対し、ベルリン州立政治センターはベルリン州内の活動を行ってい

るということである[*20]。

　分析対象は、州立政治教育センターが2017年に発行した、青少年向けの難民や移民に関する解説書 „Nachgefragt: Flucht und Integration" (Schulz-Reiss 2016) である。和訳すると、「よく出る質問：亡命と統合」となろうかと思う。著者、シュルツ＝ライス (Christine Schulz-Reiss) はフリーのジャーナリストで、本書は「よく出る質問」シリーズの一つである。「亡命と統合」の他に、ヨーロッパ、政治、哲学、人権、民主主義がテーマになっている。

　今回は、序の部分だけを分析対象（資料2）とし、資料1同様、登場人物の現れ方に注目する。

〔資料2〕

① Kein Tag ohne Flüchtlinge —und Fragen über Fragen: Woher kommen sie? Und warum? Wollen sie alle zu uns? Hört das nie auf? Und was hat das mit uns zu tun? Mehr als du denkst! Immer wieder gibt es auch schlimme Bilder und Nachrichten: Von Menschen, die verzweifelt oder wütend an Grenzzäumen rütteln. Von Tragödien mit vielen Toten im Mittelmeer oder in Wüsten. Von Anschlägen auf Flüchtlingsheim und nicht enden wollenden Diskussionen darüber, ob und wie wir es schaffen, die Menschen, die schon bei uns sind, und die, die noch kommen werden, zu integrieren. Manche Leute lehnen Fremde grundsätzlich ab und fordern: „Deutschland den Deutschen." Doch wer ist überhaupt ein Deutscher? Andere fragen nicht lange, sondern packen einfach mit an. Vielleicht fliegen ja auch bei euch zu Hause, in der Schule oder im Freundeskreis die Fetzen, sobald es ums Thema Flüchtlinge und Integration geht. Dazu gibt es viele verschiedene Meinungen. Dabei ist das alles nichts Neues: Flucht und Vertreibung gab es schon immer. Sie gehören zur Menschheitsgeschichte - im wahrsten Sinn des Wortes seit Adam und Eva. Immer wieder mussten Men-

難民の来ない日は一日だってない―そして、次々に新たな疑問が生まれます。難民たちはどこから来たの？　どうして？　みんな私たちのところに来たいの？　流れは止まらないの？　それで、私たちにどう関係するの？　あなたが考えているよりずっと関係しています。何度も目にするひどい写真やニュース。絶望して、あるいは、怒り狂って、国境の柵を揺する人たち。地中海で、砂漠で多くの死者を出した悲劇。難民収容所への襲撃。もう私たちのところに来ている人たち、そして、まだ来るだろう人たちを統合できるのか、どうやってできるのかについての終わりそうにない議論。全く外国人を拒絶し、「ドイツはドイツ人のために」と主張する人もいます。でも、そもそもドイツ人って誰でしょう？　中には、ごちゃごちゃ考えないで、すぐに行動して協力する人もいます。難民や統合の話になると、あなたたちの家や学校、友達の間で議論が沸き起こっているかもしれません。この問題に関してはいろいろな意見があります。でも、これら全ては全く新たに起こったことではないのです。亡命と追放は既にずっとありました。それ

schen in Massen ihre Länder verlassen und machten sich auf die Suche nach einer sichereren neuen Heimat. Freiwillig gingen sie nie.

は人類の歴史とともにあったもので、本当の意味でアダムとイヴの時代からあるのです。今までに何度も何度も人々が集団で自分の土地を逃れ、少しでも安全な新たな故郷を求めて旅立ったのです。自分から進んで行った人はいません。

② Allein in den vergangenen 70 Jahren, also seit dem Zweiten Weltkrieg, sind über 30 Millionen (!) Menschen zu uns gekommen: als Kriegsvertriebene oder Asylsuchende, Bürgerkriegsflüchtlinge oder Boatpeople, als „Gastarbeiter" und Arbeitsmigranten. Die wenigsten von ihnen waren der Bevölkerung wirklich willkommen. Dabei ging und geht es niemandem dabei schlechter als zuvor. Im Gegenteil. Über die früheren Flüchtlinge und Migranten spricht heute keiner mehr. Eigentlich schade, denn sie hätten viel zu erzählen. Ihre Kinder und Kindeskinder sind längst Deutsche wie wir, gehören zu Deutschland und haben es mitgestaltet. Ohne sie wären wir nicht das Volk und das Land, das wir heute sind.

この70年間、つまり、第二次世界大戦後からを見るだけでも3千万人(!)の人が私たちのところに来ました。戦争によって追われた人、庇護申請者、内戦による難民、ボートピープル、「ガストアルバイター(お客め労働者)」、労働移民。この人たちはほとんど快く迎え入れられませんでしたが、誰も、以前より生活が悪くなることがなかったし、今も悪くなっていません。その逆です。以前は難民や移民だったことについて、もはや誰も語りません。考えてみれば残念なことです。というのも、たくさん語ることができたはずです。その人たちの子供や子孫はとっくに、私たちと同様ドイツ人ですし、ドイツに属しているし、ドイツを共に築いてきました。その人たちがいなければ、私たちが今日知っている国民や国ではなかったでしょう。

③ Wer und was ist überhaupt ein Flüchtling? Was sind Migranten? Worum geht es im Recht auf Asyl und seit wann gibt es das? Wer und was entscheidet, ob ein Flüchtling bleiben darf oder wieder gehen muss? Wieso spielen auf einmal die Themen Religion und Frauen eine so große Rolle? Was ist anders an „den anderen" – und sind sie das wirklich? Was ist Integration? Müssen „die" sich integrieren oder wir sie? Sollen die Menschen, die aus fremden Ländern und Kulturen zu uns kommen, so werden wie wir? Geht das und ist das überhaupt wünschenswert? Antworten auf diese und noch viele weitere Fragen findest du in diesem Buch. Du kannst es von vorne bis hinten lesen oder dir erst mal die Kapitel rauspicken, die dich besonders interessieren. In jedem Fall

そもそも難民って誰で、何なのでしょう。移民って何なのでしょう。庇護権ってどんなことで、いつからそれがあるんでしょう。難民がここに留まれるか出ていかなければならないか、誰がどう決めるのでしょう。どうして急に宗教と女性というテーマが大きく取り上げられるのでしょう。「違う人」の何が違うのでしょう。本当に違うのでしょうか。統合とは何でしょう？「その人たち」が自分から統合しなければならないのか。それとも私たちがその人たちを統合しなければならないのか。他の国や文化から私たちのところに来た人たちは私たちと同じようになるべきなんでしょうか。そんなことができますか。また、そうすることがそもそもいいことだと思いますか。これに対

wirst du dich am Ende besser zurechtfinden im Dschungel von Informationen, Vorurteilen und Ansichten über Flüchtlinge und Integration. Dann kannst du dir deine eigene Meinung bilden und mitreden, wenn es zu Hause, in der Schule, wo und wie auch immer um dieses wichtige Thema geht. Am Ende des Buchs findest du Tipps, wie du und ihr, wenn ihr das wollt, selbst aktiv werden könnt. Außerdem Hinweise zum Weiterlesen und wichtige Begriffe noch mal kurz erklärt.

する答えやその他たくさんの疑問に対する答えがこの本に載っています。最初から最後まで順に読んでもいいですし、まずはおもしろそうな章を拾い読みしてもいいです。いずれにしても最終的には、難民と統合に関するさまざまな情報や偏見、考え方のジャングルのなかでちゃんと歩いて行けるでしょう。そして、これらの重要なテーマに関してなら、家でも学校でもどこであってもどうであれ自分自身の意見を築くことができるようになります。本の最後に、自分で積極的に参加しようと思えば、どうすればいいかというアドバイスも書かれています。また、さらに読みたい人へのヒントや重要な概念ももう一度簡単に説明されています。

　①では、「難民」と「私たち」が青少年の目から対比されるという形を取り、筆者が「あなた」に問いかけている。AfDと同様、「難民」と「私たち」という二つのカテゴリーが登場する。しかし、その両者を対峙させ、排除するようなものではなく、「考えているよりずっと関係している」とその関係性が強調される。「彼ら」と「私たち」を対峙させ、「彼ら」を集団で扱い、個人化や個人の体験に焦点を当てないのがAfDの例でも見た通り、差別談話の特徴であるが、ここでは最初から対峙を否定し、難民たちが味わったつらい体験を解説して、追体験できる工夫がなされている。また、「統合」に関し、さまざまな議論がある実態が示される。そして、AfDの①でも見られたような外国人排斥主義者のいつもの主張「ドイツはドイツ人のために」を提示するのだが、ここにおいては「でも、そもそもドイツ人って誰でしょう？」と根本的な問いかけをする。外国人排斥者の意見を否定するのではなく、自分でこの問いかけの意味を考えるように仕向けられている。この問いかけにより、理念的に「ドイツ」を捉えるのではなく、現実に目を向けるきっかけが生まれるだろう。これは社会に流れる支配的な談話、いわゆる「常識」や漠然とした「イメージ」を鵜呑みにせず、自分の経験や現実と比べて考察するという「開かれた談話」の大きな特徴ではないかと思われる。そして、難民

支援に従事する人たちのことにも言及している。たとえば長坂（2017）では、そうした難民支援者に取材しているが、市民教育との関連に言及している（同書204-209）。

いろいろな意見があるとしながら、「でも」でこの「亡命」を今現在の視点から歴史的視点へと移動させ、現在の非常事態を相対化させている。しかも、亡命は何も珍しいものでなく、人類史以来、常に生じていた出来事だと大きな人類の歴史から語っている。ここで面白いのはAfDのテクスト③との対比である。AfDでは、政治的、経済的事情については何ら言及せず、「移民しようとする人」と表現していたが、ここでは、自分から進んで行った人はいない、と断定している。通常の生活が営めるなら生命の危険を冒して、故郷を去る理由はないはずである。ここでも亡命する弱者側の視点から描写している。「亡命」と「追放」という言葉を使うことで、「亡命する側」と「追放する側」の存在が暗示される。

②では、人類史から戦後史の具体的な話に移り、「私たち」のところにやってきた人々のさまざまなカテゴリーを紹介する。難民、移民を一括りにせず、具体名で小分けすることで、その時々の歴史が見えるようになる。そして、かつての難民や移民の生活を振り返る。個々人の歴史を語り継ぐことの重要性を述べているが、同時に現在の難民の生活との共通点を歴史のなかで探そうとしている。「私たち」という表現を用いているが、ここでもやはり元の難民とともにドイツを築いてきたと、難民や移民を包摂する談話が築かれている。そして、「その人たち」と「私たち」という二項対立を用いながらも、「その人たち」を「ドイツを共に築いて」きたメンバーとし、「国民」「国」に「彼ら」を包摂している。

③では、難民・移民に関して知るべき内容が疑問文の形で示される。イスラム教文化を否定する際に、キーワードとして出てくるのが宗教と女性の関係であるが（2.2 (8)参照）、このテーマにも取り組もうとしている。

「私たち」との対比で「違う人」が出てくるが、ここにおいても、「違う人」の「違う」ということの意味を問いかけている。何が違うのかと聞いたあと、そもそも本当に違うのか、と「違う」ことに批判的なまなざしを向けさせようとしている。また、「違う」という視点そのものに注目させることで、「違い」

から生じる「対立」を考えさせようとしているのだろう。「その人たち」と「私たち」を対比させながら、「統合」の意味についても考察するようになっている。統合の議論では、支配文化に同化させようとする議論、宗教や言語の違いで同化しないことに対する批判が生じる[*21]が、「統合」と「同化」の意味を考えさせるだけでなく、自分たちからの歩み寄りも示唆する表現「そんなことができますか。また、そうすることがそもそもいいことだと思いますか」があり、ここでも違う背景の両者の存在に気づかせ、他者を受け入れる「寛容性」の意味を考えるきっかけを作っていると思われる。最後に、読者である青少年に向かい、情報を読み取り、自分の意見を築き、発言するよう促している。また、社会参加の自由にも触れ、それを望めば可能になるような情報が提供される。複雑な亡命というテーマとそれに続く統合の課題を理解し、自分自身の政治的意見を築くため、自分との関わりで周囲を見渡し、関連性を理解し、議論に参加し、社会に参加することを勧めている。

以上、登場人物の分析を中心に二つの短いテクストを比較した。AfDで見たのは内外集団「私たち」と「彼ら」を作り、「彼ら」が「私たち」を脅かす存在として、没個性的に集団で描写されるというものであった。他方、ここで見た政治教育のテクストの場合は、「私たち」と「彼ら」というカテゴリーを使ったところまでは同じであったが、その両者の関係が全く異なるものであった。そこで見られた特徴をまとめると、以下のようになる。

1) 「彼ら」を社会に生きる存在として扱い、彼らの具体的な体験を示す。そして、「私たち」と「彼ら」の関係性を示すとともに、互いに尊重する人物だということを示す。
2) 断定ではなく、疑問文を用いることが多い。現実社会で広がる当たり前と思われている語や談話の一つ、一つに疑問を抱くよう語りかける。これは、ボイテルスバッハ・コンセンサスの「圧倒の禁止」という原則に当たるだろう。また、自分で考えるという機会を多く作るという、「個々の生徒の利害関心の重視」という原則にも沿っているものと考えられる。
3) 多くの議論があることを示す。これは、当該原則の「論争のある問

題は論争のあるものとして扱う」になろう。そのことはまた、多様性の支持、寛容性の促しにもつながるものである。
4) そして、AfDのテクストで見られたような、恐怖を起こさせる「脅し」のような手法は全く見られなかった。知識の獲得を促し、自分の頭で考えること、意見を持つこと、議論すること、社会参加する力を備えることが奨励される。これらは、まさしく自身がパワーを獲得する「開かれた談話」と言えよう。
5) また、歴史的視点を持つこと、個人の歴史を振り返る重要性も強調された。歴史修正主義的発想の対極にあるものだろう。

4. まとめ

　政治教育センターの談話で見えてきたのは、いったん「私たち」と「彼ら」というカテゴリー化を右翼ポピュリスト政党の談話と同様、用いるということである。いったん同じ土俵に入りながら、そこから「彼ら」を集団化し、差別するという排他的な動きの可能性を一つ一つ断つという談話の作りになっていた。「ドイツ人」「異文化」「統合」という概念に、史実や現状を突きつけ、疑問文で問いかけ、学習者に考えさせるという談話である。冷静な論理構造や知性が求められるものと言える。

　しかし、こうした知性はポピュリズムからすると、面倒なものであるかもしれない。Wodakが指摘するように (2.2の(7))、反知性主義が、エリート主義に対する怒りにも似た感情で右翼ポピュリスト政党を勢いづかせているのが事実である。ヨーロッパ市民など、ヨーロッパのアイデンティティ実現がうまくいっていない論拠の一つとして、この構想がエリート層中心のビジョンに基づいているという指摘がある (Wodak 2015: 41)。

　本章では、AfDに対抗する談話として「官」の談話を位置づけたが、EUが築いてきた民主主義 (の疲労した実態) に対抗するものとしてAfDのような右翼ポピュリズムの談話を捉えることももちろん可能である。人々の難民・移民に対する恐怖心を煽り、人々のよりどころとしたいアイデンティティを愛国心という形で示したりして、感情レベルで訴えるのは非常に巧みといえ

る。しかし、排他的、差別的な談話の広がりが、どのような世界を作っていくのかを歴史的にも考えると、やはり、それに対抗する談話の地道な広がりを求める以外にないのではないだろうか。たとえば、教師が小さな日常の政治的実践として「彼ら」を包摂する「開かれた談話」の実践に取り組むことはできるはずである。教師と生徒や学生とのカテゴリー関係をいったん認めながらも相手をそれぞれの経験を積んだ個人として見直す、生徒や学生の身近な生活と教育内容を遊離させないなど、日常から社会や政治を考えるという視点を促すことはできそうである。うまく機能していないエリート主義の代表制民主主義に対するアンチテーゼとして、大衆に訴えるポピュリズムが「一種の」民主主義として台頭してきたのであれば、他者を排除しようとする大衆ではなく、個々の創造力／想像力が発揮できるような、他者を他者として認め合うような大衆が育つ民主主義を地道に求める以外にない。

Endnotes
*1 Bundesamt für Migranten und Flüchtlinge: aktuelle Zahlen zu Asyl（Ausgabe: August 2017）, pp. 3
 <http://www.bamf.de/SharedDocs/Anlagen/DE/Downloads/Infothek/Statistik/Asyl/aktuelle-zahlen-zu-asyl-juli-2017.html?nn=7952222> 2017年9月25日
*2 ヴォダック／マイヤー（2018）、pp. 161-198を参照。
*3 野呂（2015a, 2015b）、改憲をめぐる言説を読み解く研究者の会（2016）など。
*4 「対抗談話（対抗する談話）」については、野呂（2015b）を参照。
*5 両者の違いについては近藤（2015）を参照のこと。
*6 2.1はBerlinerLandeszentrale für politische Bildung（2016）pp. 5-7を参照。
*7 括弧内はわかりやすくするために筆者が追加したものである。
*8 「右派ポピュリスト」（例えばSpiegel online: <http://www.spiegel.de/thema/alternative_fuer_deutschland/ > 2017.10.1）とも「極右党」（例えば<http://www.stern.de/politik/deutschland/themen/afd-4541396.html#o-themen-outro> 2017.10.1）とも呼ばれている。
*9 雑誌 „Der Spiegel: Sonderaufgabe: Wahl 2017" Nr.1/26.9.2017, pp. 3
*10 https://www.google.de/search?q=Wahlplakate+2017+AfD&client=firefox-b&dcr=0&tbm=isch&tbo=u&source=univ&sa=X&ved=0ahUKEwjNmaub5azZAhWRKVAKHWVhBqQQsAQINw&biw=969&bih=908 2018年2月17日
*11 イスラム教の女性が全身を被う衣装。
*12 https://www.afd.de/wp-content/uploads/sites/111/2017/08/AfD_kurzprogramm_a4-

quer_210717.pdf　2017年10月1日
*13　野呂（2015a）、pp. 98-100を参照。
*14　「私たち」と「彼ら」という二項対立の内容の自在な変化については、野呂（2014: 149-159）で扱った。
*15　2015年の大晦日にケルン中央駅で約1,000人の男性が小グループに分かれて、100人以上の女性を取り囲み、性的暴行や略奪を起こした事件。容疑者の大半は北アフリカからの難民希望者や不法移民だという。http://www.bbc.com/japanese/35278497　2018年2月18日
*16　2016年12月19日、ベルリンのクリスマスマーケットを訪れていた人々の中にトラックが突っ込み、12人が死亡、多くの負傷者を出した事件。容疑者は、難民認定を申請したが却下されたチュニジア出身の24歳の男性。https://www.newsweekjapan.jp/kimura/2016/12/post-24.php　2018年2月18日
*17　野呂（2014）では、メディアにおける「移民／外国人」と「犯罪」の結びつきについて分析した。
*18　Schulz-Reiss, Christine（2016: 78）。
*19　バーデン＝ヴュルテンベルク州立政治センターサイトhttps://www.lpb-bw.de/beutelsbacher-konsens.htmlを参照。（2018年5月6日）
*20　ベルリン州立政治教育センターの職員の話。（2017年9月20日）
*21　野呂（2014）を参照。

参考文献　イェーガー，ジークフリート　山下仁訳（2010）「談話と知―批判的談話分析および装置分析の理論的、方法論的側面」ルート・ヴォダック　ミヒャエル・マイヤー編著、野呂香代子監訳『批判的談話分析入門』pp. 51-91. 三元社

Jäger, Siegfried & Jens Zimmermann. (Hrsg.) in Zusammenarbeit mit der Diskurswerkstatt im DISS (2010) *Lexikon Kritische Diskursanalyse: Eine Werkzeugkiste.* Münster: UNRAST-Verlag.

改憲をめぐる言説を読み解く研究者の会編著（2016）『メディアで見聞きする改憲の論理Q&A』かもがわ出版

近藤孝弘（2009）「ドイツにおける若者の政治教育―民主主義社会の教育的基盤」『学術の動向』14 (10): pp. 10-21. 日本学術協力財団

近藤孝弘編（2015）『統合ヨーロッパの市民性教育』名古屋大学出版会

Landeszentrale für politische Bildung. (Hrsg.) (2016) *Lernen über Migration und Menschenrechte, Flüchtlinge gestern – Flüchtlinge heute: Handreichung für Unterricht und Bildungsarbeit.* Network Migration in Europa.

長坂道子（2017）『難民と生きる』新日本出版社

野呂香代子（2014）「批判的談話分析」渡辺学・山下仁編『講座　ドイツ言語学　第3巻　ドイツ語の社会語用論』pp. 133-161. ひつじ書房

野呂香代子 (2015a)「「環境・エネルギー・原子力・放射線教育」から見えてくるもの」名嶋義直・神田靖子編『3.11原発事故後の公共メディアの言説を考える』pp. 53-100. ひつじ書房

野呂香代子 (2015b)「「硬直した道」から「やさしい道」へ—原発とコミュニケーション」義永美央子・山下仁編『ことばの「やさしさ」とは何か—批判的社会言語学からのアプローチ』pp. 209-240. 三元社

Schulz-Reiss, Christine. (2016) *Nachgefragt: Flucht und Integration – Basiswissen zum Mitreden.* (Sonderaufgabe für die Landeszentralen für politische Bildung 2017), Loewe Verlag.

ヴォダック, ルート　マイヤー, ミヒャエル編著　野呂香代子・神田靖子他訳 (2018)『批判的談話研究とは何か』三元社

Wodak, Ruth. (2015) *The Politics of Fear – What Right-Wing Populist Discourses Mean.* Sage.

文献解題

ジグムント・バウマン　伊藤茂訳 (2017)『自分とは違った人たちとどう向き合うか—難民問題から考える』青土社

　原語のタイトルは、"Strangers at Our Door" となっている。自らがポーランドから追われて様々な地を経て、イギリスに渡った経験を持つ社会学者バウマンの著。「彼ら、知らない人々」に対する「私たち」の抱える政治的、社会的な現象を分析し、問題のありかを探った書。人々の「無関心」「無視」が引き起こす事態や、政治家、メディアが多用する「安全保障化」という語の使用をめぐる動き、人々の不安を煽るソーシャルメディアの問題などを鋭く観察している。難民問題を国内の治安問題に矮小化するのではなく、広い視野を持って把握することと「対話」の必要性を説く。

パトリック・キングズレー　藤原朝子訳 (2016)『シリア難民—人類に突きつけられた21世紀最悪の難問』ダイヤモンド社

　イギリスの大手新聞ガーディアンの、移民問題を担当するジャーナリストがシリア難民のハーシム・スーキという個人の体験を詳しく追ったもの。彼が故郷を離れ、

家族を置いて、ほとんど何も持たず海を渡り、ヨーロッパの町を次々に移動し、スウェーデンにたどり着くまでの壮絶な日々がつづられている。「難民」という集合カテゴリーで事態を「我々」の目からだけ捉えることに対する異議が表明されるとともに、難民個々人の、人としての生き方、感情、権利などに目をやる重要性が強調されている。

長坂道子 (2017)『難民と生きる』新日本出版社

　スイス在住のジャーナリストによって書かれたもので、難民支援を積極的に行うドイツの人々の活動や考えを記した書。実際に活動している10人、そして、彼／彼女に関わる難民たちの名前や写真も出ており、それぞれの個人の顔、そしてその生活が見えるようになっている。また、ドイツ全般の多様性に対する寛容性や難民支援に関する意識に触れ、「社会的存在」としての自分を養う市民性教育の充実がそうさせているのではないかと筆者は推測する。他人に無関心な日本社会や難民受け入れに消極的な日本に対する問いかけでもある。

コ ラ ム　　政治教育の実践

　2017年に政治教育の実態を知りたいと思い、筆者は数人の仲間と政治教育に熱心な学校を訪問した。授業だけでなく、生徒たちが自主的に行う（例えば脱原発運動など）日ごろの活動がわかるよう配慮された見学となった。最初に見学したのは難民をテーマにした6年生の政治の授業で、ドイツにやってきた難民の生徒の授業モデルに関するディベートが行われていた。ドイツ語が話せない子供たちを最初から自分たちのクラスに迎え入れる統合モデルか、それとも、2年ほど難民だけのドイツ語集中コースで学んだ後に自分たちのクラスに入れるという難民取り出し授業モデルのどちらがいいかが焦点となっていた。それぞれのグループが統合クラス、取り出しクラスのメリットを訴えるのだが、生徒たちが、難民の子供たちに寄り添いながら、僕ら私らといっしょに遊ぶうちにドイツ語はできるようになる、など、絶対にいっしょに最初から同じクラスで学ぶべきだという意見にみんなが惹かれていき、最終的には全員が統合クラスに投票することになった。このクラスにゲストとして呼ばれていた、難民としてやってきた生徒たちも全員すばらしいドイツ語で統合クラスに同意していた。子供たちの、難民の政治事情を理解し、そのうえで同年代の一人のクラスメートとして受け入れようとする姿勢は、他の活動も含めて、生徒たちに培われた政治的土壌から生まれていると感じた。授業だけでそれが得られるものではないだろう。

　ちなみに、その間、教師はほぼ時間のマネジメントに徹し、生徒主導の授業に取り組んでいた。この見学が今の自分の授業にも大きな影響を与えている。学生個々人のもつ創造性/想像性を刺激するような授業をやれば、学生は自ら動き出す。自ら養った学習意欲が自分の次の目標を作り出す。

第10章

ヘイトスピーチに関する社会言語学的考察

山下仁

1. はじめに

　「断絶のコミュニケーション」として思い浮かべることのできる現象としてヘイトスピーチを挙げることができるだろう。ところが、ヘイトスピーチの問題は、ましこ(2001)などの例外はあるものの、日本の社会言語学ではこれまであまり取り上げられてこなかった。そこで本章では、日本における法律学や社会心理学のような学問分野やドイツでの歴史学の先行研究、マーサ・ヌスバウムの政治学の議論などを参考にしつつ、批判的社会言語学の観点からヘイトスピーチおよびそれに類似する現象について考察する[*1]。

　「批判的社会言語学」については、すでに別の場所で述べたが(山下 2003, 2018)、ここで簡単にその特徴について記すならば、批判的社会言語学の批判の対象は「あたりまえ」とされている固定観念であり、社会的な規範である。また、客観性を標榜する学問の政治性であり、二項対立によって物事を把握しようとする姿勢である。強者の立場にいることを忘れた研究者の意識であり、無意識的に「正しい」とか「善い」と信じてきた信念である。そのような批判を通して言語に関する社会的問題の解決に何らかの貢献をしようとするのが批判的社会言語学なのである。この観点からヘイトスピーチの問題について議論するということは、自分と他人を分け、自分に都合のよい観点から他者を評価して「こんなにひどい人たちがいる」ということではない。もちろんヘイトスピーチを行う人たちを擁護するつもりはないが、彼らに対

して、目には目を、歯には歯をという論理によって、同じだけひどい表現を浴びせかけたいとも思わない[*2]。本章では、自分の中にもヘイトスピーチをもたらす要因の一端があるのではないかという立場に立って、他者の行為と自分の行為を相対化してこの問題について考える。別の言い方をするならば、どうしたらヘイトスピーチはなくなるのか、という雲をもつかむような疑問に、筆者が自分の問題として向き合うということである。以下でも簡単に触れるが、法律家や政治家は、法律を定めることによってヘイトスピーチをなくそうとする。しかし、犯罪が法律によってなくならないように、ある行為を罰することは、その行為を抑止することになったとしても、それがどうして起きてしまったのかという問題を解決したことにはならない。ここでは、ヘイトスピーチの背後には構造的な差別や暴力があり、それらが談話によって構築され、その構築の際にさまざまな感情が重要な役割を演じることを明らかにしつつ、この問題について考える。

2. 社会言語学以外の取り組み

ヘイトスピーチに関する著作は非常に多く、ここでそれらを網羅的に取り上げる用意はない。以下では法律学、社会心理学、ジャーナリズムなどの分野に分けて先行研究の一部に触れるにとどめる。

まず、ヘイトスピーチを規制するため、法律学の分野では法律を作るための議論が行われてきた（ウォルドロン 2015、金編 2014、前田編 2013、前田 2015等）。なかでも前田（2015）は包括的な記述となっており、エリック・ブライシュの『ヘイトスピーチ』、安田浩一の『ネットと愛国』、あるいは樋口直人の『日本型排外主義—在特会・外国人参政権・東アジア地政学』、さらにこれまでのアメリカにおけるヘイトスピーチに関する研究がまとめられ、国際人権法の考え方などにも言及されている。また、魚住他（2016）を見ると、党派を超えた政治家の努力によって、ヘイトスピーチ解消法（正式名称は『本邦外出身者に対する不当な差別的言動の解消に向けた取組の推進に関する法律』）が2016年5月24日に成立し、同年6月3日に公布されるまでの日本の国会での具体的な議論を追うことができる。この法律には禁止規定が

ないため「実効性」を伴わないといった批判があり、190回の参議院法務委員長であった魚住裕一郎も「法律ができたからといって安堵してばかりもいられません。いわば、対策はスタートラインについたばかりなのです。この先、真にヘイトスピーチ解消への実効が上がるよう、この法律に魂を吹き込んでいかねばなりません」(魚住他 2016: 23)と述べている。上述のように、法律ができて、ある程度の抑止力になったとしても、ヘイトスピーチはなかなかなくならない。たとえばドイツではヘイトスピーチを規制する法律が1960年に作られたが、ユダヤ人差別、女性差別、あるいはペギーダのような問題はあとを絶たず、2017年の6月30日には、インターネット上のソーシャル・ネットワークがヘイトスピーチにあたる投稿を24時間以内に削除しない場合は5000万ユーロの罰金を課す法律案を成立させたことは周知の事実である(たとえば金(2017)を参照)。

　社会心理学の分野では高史明が『レイシズムを解剖する』を著した。高は主に統計的な手法を用いてTwitterの投稿を分析し、「古典的レイシズム」と「現代的レイシズム」の違いを示し、科学的な観点からこの現象の実態を明らかにした。高の研究については後にまた触れるが、レイシズムの変容や「古典的」「現代的」それぞれの特徴を明確にすることができても、ヘイトスピーチそのものを止めることにはならないだろう。同じく、レイシスト運動に対抗するいわゆるカウンター運動など、愉快犯的にヘイトスピーチをしている人をやめさせる活動をしても、根本的にヘイトスピーチをなくすことはできない。ただしカウンターの運動家であり、『安倍首相から「日本」を取り戻せ!!』を書いた泥憲和の次のことばは傾聴に値する。「われわれのほんとうの敵というのは、在特会の周りで、軽い支持をしているシンパたちですよね。日常会話の中で何かあると「韓国って嫌ね」とか「北朝鮮は気に食わん」とかいうことを日常の場でやっていく、それに共感を得ていく、そっちのほうがほんとうは怖いわけです」(中沢 2015: 254)。

　これと同じことを、『ネットと愛国』を書いたジャーナリストの安田浩一も在日である金成奎のことばを介して記している。「僕が怖いのは、その在特会をネットとかで賞賛している、僕の目には映らない人たちなんです。」そして、次のようなエピソードを紹介する。金が雰囲気の良い小ぢんまりと

した居酒屋で自分が在日朝鮮人であることを告げると、それまで打ち解けていた店主はそれを境によそよそしい態度をとるようになり、ある晩「君ら、日本に住まわせてあげてるんだから、もっと日本に感謝したほうがいいよ」と言ったという。これに対して金は「何も言えなかったですよ。店主は優しそうな人でしたし、けっして僕に敵対するような言い方だったわけでもない。ただね、考えてみれば、その主張は在特会とあまり変わらないでしょ。叩き出せとかゴキブリだとか、そんなことは絶対に口にしない優しい人ではあるんだけど、僕は在特会よりも、この店主の方が恐ろしかった。そんな主張が日常会話のなかで、さらりと出てくるところが、なんともやりきれんのです」とコメントする (安田 2012: 363)。ここで取り上げた泥や金のいう日常的な差別こそがヘイトスピーチという問題の本質なのであろう。

　以上、極めて簡単ではあるが、法律学の観点からヘイトスピーチ解消法を成立させたり、社会心理学の観点からかつてのレイシズムと最近のレイシズムの傾向を明らかにしたとしても、なぜヘイトスピーチのような現象が生じるのかという問題を解決することにはならないことに触れた。他方、いくつかの文献から、ヘイトスピーチという現象の根幹には、より一般的な、何気ない差別意識が潜んでいることを確認した。ヘイトスピーチというとひどい罵詈雑言を大声で叫ぶ光景を思い浮かべるが、それはまさに氷山の一角であり、水面下には目に見えない根の深い日常的な差別意識が潜んでいるのであろう。このことを頭の片隅におきながら、次に、ドイツにおけるヘイトスピーチに関する社会言語学の研究を取り上げ、その取り組みを見てみたい。

3. ドイツにおける言語学の立場からの議論

　言語の側面から、政治的な問題について考える Jörg Meibauer (2013) はヘイトスピーチがいかなるものであるかを明らかにするため、その形式を次の5つに分類する。その第一は、直接的なヘイトスピーチか間接的な誹謗かという分類である。日本語でいうならば「ゴキブリ！」や「死ね！」「殺す！」というのが直接的なヘイトスピーチであり、中国人にむかって「あなたはおしゃれね。日本人みたい」と言ったり、「ウチの掃除婦は、トルコ人なのにとて

もよく働く」などという言説が間接的な表現である。後者の言語表現には表面的には差別的な表現は見当たらず、一見すると褒めことばのようにも思えるのだが、その前提に「中国人はおしゃれではない」とか「トルコ人は働かない」という差別的なニュアンスが含まれているため、間接的なヘイトスピーチと考えることができる。

　第二の分類は、オープンであるか、隠されているかという分類である。オープンなものは、インターネットフォーラムなどに掲示されているため誰もが目にすることができるが、ヘイトスピーチに類するものは隠された形でも存在する。たとえばテレビ討論などで「外国人の受け入れには消極的」といった内容が話される場合は、隠された形でヘイトスピーチがなされている。

　第三の分類は、権威や権力者によって守られているか否かというもので、特に権威によって守られるのは、国家によるヘイトスピーチである。2017年末現在問題になっている言説としては、アメリカ合衆国のトランプ大統領が一方的にエルサレムをイスラエルの首都と認定したことが挙げられる。これなどは、多くのイスラム教徒にとってアメリカという大国の権威によって守られた許しがたい暴言であろう。

　第四の分類は、肉体的な暴力とともになされるか否かである。通常、ヘイトスピーチはことばの暴力、あるいはことばによる犯罪として理解されているが、時として、肉体的な暴力を伴うこともあるという。肉体的な暴力を伴ったらもはやヘイトスピーチではないと考えることもできるが、ここではヘイトスピーチを「ことばの暴力」としてとらえる点に注目しておきたい。この暴力については次節で取り上げる。

　第五の分類は、その強烈さによるものである。たとえばドイツ人を「キャベツ」と呼ぶのはそれほど酷いものではないが「ナチスのブタ」と呼ぶとしたら、それは非常に強いものとなる。Meibauerが述べるように、この5つの分類を概観しただけでも、ヘイトスピーチの複雑さを垣間見ることができる。

　Meibauerは、さらにこのヘイトスピーチがこれまではドイツでもあまり十分な検討がなされていなかったことに触れ、言語学の体系に対応させた形でその対象を以下のように提示する。

　音声的なものと書記的なもの。単なる口頭によるものか、それともトイレ

の落書きなどとして、ある特定の民族の悪口が書かれているものか。

　音韻論の観点。アクセントやリズム、もしくは非常に目立つ音を用いるか、などといった特徴を対象にして調べることができる。

　形態論の観点。どんな語尾が罵倒語として用いられるか。（たとえば -lerであれば Versöhner や Abweichler、-ling であれば Feigling や Mischling、fuzzi であれば Werbefuzzi、など（vgl. Meibauer 2013: 4）。

　意味論・語彙的な観点。いかなる単語がどんな意味で用いられるか。たとえば、単に「外国人」ということもできるが、それを「毛唐」とか「おかしな外人」と言うこともでき、それらにどんな意味が含まれるかなど。

　語用論のレベル。いかなる言語行為が「脅かし」や「中傷」、「排除」として用いられるのか。あるいは丁寧さも対象になる。たとえば丁寧な表現も場合によってはインポライトネスとして働き、どんなにざっくばらんな言い方でも、とても丁寧に響くことがある。その他、テクスト言語学や言語習得の対象としても取り扱うことができるという。

　以上のヘイトスピーチの諸相は、ヘイトスピーチそのものを言語学的な観点から分析する場合の対象であるが、これらの対象を分析してみても、なぜヘイトスピーチが生じるのかという問いに答えることにはならないだろう。ただし、Meibauer はそれに加えてメタレベルのヘイトスピーチの研究もあり、ヘイトスピーチに関する談話やテクストを研究の対象にすることもできるという。その観点から考えると、アメリカでは主として言論（表現）の自由との関係での議論が多くなされ、特に民族やジェンダーによる差別の問題として取り扱われているのに対して、ドイツをはじめとするヨーロッパ諸国においては、主としてホロコーストの否定（「アウシュビッツなどなかった」）の問題が議論の中心になっていたという。このようなメタレベルの研究は、ヘイトスピーチと構造的差別との関係に光を当てる。

　たとえば、過去130年に及ぶユダヤ人に対する嫌悪の歴史というディスコースをもとに、憎悪のあり方を考察した Evyatar Friesel の研究は、構造的な差別と関連していて興味深い。Friesel によると、ユダヤ人等の大量虐殺を組織的に実行した親衛隊（SS）の隊長であるハインリヒ・ヒムラーは、個人的にはユダヤ人を憎んではいなかった。それにもかかわらず、彼は非常に多く

のユダヤ人を虐殺した(Friesel (2013: 19-22)。つまりヒムラーは、その当時の政治状況によって作られた構造的差別に従って行動していたのである。

　構造的差別は他の領域にも認めることができる。Lann Hornscheidtによれば、ナチス時代に犠牲になった障害者に対する差別は、現在も日常的な常套句の中に存在する。たとえばあまり上手でない比喩に対しては、"Der Vergleich hinkt."(あえて差別語を用いて訳すと「比喩がびっこを引いている」)もしくはある女性が大きな信頼をおいているような場合に"eine muss blindes Vertrauen haben."(「あの女性は、盲目的な信頼をおいているに違いない」)などという表現が用いられる(Hornscheidt 2013: 30)[3]。ネガティブな評価、あるいは人を見下すような評価について述べるときに、障害者のもつ特徴を用いて表現するという何気ない日常生活の行為の中に差別が沈殿化している。これらの表現は無意識的に使用されており、それによって差別の構造はより強固に構築される[4]。

　本節では、ドイツにおけるヘイトスピーチの取り組みの一端を取り上げてみた。だがMeibauerのように、ヘイトスピーチをさまざまに分類し、あるいは言語学の観点からヘイトスピーチの特徴を分析してみても、なぜヘイトスピーチのような現象が生じてしまうのか、という問いに答えることにはならない。とはいえ、ヘイトスピーチをメタレベルからとらえてみると、何らかの差別意識が慣用句の中に沈殿している場合があるばかりでなく、一般的な談話を通して構造的な差別が作り出される点を確認することができたのではないかと思う。

　次節では、ヘイトスピーチを「差別行為」としてではなく「ことばの暴力」として捉える点に着目する。言語学者が書くものの中には、「ことば」が擬人化され、あたかも「ことば」が暴力をふるうかのように書かれる場合がある。しかし、本書の田中愼(→第11章参照)が指摘するように、ことばにはそもそも相互伝達の機能が備わっている。すなわち、現実の世界において「ヘイト」という感情を私たちがもっており、それが言語化され、それによって「ヘイト」という感情が伝達されるということであって、言うまでもなく、ことばが暴力をふるうわけではない(田中 2018)。暴力をふるうのは人間である。人間が、ことばを武器として用い人を傷つける。では、人はな

ぜ人を傷つけるのか。そのことを考えるために、以下ではJörg Baberowskiの暴力に関する議論を取り上げる。

4. ヨルク・バベロフスキーの暴力論

　Baberowskiはまず、「暴力は痛みをもたらす。誰も痛みや恐れを感じないところでは、暴力は存在しない。抑圧された環境で生活する人たちは誰も彼らの傷を目にすることはないにもかかわらず、彼らは痛みを感じている」と述べる（Baberowski 2015: 110）。ヘイトスピーチを受けた朝鮮学校の生徒や在日の人たちが痛みを受けていたのは明らかである（中村（2014）など）。その意味でもヘイトスピーチはことばの暴力であろう。暴力には痛みが伴うものだが、誰がその痛みをもたらしているのかわからない場合もある。つまり、そこで問題となるのが構造的暴力であろう。この問題について考察するにあたり、Baberowskiが引き合いに出すのはノルウェーの平和学者ヨハン・ガルトゥンクである。

　　1975年に初めてドイツ語で出版されたガルトゥンクの本のタイトルは『構造的暴力』であった。そこには60年代後半から70年代前半に書かれた論文が掲載されていたが、ガルトゥンクは、当時の人々の人生観を表現し、何百万人もの人が願っていたことをことばにした。すなわち、暴力、飢餓、悲しみを永遠になくし、世界に永遠の平和をもたらす、ということである。（中略）ガルトゥンクは暴力がなんであるか、可能なかぎり包括的に定義するべきだと提案している。『暴力が存在するのは、人々が実際に肉体的、精神的に実現したものが、彼らが潜在的に実現し得ていたものより低水準になるような形で、彼らに影響が及ぼされている場合である。暴力とは可能性と現実の間、すなわち、可能であったことと今ある状態との間の差異である。』これらは、なにを意味しているのか。ガルトゥンクは行為者のない暴力について語っているのである。そのような暴力は、現実に存在するものと、そうあるべきものとの間の溝が拡大され、世界がそうあるべきものではなくなった場合に生じる。

それゆえ、肉体的な暴力がそこから消え去ったとしても、なにもならない。というのも、あらゆる抑圧的で受け入れがたい社会的秩序がそのまま存在しているからである。（Baberowski 2015: 110-111）

　上述のように、目に見える、センセーショナルであからさまなヘイトスピーチがことばの暴力であることはたしかだが、「抑圧的で受け入れがたい社会的秩序」をもたらすものもことばの暴力なのである。「おかしい」と思ったことを「おかしい」と言えない状況をもたらすもの、そして、そのような抑圧的状況を抑圧的状況として捉えさせないさまざまなレトリックもまたことばの暴力なのである。たとえば、笑みを浮かべながら「それは〇〇が言っていることなので、どうしようもないんだ」と、問題を無効化しようとするやさしいことばも、「悪いのはあなたがたではない。本当に悪いのはあの人たちだ」と問題を転嫁する言説もまたこの暴力に含まれるに違いない。これに類した言説は、それと気づかれることなく日常生活の中に浸んでいる。
　Baberowskiはこれに続いて、さらにガルトゥンクの「構造的暴力」や「行為者のいない暴力」あるいは「顔のない暴力」について記述する。まず、暴力そのものについて、Baberowskiは以下のようにガルトゥンクが暴力と呼ぶものをやや具体的に説明する。

18世紀には結核になった人が死んでも誰もそこに暴力行為を認めることがなかった。というのもその人の死を回避する可能性はなかったからだ。しかし、もしも回避することができたにもかかわらず誰かが死んだとしたら、誰もがそこに何らかの暴力行為を認めることができるだろう。地震をさけることは誰にもできない。しかし避けることができて、それにもかかわらず家が壊れて人が死んだとしたら、もはや運命や偶然とは見なさないだろう。ある社会で『上流階級の人々の寿命が下層の人々の2倍である』というのもこれと同じである。豊かな人が手を差し伸べないために人々が苦しんでいる場所では、いたるところで暴力が存在する。今では人々の生活を改善し、世界から飢餓をなくす可能性は多く存在する。それにもかかわらず、ある人々は苦しみ続け、死んでいる。なにも

実行しないことが、暴力とみなされ得る。(同上：111-112)

このように、暴力を広く捉えることは、ことばの暴力について考える上でも参考になる。社会言語学でいうところの言語障壁理論は、上流階級（中産階級）の人々と下層の人々（労働者階級）の人々の用いる言語形式の差異を社会的不平等の原因の1つとして捉え、それらを洗練コードと限定コードと言い表し、限定コードしか使えない労働者階級の人々も洗練コードを用いることによって、その社会的不平等を改善し得ると考えた。それはそれなりに成果もあったが、かえってそのことが社会的不平等を助長してしまった部分もあった。ところが、ことばの暴力は、そのような言語形式の不平等な分布にのみ存在するのではない。むしろ、日常生活において、構造的差別がそうであったように、知らず知らずのうちに行っている談話の中に、あるいは日常的な言語形式の内部に入り込む。好井裕明が述べているように、日常生活で「あたりまえ」と思っているところに差別や暴力が、目に見えない形で、気づかれないようにひっそりと潜んでいるのである（好井 2015: 118）。社会のシステムの中に談話を通して組み込まれた「構造的差別」や「構造的暴力」は、日常生活に沈殿化し、目にみえない、もしくは犯人を特定できない差別や暴力として身の周りに存在する。それらを、私たちは具体的な形で想像することができるのであろうか。多少なりとも、これを理解するためにも、この構造的な暴力がどのようなものによって成り立っているのかを考えてみると、そこでは感情がある役割をはたしていることが見えてくる。

革命が起きた直後の社会で、新しい秩序と古い秩序が混在する中で、新しい権力者は、「このままだと古いもとの秩序に逆戻りしてしまうと人々を脅かし、自己の権力を保持するための構造を得ようとする。「もしも従順でなかったら、私たちはみなかつてのようなおぞましい世の中に逆戻りしてしまう。」これが頭と心の中にやきついている克服するべき構造への逆戻りに対する不安である」（同上：113）。

この不安という感情が構造的暴力、もしくは潜在的暴力にとっての重要な要素として機能する。上で挙げたヒムラーにも、これに類似した不安があったからこそ従順にヒトラーに従ったのであろう。そのような精神的暴力は、

不安をあおることによって人々を苦痛に満ちた依存関係のシステムの中に追いやり、その依存関係を確固たるものにする。不安をあおる際には、当然のことながらことばが用いられる。「殺されるかもしれない」もしくは「次の犠牲者は自分かもしれない」という脅迫に基づく不安が、ことばによって形成される。その不安はかなりの期間持続的に押し付けられ、そこから逃れることもできず日常的に持ち続けられ、その持続性によって依存関係が構造化される。つまり、何らかの言説が不安という感情に作用し、それが構造的な暴力の構築につながっていく。

　本稿の前半で取り上げた高もまた「レイシズムに関わる流言・デマが"拡散"されているという問題を考えたとき、それらが感情を喚起するものであることの効果についても考えなければならない」と述べている。「情報の自由市場においては、より正しい情報が生き残るとは限らず、不快感や怒りなどの感情を強く喚起するものが多くの人によって伝達され、生き延び発展するというのである。コリアンが日本人を標的とした犯罪を行っている、コリアンが特権をもって日本人を搾取している、という"情報"は、感情に強く訴えるがゆえに、盛んに流布されているのかもしれない」（高 2015: 183）と、レイシズムやヘイトスピーチが生じる際に果たす感情の役割を指摘している。不安と怒りは異なる感情であるが、言説が感情に関与するという点では同様の現象であろう。そこで本稿では、この問題をより深く考えるために、次節でマーサ・ヌスバウムの『感情と法』を取り上げることにしたい。

5. マーサ・ヌスバウムの感情論

5.1 感情と信念

　ヌスバウムは、感情一般について、アリストテレスの『弁論術』を取り上げ、「演説家というものは、聴衆に自分たちの置かれた状況に関して何事かを信じさせることによって、感情を創り出したり消し去ったりする」という若い演説家に対する助言から、「信念は、感情にとって本質的な基礎である」という洞察を導く（ヌスバウム 2010: 33–34）。

　憎しみや悲しみ、喜びや感謝といった感情は、知性や理性とは異なり、必

ずしも論理的にとらえられるものではなく、無意識的に生じ、コロコロと変化してとらえどころのない曖昧なものと考えられているが、ヌスバウムはその基礎に何らかの「信念」が存在するという。たしかに、飢えや渇きのような生理的な欲求と心理的な感情を比較してみると、飢えや渇きは信念がなくても時間の経過や環境の変化に応じて生理的に生じるものだが、感情は、それが喜びであれ悲しみであれ、何らかの対象に対する何らかの評価や判断がないと生じない。

　人はなんの理由もなく、嬉しく感じたり、腹を立てたりすることはない。たとえ曖昧な感情であっても、根拠のないところに感情は生じない。

　さらにヌスバウムは「感情は、志向的対象に焦点を絞ることと、その対象についての評価的な信念を含んでいる」という（同上: 39）。たとえば日本の在特会であれば、在日コリアンの人たちが彼らの志向的対象となり、在日コリアンの人たちが「特権」を不正に享受しているという信念（妄想）に基づいて極めて否定的な評価を下していることになる。程度の差はあったとしても、そのように感じている日本人は少なからず存在するのだろう。

　次にヌスバウムが問題にするのは、その信念が正しいか、理にかなっているのかという疑問である。そして、この信念の「正しさ」と「合理性」を、親しい人を亡くした人が悲嘆にくれている例をもとに説明する。この例では、親しい人が実際に死んだのかどうかがその信念の正しさであり、その死を悲しむことが理にかなっているかどうかが合理性となる。また、鼠を恐ろしいと感じるかどうかというケースでは、鼠の存在がその信念の正しさであり、鼠を恐れることが理にかなっているかどうかがその合理性である。鼠は恐れるに値しない小さな動物であるため、それを恐れるのは理にかなっていない。ところが、今も昔も私たちの多くは鼠を怖がるとアリストテレスは述べている（同上: 40-42）。理にかなっていない信念は、昔も今も存在する。しかし、ある信念が正しいものなのか、そして理にかなっているものなのかを問うことは、感情を管理するうえでは大切である。

　ところで、正しい信念であれ間違った信念であれ、あるいは合理的な信念であれ不合理な信念であれ、人はその信念をどのように獲得するのだろうか。信念は自然に生じることはないので、自分自身の経験や教育、もしくは何ら

かの情報によって獲得される。第一に考えられるのは、直接的な経験であろう。自分の目で見て、自分の耳で聞いた自分の経験に基づく信念であれば、正しいかどうかを問う必要はない。第二に考えられるのは、知人や友人から得た情報である。たとえ、その信念がその人たちの個人的な偏見や先入観であったとしても、人は仲間はずれにされたくないため、それを信じたり、信じるふりをしてしまうこともあるだろう。特に、ネット上でのヴァーチャルな仲間関係では、そのような偏見や先入観がたやすく信じられたり、信じたふりがなされて、さらに増幅されることもあるに違いない。第三に考えられるのは、マスメディアや教育の枠組みで情報が流されるケースである。この場合は何らかの権威付けがされているため、たやすく信じられ、その正しさや合理性が反省されることは稀であろう。

　怒りや憎しみのような感情が、ある特定の人たちに対する何らかの信念によって生じるものであり、その信念には、正しいものや正しくないもの、あるいは理にかなったものや理にかなっていないものがあるため、それらをきちんと判断することが大切である。ところが、それらの信念の情報源によっては、その情報の正しさや合理性の判断を下しにくい場合もある。

　では次に、人はなぜ憎しみを感じるのかという問題について考えるため、怒りもしくは憤り、嫌悪感、そして羞恥心に関するヌスバウムの議論を追ってみよう。

5.2 怒りと嫌悪感について

　怒りに関して、ヌスバウムは、セネカの『怒りについて』における記述をもとに、古代ギリシアにおける標準的な定義を紹介する。すなわち、「怒り」というのは「不正に仕返ししようとする欲求」「自分に対して不正を働いたと自らが信じる人を罰したいという欲求」そして「適切な範囲を越え、自分に対して不正を働いたと自らが信じる者に報復したいという欲求」であり、「危害や損害といった概念は、怒りの認知内容の中核に位置する」(同上: 126)。人は、不正に対して怒りを覚えるのである。

　伊藤昌亮が述べるように、ヘイトスピーチをする人たちやネット右翼の人たちにも彼らなりの論理や倫理がある (伊藤 2015: 60)。つまり、ヘイトスピ

ーチをする人々は自分たちが「危害」や「損害」を被っていると感じている。上であげた怒りの定義のうち、「適切な範囲を越え、自分に対して不正を働いたと自らが信じる者に報復したいという欲求」は、在特会の人々やネット右翼の人々にも当てはまるのであろう。伊藤によれば「在日コリアンの隠された特権を暴くという行為は、マスメディアによって隠蔽されてきたインチキを暴く、それによって社会的な不正をただすという行為を体現することにつながる（ただし実際には、在日特権という設定そのものがインチキだったわけではあるが）」という（同上：58）。つまり、彼らはマスコミの不正に対して（たとえそれが不正でないことを知っていたとしても、そのことには気づかぬふりをして）怒りを覚えるのである。ドイツのペギーダの人たちも、イスラムの人々がヨーロッパに来て自分たちが得られたはずの職を奪っていると考えている。これも、たとえその主張は正しくないにせよ、彼らの論理においては、それなりの正当性があるのだろう。

　ヌスバウムによると、「憤りはその一般的性質において、私たちが損害に対して脆弱であり、他の人の不正行為によって私たちがもっとも大事にしているものにも危害が加えられることがあるという事実に反応する」ものであるという（ヌスバウム 2010：130）。怒りや憤りは自分よりも弱いものに対して自分の強さを示すもののようにも思えるが、実際は自分たちの弱さゆえに、その弱さから身を守るために他者に対して怒りや憤りを感じる。たしかに、ヘイトスピーチをする人たちが一人では何もできず、徒党を組まないと何もできないというのは彼らの弱さなのかもしれない。

　その憤りとは「対照的に、嫌悪感は、自分とは別種のものになりたい、つまり、動物以外のものになりたい、不死身になりたいという望みを中心に据えている。（中略）どれほどありふれたものであろうと、この野望は問題をはらんだものであり、不合理であり、そこには自己欺瞞と空しい切望が含まれている」（同上：130）。自分は、そんなにきたないものではないという切望の内実は、自分が本当はきたないものであることを知りつつ、そのきたないもののままでありたくないという願望ゆえに、それを押しつけた他者に嫌悪を覚える。

　「嫌悪を催させる属性——べとべとしているものや悪臭、ねばねばしてい

るもの、衰え、不潔さ——は、歴史を通じて繰り返し同じように集団に結びつけられ、(中略)そのような集団との関係において、特権的集団は、自らが優れた人間の地位にあることを明確にしようとする。ユダヤ人や女性、同性愛者や不可触賤民、下層階級の人々——これらの人々はみな、身体の穢れによって堕落した存在と想像されているのである」(同上 : 137)。

　日本特有の差別の対象である被差別部落の人々にも「穢多」という「きたなさ」を含意する差別的な名称が与えられていた。ある集団に「きたなさ」というレッテルを貼り付けることによって、不当な差別がある意味で正当化される。

　ヘイトスピーチをする人たちが「不正」や「きたなさ」を叫ぶのは、このような自分の弱さやきたなさを回避しようとするため、ある他者やある対象を不正であり汚いものにして自分たちの正当さを主張していることになるのであろう。

　しかし、ある特定の他者や対象に確かな根拠もなく嫌悪感を覚えているとしたら、言うまでもなくそれは是正するべきである。

5.3　羞恥心について

　ヌスバウムの多岐にわたる議論のうち、最後に取り上げる感情は羞恥心であり、それと関係する「正常」という概念である。

　「社会に属する全ての人は、正常性という社会の規範の観点から世界を眺める、そして鏡を見る時そこに見出されるのが、その規範に一致していない自分の姿である場合には、羞恥心がその結果となりがちである」(同上 : 276)。

　人はだれしも、正常でありたいと思う。その裏には、逸脱したものに対する嫌悪がある。だれしもすすんで性的マイノリティや犯罪者、失業者のような逸脱者になりたいとは思わない。というのも、逸脱者にはスティグマ(奴隷や犯罪者がつける「烙印」の意味であり、ゴッフマンによって社会学に導入された概念。ゴッフマン(1970)などを参照されたい)が付与され、それは、嫌悪と恥という感情と結びついているからである。ではなぜ、「恥」とスティグマの付与が関係するのか。

　「問題の要は、「正常」という奇妙な概念である。この概念はまったく異な

っていると思われる二つのものを結びつけている。まず一方で統計的頻度の観念がある、すなわち、正常なものとは、(中略)平均的なもののことである。この意味での「正常」の対義語は「稀」である。また、その一方で、「良い」あるいは「模範的」という意味での「正常」の観念がある。すなわち、正常なものとは適切なものである。こうした意味での「正常」の反対概念は、「不適切」、「悪」、「不名誉」である。(中略)この二つの観念が結びついた結果、誰であれ、大多数と同じよう振舞わない人間は、不名誉な者、悪しき者とみなされるのである」(同上：277)。

　正常な人は肉体的に脆弱で、知的にも不完全であり、人間関係がもろいものであることを知っている。それゆえ他者にスティグマを付与することによって、自分が強く、賢く、徳の高いものであると感じることができる。スティグマ付与の行為とは、概して、幼稚なナルシシズムや、自分の不完全性から生じる恥ずかしさに対する攻撃的な反応でもある。ヘイトスピーチの対象にはまさにこのスティグマが付与される。つまり羞恥心からくる攻撃性がヘイトスピーチという現象のしくみの1つなのであろう。

　本節では、まず感情というものが信念に基づいて生じるというヌスバウムの洞察を紹介した。その信念はある対象に対する評価でもあり、その評価の仕方によってさまざまな感情が生起する。たとえば、怒りや憤りは不正に対して反応する感情である。より正確に言うならば、その不正によって自らの弱さが危険にさらされるのを防ぐために生じる感情である。それに対して、嫌悪感は自らの汚れやきたなさからのがれたいという願望のため、他者をよりきたないものにしたてて、それを嫌悪するという感情であった。さらに羞恥心は、悪しきものとしての自分という自覚が出発点となって、善きもの、名誉なものになりたいという切望から生じるものであり、そのために正常なものになりたいという感情である。

　これらの感情が組み合わさり、そのいくつかの感情の顕在化としてヘイトスピーチという現象が生じると想定できる。だが、これらの感情はヘイトスピーチをする人ばかりではなく、私たちも日常的に感じるものであろう。

6. まとめ

　本稿では、これまでのさまざまな学問分野やドイツでの先行研究にあたってみたが、法律を作っても、あるいはその傾向を分析しても、もしくは言語学的な観点から対象を規定したとしても、ヘイトスピーチのような現象がなぜ生じてしまうのかという問いに答えることにはならないことを確認した。他方、ヘイトスピーチが氷山の一角のようなものであり、水面下には、日常生活の中にBaberowskiの言う構造的差別や構造的暴力が潜んでいることを明らかにした。さらにある構造的差別や構造的暴力がヘイトスピーチとして顕在化する際には、何らかの感情がきっかけとなっており、ヌスバウムの議論からその感情の基には何らかの信念があることも論じた。

　構造的差別や構造的暴力に関しては、これを一朝一夕に消し去ることはできない。したがって、私たちにできるのはその存在を意識することである。次に、差別や暴力を構造化する談話に注意し、そこに加担しないようにすることが求められる。「あたりまえ」の中に潜む無意識的な差別を意識化するためには「前提」といった語用論の概念が有効となろう。そのような概念を研究のためだけに用いるのではなく、社会における構造的な差別や暴力を解明するために用いることが肝要である。さらに、ある不正や理不尽なことが生じた場合、その情報が権威付けや党派性によるものかどうかを自己批判する必要がある。その際の怒りが自らの弱さや醜悪さから生じているのかどうかを反省するべきであろう。少なくとも、他者を貶めることで、相対的に自分を高めようとする態度は避けたい。さらに自分の信念と他者の信念が対立することもあるだろう。そのような場合はエンパシーという方法で相手を理解することが求められる。すなわち、たとえ意見や立場が異なっていたとしても、立場や意見の違いを理由に排除するのではなく、互いに相手の意見や立場を尊重し、そのうえで他者を理解しようとする。自分が自分の信念をもち、それを正しいと思うのであれば、それと同じ権利を相手に認めるという、きわめて単純なことである。そんなささやかな積み重ねによって、ヘイトスピーチの芽をつむことができる。そのような状況は日常茶飯事に起こることであろう。そのささやかな生活での小さな取り組みが大切なのだと思う。

Endnotes　*1　本稿は、2016年6月25日に東京外国語大学本郷サテライトで開催された第68回多言語社会研究会での研究報告『ヘイトスピーチの問題を社会言語学から考える』をもとにして、その討論を踏まえて書き下ろしたものである。貴重な意見をお寄せくださった参加者に感謝する。特に、砂野幸稔氏とましこひでのり氏からは建設的なコメントを頂いた。ここに記して謝意を表したい。また本稿は、山下（2018b）と一部重複する。
　　　　　*2　もちろん、カウンターの人たちにはカウンターの人たちの論理と見識があり、彼らが「気の弱い付和雷同分子」を排除するためにやっているというのは理解できる（泥 2014: 176）。
　　　　　*3　「盲目的」という表現は日本語にも存在するが、差別用語とみなされており公的には使われない。
　　　　　*4　ある障害をもつことでその障害者の人格すべてに「障害」があるかのように思われてしまうことがあるという。たとえば、ことばを話すことができないという障害をもつ水泳の競技者は、たしかにことばを話すことができないことで口頭試験のある面接では障害となるが、水泳をする上ではことばの障害はなんの妨げにもならない。それにもかかわらず、あたかも水泳においても障害者であるかのように思われてしまう。具体的な個人の多様性を見ずに、「障害者」といったカテゴリーにあてはめ、全体としてある特徴を付与してしまうのも構造的差別の特徴である。この構造的差別は、学校などの制度における人事のあり方にも潜んでおり、それがジェンダーやエスニシティーのバランスに現れている。

参考文献　Baberowski, Jörg. (2015) *Räume der Gewalt*. Frankfurt am Main: Fischer.
　　　　　ブライシュ, エリック　明石隆浩・池田和弘・河村賢・小宮友根・鶴見太郎・山本武秀訳（2014）『ヘイトスピーチ—表現の自由はどこまで認められるか』明石書店
　　　　　泥憲和（2014）『安倍首相から「日本」を取り戻せ!!』かもがわ出版
　　　　　Friesel, Evyatar. (2013) Juden-Hass gestern und heute: Ein historischer Blick auf 130 Jahre judeophobische Feindseligkeit. In Meibauer (Hrsg.) (2013), pp. 17–27.
　　　　　ゴッフマン, アーヴィング　石黒毅訳（1970）『スティグマの社会学—烙印を押されたアイデンティティ』せりか書房
　　　　　樋口直人（2014）『日本型排外主義—在特会・外国人参政権・東アジア地政学』名古屋大学出版会
　　　　　Hornscheidt, Lann. (2013) Der Hate Speech-Diskurs als Hate Speech: Pejorisierung als konstrukti-vistisches Modell zur Analyse diskriminierender SprachHandlungen. In Meibauer (Hrsg.) (2013), pp. 28–58.
　　　　　伊藤昌亮（2015）「ネット右翼とは何か」山崎望編『奇妙なナショナリズムの時代—排外主義に抗して』pp. 29–67. 岩波書店

金尚均編（2014）『ヘイト・スピーチの法的研究』法律文化社
金尚均（2017）「ドイツにおけるヘイトスピーチ対策」『国際人権ひろば』No.135<https://www.hurights.or.jp/archives/newsletter/section4/2017/09/post-29.html> 2018.1.8
前田朗（2015）『ヘイト・スピーチ法研究序説―差別煽動犯罪の刑法学』三一書房
前田朗編（2013）『なぜ、いまヘイト・スピーチなのか説―差別、暴力、脅迫、迫害』三一書房
ましこひでのり（2001）「言語差別現象論―「言語学の倫理と社会言語学の精神」の確立のために―」『社会言語学』第1号：pp. 3-26.
Meibauer, Jörg. (Hrsg.) (2013) *Hassrede/Hate Speech, Interdisziplinäre Beiträge zu einer aktuellen Diskussion.* Gießener Elektronische Bibliothek. (http://geb.uni-giessen.de/geb/volltexte/2013/9251/pdf/HassredeMeibauer_2013.pdf).
中村一成（2014）『ルポ京都朝鮮学校襲撃事件―〈ヘイトクライム〉に抗して』岩波書店
中沢けい（2015）『アンチヘイト・ダイアローグ』人文書院
ヌスバウム, マーサ　河野哲也監訳（2010）『感情と法―現代アメリカ社会の政治的リベラリズム』慶應義塾大学出版会
奥山益朗（1996）『罵詈雑言辞典』東京堂出版
高史明（2015）『レイシズムを解剖する―在日コリアンへの偏見とインターネット』勁草書房
田中愼（2018）「コミュニケーションは成り立っているのか？―『言葉の檻』を超えるしくみ」(本書第11章)
魚住裕一郎・西田昌司・矢倉克夫・三宅伸吾・有田芳生・仁比聡平・谷亮子（監修）（2016）『ヘイトスピーチ解消法―成立の経緯と基本的な考え方』第一法規
ウォルドロン, ジェレミー　谷澤正嗣・川岸令和訳（2015）『ヘイト・スピーチという危害』みすず書房
山下仁（2003）「批判的社会言語学のための予備的考察」言語文化共同プロジェクト2002『批判的社会言語学の諸相』pp. 1-15.
山下仁（2018a）「『協調の原理』再考―批判的社会言語学の観点からの考察」言語文化共同プロジェクト2017『批判的社会言語学のメッセージ』pp. 1-14.
山下仁（2018b）「社会言語学からみたこれからの言語・コミュニケーション教育の課題」佐藤慎司・村田晶子編『人類学・社会学的視点からみた過去、現在、未来のことばの教育―言語と言語教育イデオロギー』pp. 94-119. 三元社
安田浩一（2012）『ネットと愛国―在特会の「闇」を追いかけて』講談社
安田浩一他（2013）『ヘイトスピーチとネット右翼』オークラ出版
好井裕明（2015）『差別の現在―ヘイトスピーチのある日常から考える』平凡社

謝辞：本研究は、JSPS科研費JP17K02726の助成を受けたものです。

文献解題

Jörg Baberowski. (2015) *Räume der Gewalt*. Frankfurt am Main: Fischer

　著者のヨルク・バベロフスキー氏は、ベルリンフンボルト大学の東欧史講座教授であり、とくにスターリニズムと暴力をテーマに何冊もの著書のある著名な歴史学者である。来日したこともあり、論文が翻訳されているので、日本でも現代史の専門家の間では知られているようだが、私が彼を知ったのは、単なる偶然であった。ベルリン・ミッテでのとある夕方、ビールでも飲もうかと思ってぶらぶら歩いていると、なんとなく明るい建物があり人が集まっている。読書会のようだったので、せっかくだからその建物に入って話を聞いてみた。が、よくわからない。でもなぜか気になる。聞いている人達もプロのような人ばかりだったので、質問もせず、そそくさと本を買って列に並んでサインをしてもらってホテルで読んでみた。歴史の本はつまらないもの、という偏見はあったが、この本はそんな私でも読むことができた。単に「暴力」を悪として忌避するのではなく、暴力の本質を人間の歴史と関連させながらわかりやすく解説している。ペギーダの差別表現のことを考えていた時期だったのでちょうどよい内容の本に出会えた。こんな出会いもあるんだ、とその偶然をうれしく思った。

マーサ・ヌスバウム　河野哲也監訳 (2010)『感情と法―現代アメリカ社会の政治的リベラリズム』慶應義塾大学出版会

　日本独文学会の学会誌『ドイツ文学』が「詩的正義」という特集を組んだとき、数名のドイツ文学者がこのヌスバウムの著書を引用していた。語学の編集部門の責任者になったので最近の機関誌をいくつか読んでいただけなのだが、これがきっかけで彼女の本を何冊か読んでみた。特にお勧めなのが本書である。「感情と法」というのは、翻訳者によるもので、原題は Hiding from Humanity という。副題に「嫌悪感、羞恥心、そして法」とあるところから、タイトルをこのような訳にしたのであろう。この訳に照らし合わせて考えてみると、法と感情は、一見かけ離れているように見える。ところが「人間」をそこに介在させると、この両者が見事に結びつくように思えてくる。本書で中心的に取り扱われているのは「嫌悪感」と「羞恥

心」であるが、ヘイトスピーチをする人たちのことを考える上では、非常に有益な議論が展開されている。また、ヌスバウムには、岩波書店から『経済成長がすべてか？―デモクラシーが人文学を必要とする理由』という本もあり、そこでは民主主義にとっての人文学の必要性が説かれていて興味深い。

ルート・ヴォダック＆ミヒャエル・マイヤー　野呂香代子・神田靖子他訳（2018）『批判的談話研究とは何か』三元社

　この論文集は、「批判的談話分析入門」として訳された本の第3版の翻訳であり、これまでの「批判的談話分析」という用語を「批判的談話研究」にしようというヴァン・デイクの提案に従って、名称もそれに応じて変えた論文集である。本書には、フランクフルト学派の「批判理論」の考え方の1つに、批判理論は、経済学や社会学、歴史学、政治学、人類学、心理学等々を含む、あらゆる重要な社会科学を統合することによって、社会に対する理解を深めるべきである、という説明がある。批判的社会言語学という場合の批判にも、これは当てはまる。それゆえ、いわゆる言語学の理論ばかりではなく、政治学や歴史学の研究も参考にしている。日常生活において、知らず知らずのうちに支配的な役割を果たしているイデオロギーは中立的なものとして現れながら、目に見えない形で抑圧を加えるものでもあるが、そのようなイデオロギーに対峙し、それを研究の対象としようとするとき、この論文集は役立つと思う。

コラム　　構造的差別

　2016年の2月16日、筆者がベルリンやドレスデンでペギーダの運動を観察しに行った際、フンボルト大学のEmily Ngubia Kuria博士とヘイトスピーチについて話したことがある。本当は、Antje Lann Hornscheidt教授と会うつもりだったのだが、その時期、ちょうどサバティカルで不在であり、Kuria博士が彼女の代わりを務めていた。Kuria博士は、イタリアのトリエステ大学で脳科学を研究したのち、フンボルト大学のAntje Lann Hornscheidt教授のもとでジェンダー研究に従事していた。私はドイツにおけるペギーダなどによるあからさまな差別表現の問題についてどう思うか、話を聞こうとしていた。だが、彼女は次のように言った。「差別にもいろいろなものがあります。直接的に目が見えない人をメクラと呼ぶのもそうです。もちろんペギーダの人たちが差別表現を使っているのも差別です。ですが、そのような明らかな差別とは別に、目に見えない差別もあると思います。たとえばフンボルト大学には黒人の教授が一人もいません。フンボルト大学は1810年に設立されたドイツの名門大学です。ところが200年以上の歴史をもつこの大学に黒人の教授が一人も存在しないのです。これなどは、一般的には意識されていないかもしれませんが、構造的な差別と呼べるんじゃないでしょうか。」構造的差別のネットワークは目に見えない形で社会の中にはりめぐらされ、なにげない日常的な談話によって社会に浸透している。水面下にある根の深い差別意識の一部が、この構造的差別を作り上げる。日本にもこのような構造的差別は存在する。たとえば障害を理由とする差別の解消の推進に関する法律を実施するため、障害の程度が比較的重い子供を対象として教育を行う学校を「特別支援学校」と言う。かつての「聾学校」や「盲学校」や「障害」ということばが差別的であるから「特別支援」にしたのだが、考えてみればやはり「支援」ということばも差別的であるともいえる。また、内閣府には「すべての女性が輝く社会づくり本部」というものがあるが、そこでいう「輝く女性」とは、男性のように職場でキャリアをつむことのできる女性であり、家庭にいる女性は輝いていない、という認識がある。ここにも、職場で働く男性の視点からの、家庭にいる女性に対する潜在的な差別が存在するようにも思える。「特別支援」であれ「輝く女性」であれ、一見すると差別とは関係ないと見過ごされるが、少し考えるといろいろな問題が見えてくるに違いない。

第 11 章

そもそもコミュニケーションは成り立っているのか？

「言語の檻」を超えるしくみ

田中愼

1. コミュニケーションの断絶？

　本巻は、「コミュニケーションの断絶」というテーマのもと、言語にまつわる多様な現象をさまざまなアプローチから複層的に扱っている。本巻の最後の章では、視点を変えて、「言語」そのものに焦点を当てて「コミュニケーションの断絶」という問題を考えていきたい。

　近年、原発の議論、トランプ大統領の言説など、コミュニケーションにおける「フェイク」が取り上げられることが多いが、すでに本巻の諸論文が示しているように、この現象は今に始まったことではなく、歴史的にも多く観察される現象である。これらの現象を目の当たりにするにつけ、「言語におけるコミュニケーションは、そもそも「断絶」しているのである」という考え方も成り立つように思える。すなわち、「コミュニケーションの断絶」は、我々が言語を用いてコミュニケーションをとる限り避けられないものであり、それゆえ、「断絶」は今日昨日の現象ではなく、我々が言語を使用する以上いわば宿命的(prädestiniert)なものなのではないかという考え方も成り立つように思える。

　本章では、この「コミュニケーションの断絶」の問題を正面から扱っていく。その上で、本章では、（言語におそらくもっとも通じているだろう）言語学者たちの大多数は、「言語は、現実世界を表象し、伝達するしくみを備えている」という立場をとっているということを示す。つまり、「コミュニケ

ーションの断絶」は言語に内在する問題というよりは、言語の使用者の恣意（この恣意性も言語の重要な特徴ではあるが）に委ねられている問題なのである。

　本章の構成を概観しよう。まず導入に続き、第2節では、「コミュニケーションが断絶している」という考え方が、言語の省察を通して徐々に拡大していることを述べる。第3節では、その原因の一つとして「言語によってものの見方が変わる」という言語相対論の考え方を見ていく。第4節は、この「言語相対論的」な考え方に対するアンチテーゼとして、言語の表象のシステムである「記号作用」の諸原理を紹介する。第5節では、これらの「記号作用」がどのように機能しているかをドイツ語を例に見ていく。第6節は、この言語の表象の諸原理からの「逸脱」と思われる例を見ていく。その際、個別の言語使用における逸脱とその定着の可能性の例を概観したあと、これらの「逸脱」が言語の体系の改変までにはいたらないということを示す。

2. 世界の認識可能性と言語化の問題―「コミュニケーションの断絶」への道

　本論では、言語による「コミュニケーション」を以下のように定義する。

　　「話し手が世界を認識し、それを言語化し、聞き手に伝えること」

　そして、本巻のテーマである「コミュニケーションの断絶」は、このプロセスが、意識的ないしは無意識的に断たれた状況を指す。以下に、言語には、「世界を認識し、言語化する」というプロセスと「それを聞き手に伝える」ためのしくみが備わっていることを示していこう。
　まず、「世界を認識し、言語化する」プロセスを考えてみよう。素朴に考えると、我々は、日々「言語を用いて世界を描き出し」ていると考えられる。しかし、この考え方は、言語をめぐる論争においては、言語について語る初期の思想としてはともかく、時代を経、言語のさまざまな矛盾点が指摘されるにつれ、素朴にすぎる考え方として徐々に時代遅れなものと考えられて来た。Leiss (^{2}2012)は、「言語は世界を表象しているか」と言う問いに対する

答えが、時代とともに変わってきた様子を以下のように表している。

(1)「言語は世界を表象しているか」についての五つの立場(Leiss (^{2}2012: 3)より)
　1. 言語は世界(外界)を表象する。
　2. 言語は、世界ではなく、我々が持つ世界についての思考を表象している。
　3. 言語は我々の持つ世界についての思考を表象しているが、それは不完全なものである。
　4. 言語の世界、思考の表象は不完全というだけではなく、言語はそもそも何も表象していない。

　1の立場は、先に述べた素朴実在論の立場である。この起源は、ギリシア時代に遡ることができるが、基本的に我々が素朴に言語について内省する場合、通常はこの考え方をとる。それに対し、2は、合理主義の立場を示している。言語は、「世界そのもの」でなく、世界についての我々の思考を反映しているものと捉えられている。思考と世界の間の対応関係は、ここでは保証されていない。つまり、言語と世界の「断絶」が見られるのである。

　3の立場は、言語は世界を表象する手段としては不完全なものであり、「改善」、「治療」が必要であると考える分析哲学に代表される考え方である。「言語を改善する」という考え方は、中世のころから見られたが、エスペラント語の構想(19世紀後半)などにも見られるように、20世紀が近づくにつれて「言語の不完全さ」は多くの人々から主張され、「改善」が求められた。

　4の立場は、3の考え方を突き詰めて行き着いた先と言える考え方である。Leiss (^{2}2012)は、「言語論的展開」を提唱したリチャード・ローティ(Rorty 1967)の考え方を引いて、以下のように述べている。

　　人間が互いに自身の確信や考えを伝えあう場合、それらの考え方は真であることもあるし、偽であることもあるだろう。いずれにせよ、ここで言語は何かを表しているわけではない。では、言語が何も表さない、す

なわちそれについて語るべきものが何もないのであるのならば、なんのために人間は文を用いるのだろうか。そもそもなぜコミュニケーションをとるであろうか？　ローティによると、<u>人はただ社会的に成功するために文を用いているという言う。すなわち文は、我々の（何らかの社会的）目的を達成するために役立つ雑音の連鎖ということになる。</u>」(Leiss ²2012: 10、下線は筆者による)

ここでLeiss (²2012)は、（ローティによると）「言語は社会的に成功するためだけに用いられる」ものであり、「文は我々の目的を達成するための雑音の連鎖」であるとしている。この段階に至り、上述した「世界を言語化し、伝達する」という意味でのコミュニケーションは、原形をとどめていない。「言語はなにも意味しない」のであり、「コミュニケーションの断絶」は、まさにあらかじめ定まっていると言えるだろう。

このように2～4に移るにつれて言語と思考、世界との関係は徐々に疑わしいものと捉えられていることとなる。Leiss (²2012)は、この四つの「言語哲学的」な立場に対して、「言語学的」な五つ目の立場を紹介している。

　　5. そもそも（高次の）表象は、言語によって初めて可能になる。
　　　（Leiss ²2012: 3）

以下に、このLeissの立場に基づき、「言語学的」立場を見ていこう。言語学は、時代を通して、言語の可能性を一番深く理解し、かつ、言語の表象、伝達可能性を主張してきたのである。

3.「言語の檻」？—言語相対論

上の2～4のように「言語は必ずしも世界を表象し伝えるものとは言えない」、すなわち「言語によるコミュニケーションが成立しにくい」とする言説が基づく根拠の主なものは、「世界を言語化する」ということが言語ごとに大きく異なっているという事実の観察である。この主張は「言語相対論」と

いう名のもとに広くなされてきた。例えば、「イヌイットの言語において雪を表す表現が数十に上る」というような言説がまことしやかに語られる[*1]。この「言語が独自の世界観を作り出す」という考え方は、とりわけ19世紀の後半から20世紀の前半にかけて盛んに議論されていた。「イヌイットの数十の雪の表現」の真実性はともかく、異なった文化を持った言語において、語彙の分布が異なって観察されるということは、例えば、日独の「馬」に関する表現や、「米」に関する表現を比べてみれば明らかである。

表1:「馬」、「米」の語彙の日独対照

馬に関する表現		米に関する表現	
日本語	ドイツ語	日本語	ドイツ語
馬	Pferd	米	Reis
オス馬	Hengst	ご飯	gekochter Reis
メス馬	Stute	稲	Reispflanze
子馬	Pony	籾	ungeschälter Reis
白馬	Schimmel	お粥	Reisbrei
黒馬	Rappe		
シマウマ	Zebra		

　表1でわかることは、「馬」を表す様々な表現がドイツ語では単一語で表されているのに対して、日本語では、「馬」という語を基礎語とした複合表現をとっているということである。この点から、ドイツ語では、馬に関する語彙がより基本的な単位で数多くあるということがわかる。一方、「米」についての表現において、その分布は逆転している。すなわち、日本語では、米がどのような形をとっているのかに従って様々な単一語が存在するのに対し、ドイツ語では、複合的な表現を用いて表現される。ここでは、日本語の方でより詳細な分類が見られるということがわかる。この分類の細かさの違いは、両言語の文化的背景を反映している。ドイツ語文化圏で、「馬」はより一般的、身近なものであるのに対し、日本語文化圏において「米」はより生活に密着しているものであり、それぞれの文化圏においてそのさまざまな概念は、より細かく分類されていると考えることができるだろう。
　この言語相対論は、「サピア゠ウォーフの仮説」という名前で広く知られ

ているが、その嚆矢と見なされているが、ベンジャミン・リー・ウォーフである。ウォーフの観察は、先述の「イヌイットの雪の語彙」といった辞書レベルにとどまっていない。ウォーフは、言語による世界観の違いは文法にも見出されるとして、ホピ語(北米インディアンの言語の一つ)の時制体系に言及している。その際、ウォーフは、ホピ語に明確な時制の体系がないという観察を通して以下のように述べている。

> 「時間」と「質料」の概念は、すべての人間に実質的に同じ形で与えられているわけではなく、それを形づくってきたところの言語の性格によって決まる。(ウォーフ 1993: 137)[*2]

このように、言語相対論の考え方を突き詰めると、語彙、文法レベルの各レベルで、言語の性格によって、「時間」や「質料」などの概念が言語ごとに異なっていることになり、それは、すなわち異言語間において翻訳はあり得ないことになり、その意味で、「本当の」理解はありえないということに行き着く。この場合、言語というのは、単純に日本語やドイツ語などの「個別言語」という単位ではなく、同一言語内における個々人におけるヴァリエーションも含みうるわけであるから、言語を通しての情報の伝達という意味でのコミュニケーションは同一言語内でもあり得ないということになる。かくして、我々は、異なった言語間(究極的には個人間)に間にある壁を越えることはできず、いわば「言語の檻」に閉じ込められている状態となる。このような状況では、「コミュニケーションの断絶」は避け得ようのない事態ということになる。前節で見たローティが主張するように、我々が言語を用いるのは、情報を伝達するためではなく、社会的な成功を収めるためであるということになるのであろうか?

4. 表象のしくみ(世界を言語化する)―記号化の2段階

前節で見た言語相対論的なアポリアに対し、Leiss は、「言語論的再転換(linguistic return)」の名のもとに、言語の高い表象可能性を主張した。この

考え方は、遅くとも中世の思弁文法以来さまざまな言語研究者の間で広く受け入れられている2段階の記号化のプロセス(Semiose)のしくみに基づいて「現実世界を写像するしくみ」としての言語を記述する立場である。Leiss (^{2}2012)によると、この2段階の記号化プロセスは、各言語研究者によって異なる名称が与えられているものの、おおよそ表2のようにまとめられる。

表2: 記号化の二つのプロセス（Leiss (^{2}2012: 207) より）

Semiose 1 (記号作用1)	Semiose 2 (記号作用2)	
Impositio I 表現と(表現)対象との結びつけ (語彙素の意味特徴により対象が選択される過程)	**Impositio II** 'modus significandi' (意味表示様態)の発現 (品詞や文法カテゴリが決定されるプロセス)	Modisten 思弁文法
類像記号(Icon) 意味特徴による選択プロセス (類像的なものから概略的なものまでの段階)	**直示記号(Index)** パースペクティブの選択 (類像記号や概略記号を描写する角度の設定)	Peirce
パラディグマ(連合)レベル 言語システムから特定の要素を選択するレベル	**シンタグマ(統合)レベル** 選択された要素を結びつけるレベル	de Saussure
選択 類似性に基づく選択が行われる	**結び付け** 隣接性および部分全体関係に基づいて選択が行われる	Jakobson
シンボル記号 特徴による指示	**直示記号** 直示による指示	Bühler

　ここで、記号作用(Semiose)は、先述の言語のコミュニケーション機能で挙げた「世界を認識し、言語化する」というプロセスと捉えることができる。記号作用の第一のレベルである記号作用1のレベルでは、世界をクラス概念の分類し、それを記号化するプロセスである。記号作用1により切り取られたクラス概念は、次のレベル、すなわち記号作用2で個別化され、それにより特定の対象と結び付けられることになる。以下、二つの記号作用について順を追って見ていこう。それにより、我々は言語によってまったく恣意的に世界を切り取っているのではないこと、そして切り取られた概念もまったく

恣意的に組み合わされているわけではないことが示されることになる。

4.1 記号作用1（語彙レベル、世界を分類するプロセス）

　表1では、言語によって分類の細かさが変わる例として、日独の「馬」と「米」についての語彙を対照した。その際、ドイツ語で馬の種類に単一語表現が割り当てられているのに対し、日本語では「馬」の種類は「馬」を基礎語とする複合的表現であることが示された。この違いは、当該言語文化における特定の分野における「解像度」の違いに起因すると考えられた。このように言語は、各語彙において異なる「解像度」を持つことにより、世界の分け方は言語ごとに大きく異なっているということが観察される。

　しかし、「馬」の語彙をより詳細に見ていくと、その切り分け方は、単純に恣意的に行われているわけではないことがわかる。言語ごとに解像度の違いはあるが、語彙は構造化されており、分け方には共通の原理と呼べるものが存在しているのである。その共通原理とは、記号作用1の際に働く「部分全体関係」の原理である。

図1: 動物の呼称の類型論

　図1で示されているように、「馬」という概念は、単独で存在しているものではなく、上位概念や下位概念を含む構造を成している。その語彙構造の基本原理は部分全体関係であり、この構造は言語を通じて共通のものであると考えられる。この考え方に従うと、自然言語の辞書はこの部分全体関係から構成され、表1で見たような言語間の差異は全体の構造のどのレベルに注目するかという程度の違いに帰することになる。

この部分全体関係が言語の重要な原理を成しているということは、ジョーゼフ・グリーンバーグが言語類型論の分野で言語の普遍性の記述の道具立てとして提唱した「含意的普遍性」の原理ともつながる。グリーンバーグは、多種多様にわたる自然言語に絶対的に共通なものというのは非常に数が限られる一方、「Aという特徴をある言語が持てば、その言語はBという特徴も持つ」という普遍的原理は多く観察されることを示した。辞書のレベルでの含意的普遍性を示す研究にBerlin & Kay (1969)が示した色彩語彙の普遍性がある。

```
        白           > 緑
            > 赤         > 青 > 茶
        黒       > 黄
```

図2: 色の普遍性 (Berlin & Kay 1969)

　色彩そのものは、物理的現象であり、言語に関係なく存在しているものであるが、色彩を表す語彙は、言語によって異なることが広く知られている。一方、色彩語彙には、特定の含意的普遍性が観察される。図2の表で示されているのは、色彩関係語彙の含意関係である。その含意関係によると、ある言語で特定の色概念が単一語で実現されている場合、その言語では当該の色よりも左側に位置する色のすべてが単一語で表現されるということになる。

　このように、言語の語彙構造は個別言語における勝手な分類から成っているのではなく、基本的に同じ原理(部分全体関係)に従っており、実際の言語間の違いはすなわち、どのレベルまで当該言語で実現されるかという違いに還元されることになる。この結果、言語間の違いは表面的なものであり、翻訳は十分可能なものということになる。これは個人レベルの言語の違いにも当てはまることになる。

4.2 記号作用2（文法レベル、対象を同定するプロセス）

　次に、2段階目の記号プロセスである記号作用2の普遍性を考えてみよう。記号作用2では、世界から選択され切り取られたクラス概念が具体的な対象

や事象と結びつけられる。この際、さまざまな文法カテゴリが用いられるが、文法カテゴリは対象の見方(パースペクティブ)を設定していく。表3では、ドイツ語の主要な文法カテゴリとその文法カテゴリがどの次元でパースペクティブを設定していくかがまとめられている。

表3: シンボル記号(Semiose 1)とその具体化(Semiose 2) (Tanaka 2017: 264 より [3])

シンボル記号(対象): „Junge'	
名詞的カテゴリ	例(定められる特徴)
性	der Junge (名詞の性質: 可分—不可分)
数	ein Junge / Jungen ((不)加算性)
定性	ein Junge / der Junge (定性)

シンボル記号(事象): „(einen / den) Jungen küssen'	
動詞的カテゴリ	例(定められる特徴)
アスペクト	Maria ist gerade dabei, den Jungen zu küssen. / Maria hat gerade einen Jungen geküsst. (空間的: 事象を内からか外から見るか)
時制	Maria küsste den Jungen. (時間的次元)
法	Maria dürfte jetzt den Jungen küssen. (様相の次元: 現実—非現実の対立)
人称	Maria küsst den Jungen. (人称の次元)
態	Der Junge wird jetzt geküsst. (どの参与者の視点をとるか)

　クラス概念としてのJunge (少年)は、数えられるものと認識され、かつ定、不定により対象が決定される。これらは、名詞的なカテゴリである性、数、定性などによって決まる。同様に„(einen/den) Jungen küssen' (少年にキスをする)という事象(コト)は、一まとまりのものとして外から見るか(完了)あるいは事象の全体像が見えない内から見るか(未完了)が決定され、さらに時間、様相、人称、参与者との関係から一定の見方が定められる。その際に、各カテゴリは共同で働き、全体として言語ごとに一つの大きな体系を形成している。個々のカテゴリの働きは、個別言語によって大きく異なる可能性があるが(例えばホピ語において時間的次元を定める時制よりも、出来事を内から見るか外から見るかといったアスペクトや、情報のソースを提示する証拠性のカテゴリがより一次的なものとして働いている)、クラス概念を具体的な対象・事象に結びつける文法の働きそのものは、言語間において一定のもの

であると考えることができる。

4.3 記号の三角形

4.1および4.2節で扱った記号作用の二つのプロセスは、アリストテレスによって初めて提示され、20世紀前半にOgden & Richardsによって現代言語学に再導入された「記号の三角形」の範型において明示的に示すことができる。

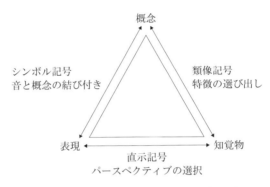

図3: 記号の三角形(Leiss（2011: 28）より）

　三角形の右側の斜辺は、記号作用1のプロセスを表している。知覚される外界のものは、その特徴が選択されて概念となる。この概念(意味)は、一方で特定の言語表現と結びつく(左斜辺)。この関係は、ソシュールが指摘しているように、基本的には恣意的なものとなっている。記号作用2は、選択された概念を表す表現を現実世界の知覚物と結びつける作業である。底辺の表現から延びる線は、表現が知覚物である対象に延びているが、この関係は、さまざまなレベルの「指し示し」によって行われる。その際、一番基本的な「指し示し」は、言語場面からの直接指示(直示)となる。

　このように、言語学は、汎言語的に観察される記号化のしくみを明確な形で記述してきた。個別言語的な決まりごとに基づいた言語記号の「恣意性」は、非常に少ない数の(音韻ないしは書記)要素で、無限の対象を表現するしくみを可能にしている非常に重要な特徴であるが、言語間の違いの大半を生み出すこの恣意性は、記号作用の一部を成すものにすぎない。それに対し、

記号作用の大部分(記号の三角形で言うと三角形の「右斜辺」と「底辺」という三分の二の部分)は、指示(知覚物を概念化し、その知覚物と表現を結びつけること、すなわち世界を言語化し、指し示すこと)を可能にする、自然言語に共通して内在しているものと言えるだろう。すなわち、言語は、実際に外界の情報を言語化し、指し示し、伝えるしくみを備えているのである。

5. ドイツ語におけるコミュニケーションのしくみ—定形とV2語順

前節までに、自然言語が世界を切り取り、言語化するしくみを備えているということを示した。本節では、このしくみを具体的にドイツ語で示していこう。ドイツ語では、上述の記号化プロセスが、形態的、統語的な手段が用いられて明示的な形で表現されている。

Tanaka (2016: 276)は、コト(事象)を具体化し、伝える三つのステップがドイツ語に備わっていることを示した。

I. 不定詞(infintit): 出来事が類概念(kind)として提示される。
 (1a) *gern auf dem Schulhof Fußball spielen*
 「好んで校庭でサッカーをする(こと)」

コト(事象)は、シンボルとして表象されている。(1a)では、「校庭でサッカーをするのが好きなこと」というコトは、いつ、誰が、現実か非現実化という点で同定されていない。そのため、時間的、空間的、人称的、様相的に具体化されなくてはならない。それは、定性(Finitheit)を伴って起こる。

II. ＋定性(副文): コトの具体化
 (1b) *dass Kai gern auf dem Schulhof Fußball spielt*
 「カイが好んで校庭でサッカーをする(こと)」

動詞の定性により、類概念は時間的、空間的、人称的、事実性の観点から規定される。(1b)では、動詞人称語尾(-t)により、現在、三人称単数、直接法(現実)ということが決定される。これにより、コトは指示(Referenz)を得る。

III．＋定性（主文）、談話状況への埋め込み：コトについて聞き手に伝達される。
　(1c) *Auf dem Schulhof spielt Kai gern Fußball.*
　「校庭でカイは好んでサッカーをする」
　コトが確言的に聞き手に伝えられる。(1c)では、定形動詞(spielt プレイする)が第二位の位置を占めることにより、話し手の判断であることが聞き手に伝えられる。

　上の三段階のステップIは、先述の記号作用1に相当する。コトは、まずクラス概念として把握される。ドイツ語および多くのヨーロッパ言語では、動詞の定形が記号作用2のレベルに相当し、対象の同定に寄与する（ステップII）。
　ステップIIIは、指示を得たコトを談話状況へと埋め込むレベルである。このことは、ドイツ語において、動詞の語順によって実現する。コトについての話し手の判断を聞き手に伝える場合は、平叙文として動詞は定形第二位(V2)の語順をとる。コトについて疑問を呈する場合（疑問文）、命令・願望として伝える場合は、定形動詞は、主に文頭(V1)に立つ。
　ドイツ語では、この談話への埋め込みのレベルは、形態統語的に明示的になっているが、言語によってその実現形式は異なる。英語では、主文、副文の区別は特定の形態統語的な表示はなく、主に音韻的手段により実現されている。また、日本語では、助詞のハやガの使い分けなどにより、話し手の判断の有無が表示されるが、この表示は必ずしも義務的なものとは言えない点においてドイツ語のV2、V1語順とは一線を画すものである[*4]。

6.「逸脱」のしくみ―言語の規制による社会の操作の可能性

　これまで、言語の「モノ・コトを伝える」という意味でのコミュニケーションを可能にするしくみについて述べて来た。すなわち、人は言語によって構造を持った世界を写し出し、伝えることが可能になっているのであり、言語そのものがコミュニケーションの断絶の主因となっているわけではないということを論じた。

一方で、「コミュニケーションの断絶」と言われる現象は実際に確認される。冒頭に述べたような例に見られるように、人は言語を使って、意図的に伝達を捻じ曲げるということは現実に存在しているのである。本章の最後に、この「言語による現実の歪曲」はどの程度までが可能であるのか、という問題をこれまで述べてきた「言語のしくみ」との関連から考えていこう。

6.1　不適切な言語使用による社会の操作―Unwort des Jahres

　その考察の出発点として、ドイツにおけるUnwort des Jahres（今年のナンセンスワード）の例を見て行こう。ドイツでは、一年に一度、政治的文脈やマスメディアで用いられた表現から、特に不適切なものが、Unwort des Jahresとして選ばれる[*5]。2016年のUnwort des Jahresに選ばれたのが、Volksverräterという言葉であった（→第6章参照）。この言葉は、ドイツでの難民受け入れを巡って極右政党の議員が敵対する政党の議員に向かって投げかけた言葉であり、「国民（Volk）」の「裏切り者（Verräter）」という意味である。この言葉は、とりわけナチスドイツにおいて戦争中に使用されたものであり、日本語で言えば「非国民」に近いものと言えるかもしれない。Unwort des Jahresの選考委員会は、このような言葉を用いることは、「ドイツ国内にいるすべての人々の基本的人権を否定するもの」であるということを理由に挙げ、この言葉をUnwort des Jahres 2016に選んだのである。

　Volksverräterのような言葉の使用は、このテーマが日常的なものになっているということ、あるいは日常的にしようとする歪んだ意図があることを示唆している。その意味では、文化的、社会的背景を反映したものであるということもできる。3節で挙げたドイツ社会が「馬」を細かく分類しているように、この言葉も社会の一断面を言語化したものである。このように我々は、言語を用いて社会の一断面を一つの概念として取り上げることができるのであるが、一方で、Unwort des Jahresの審査委員会は、この取り上げ方が人間の尊厳を傷つけるものであり、問題があると見なしたのである。

　このような社会の恣意的な切り取りとそれを是正していこうという考え方は、いわゆるpolitical correctness（政治的に正しい言葉遣い）という名においても広く見られるものである。「看護婦」や「スチュワーデス」という表現が、

性の区別を強調し、固定化するとして、「看護師」や「キャビン・アテンダント」と言い換えることなどもその一つである。このような場合、文化的・社会的な背景による現実世界の切り取りを、部分全体関係の上位概念の呼称を使用することによって解消していこうという試みがなされているが、この試みが十分言語社会に定着する場合には、その目的が果たされることとなる。

　このように、VolksverräterのようなUnwortの使用や、political correctnessによる言語の是正は、語彙原則の部分全体関係を大幅に損なわない限りは、その有効性を持つ。一方で、これらの「恣意的な切り取り」が大規模かつ体系的に行われることにより、語彙原則から逸脱する場合、その試みは失敗することになる。そのような大規模な「現実世界の恣意的な切り取り」の例を次節で見ていこう。

6.2　言語の規制の試み―ジョージ・オーウェルのニュースピーク

　言語使用における「逸脱」と「規制」が特別に問題視すべき部分的なものに向けられている場合には、この試みは有効なものであったり、害を成すものであったりするが、これを一般化し、社会全体において言語を規制し、統制していこうとすることには限界があると考えられる。

　言語全体を規制し、それを言語社会全体に行きわたらせ変えてしまうような試みは、現実においてはほぼなし得ないことであるが、ジョージ・オーウェルがその小説『一九八四年』の中で、その小説中の仮想国家オセアニアで話されるべく作られた新造言語「ニュースピーク」では、その構想が実現されている。ニュースピークは、作中の全体主義国家オセアニアにおけるイングソックという特定のイデオロギーの要請に応えるために「オールドスピーク」、すなわち従来の英語を改良することによって考案された言語であり、それによりイングソックの以外の思考様式を不可能にするものとされた。

　この目的を達成するために、ニュースピークには、さまざまな工夫がなされている[*6]。「イングソック」(イングランド的社会主義)の思想に沿わない考え方を表す単語は、すべてその言語から削除される。例えば「政治的な自由」という概念は、それに対応する言葉もなくニュースピークでは表現されない。ニュースピークの語彙は、厳密に定義され、一つの単語は必ず一つの

概念を意味するものであり、多義的な表現は許容されない。その結果、ニュースピークは、思想の制限に伴って語彙が年々減少する希有な言語であるとされる。文法規則も厳密に決められ、基本的に例外は許容されない。動詞は、規則変化であり、不規則変化動詞もすべて規則変化に修正されている。

　ナチスドイツは、異端思想の語を廃止するかわりに、新造語を作ったり、語にあらたな意味を与えそれを流布させることにより言語を操作し(Volks-verräter「国民の裏切り者」などがその例であろう→第6章高田論文参照)、その意味でこのニュースピークに近いことを行っているとも言えるが、ニュースピークの特徴である、多義性や不規則性の排除などは、現実的に可能なものであろうか。

　この問いは、今日では実験的な意味しか持たないが、過去において、このような試みは多く行われていた。ウンベルト・エーコは、その著書『完全言語の探求』の中でそういった試みのいくつかを紹介しているが、そのもっとも有名なものは、17世紀イギリスの思想家ジョン・ウィルキンズの考案した人工的哲学言語である。ウィルキンズは、本来は近い関係である二つの語（例えば「犬」と「狼」など）がまったく違う形で実現している（ドイツ語では、HundとWolf）ことは記憶の面でも合理性を欠くとし、モノとその名称は恣意的ではない関係で結ばれるべきだと提唱した。そのようにして、ウィルキンズは、世界を40のカテゴリに分節し、さらにそれらの下位集合を精密に分析していくことにより、より合理的かつ普遍的な体系を構築し、科学技術の進歩に適した言語の創出を提案した。

　しかし、今日我々は、このような「合理的な」言語を用いていない。ウィルキンズの試みは成功を修めることはなかった。言語に不規則性をなくすという、ほとんどの「合理的な」試みは失敗に終わり、我々は、今日も不規則な過去形や不規則な複数形を学び、使用している。同様に、単語は、一つの意味だけを持つものではなく、文脈によってさまざまな意味を持つことが普通であり、専門用語などのごく限られたケースだけ、一対一の対応が確保されている。言語には、単純な規則性や一義性では説明されない、言語に根ざした別の意味での「合理性」があり[7]、その合理性に逆行する試みはことごとく失敗したのである。オーウェルは、小説『一九八四年』において、ニュ

ースピークを、本能に逆らうあり得ない想定として提示しているものと考えられるが*8、その観察は、これまでの言語の歴史を見る限り正しいものと言えるだろう。限られたごく狭い分野の個々のケースで社会、文化のある面を強調して切り取る言語使用は可能であるが、社会全体を変えていくような言語の規制はこれまでに成されていない。これは、言語は人間が意図的あるいは非意図的に社会を変えていく手段ではなく、本章の主張である、社会、文化も含めた世界を写し出す手段なのであるということを示唆している。

Endnotes
*1 「イヌイットの雪の語彙」についての記述が一般に広く知られるようになったのは、ウォーフの論文に掲載されたことがきっかけであった(ウォーフ 1993: 159-160)。ピンカー(1995: 87)は、この説を「できの悪い言語学の教科書に載せられたイヌイットの例のような与太話」と断じている。
*2 言語相対論の嚆矢であるウォーフは、言語による見方の違いを強調したが、一方で、ウォーフは、特定の文法カテゴリの有無が世界の見方を左右するというよりは、現実が言語によって異なるストラテジーによって把握されているということを主張している。これは、本引用に直接続く部分にも明確に述べられている:「そのような概念は、文法の中の何かひとつの体系(例えば時制とか名詞)によって決まるというよりは、むしろ、経験をいかに分析し、報告するかによっている。これが言語の中に「言い廻し」として繰り入れられて固定し、いくつかの典型的な文法的分類にまたがって現れる。(ウォーフ 1993: 137)」
　このようなウォーフの言語相対論的な考え方は、近年になって再評価されつつある(Gumperz & Levinson (1996)、ウォーフ(1993: 5)などを参照)。
*3 表3の詳細は、Tanaka (2017)を参照。
*4 詳細は、Tanaka (2017)を参照。
*5 このUnwort des Jahresは、特定の団体とは独立した言語学者、ジャーナリストらで構成される委員会によって毎年1月に前年の公的な文脈で使用された言葉から選ばれる。この運動は、「民主主義の基本原理についての社会的なコンセンサスが危機に瀕している状況にあるこの時代に、我々の社会の公的な場で許容される発言の限界を示すという言語批判的な運動」(同キャンペーンのウェブサイトから引用)と自己規定している。
*6 オーウェルは、同小説の附録として『ニュースピークの諸原理』を著し、その語彙、文法の詳細を記述している。
*7 言語の合理性、例えば不規則変化の合理性についてPinker (1999)は、突っ込ん

だ議論を展開している。また、言語が基本的に一義的で固定した意味と形の組み合わせから成立していないことは、近年認知言語学の分野の研究などからも支持されている。
*8 オーウェルは、近未来全体主義国家「オセアニア」が抑圧、規制する対象として、言語の他に食事とセックスを取り上げている。言うまでもなく食事、セックスは、人間の本能の代表的なものであるが、多くの言語研究者にとって言語もまさに人間の「本能」なのである。詳しくはピンカー(1995)参照。

参考文献

Berlin, Brent & Paul Kay. (1969) *Basic Color Terms: their Universality and Evolution*. Berkeley & Los Angeles: University of California Press.

Eco, Umberto. (1997) *Die Suche nach der vollkommenen Sprache*. München: dtv. (エーコ, ウンベルト　上村忠男・廣石正和訳 (1995)『完全言語の探求』平凡社ライブラリー)

Greenberg, Josepf Harold. (1963) Some universals of grammar with particular reference to the order of meaningful elements. In *Universals of Language*. pp. 73-113. Cambridge: MIT Press.

Gumperz, John J. & Stephen C. Levinson. (eds.) (1996) *Rethinking linguistic relativity*. Cambridge: Cambridge University Press.

Leiss, Elisabeth. (2011) *Grammatik und Deixis: Vorschlag einer streng funktionalen Trennung von Grammatik versus Lexikon*. Vortragsmaterial bei der deutsch-japanischen Sommerschule Linguistik. München.

Leiss, Elisabeth. (^{2}2012) *Sprachphilosophie*. Berlin & Boston: de Gruyter.

オーウェル, ジョージ　高橋和久訳 (2009)『一九八四年』[新訳版] 早川書房

Pinker, Steven. (1994) *The Language Instinct. How the Mind Create Language*. New York: William Morrow. (ピンカー, S.　椋田直子訳(1995)『言語を生み出す本能』NHKブックス740)

Pinker, Steven. (1999) *Words and Rules. The Ingredients of Language*. New York: Harper Perennial.

Rorty, Richard. (ed.) (1967/1992) *The Linguistic Turn. Essays in Philosophical Method. With two Retrospective Essays*. Chicago, London: The University of Chicago Press 1992. [1967初版].

田中慎 (2016)そもそもコミュニケーションは成り立っているのか?―言語研究における「ディスコミュニケーション」講演資料　2016年春季ドイツ理論文法研究会例会

Tanaka, Shin. (2016) Prädikation im deutsch-japanischen Vergleich. Verb-zweitstellung (V2) und die Partikel -wa. In Ogawa, Akio. (Hrsg.) *Wie gleich ist, was man vergleicht*. pp. 273-282. Tübingen: Stauffenburg.

Tanaka, Shin. (2017) Das kategorische Urteil im Spiegel der Grammatik: Deutsch-Japanisch-Kontrast. In Zeman, S., M. Werner & B. Meisnitzer. (Hrsg.) *Im Spiegel der Grammatik. Beiträge zur Theorie sprachlicher Kategorisierung*. pp. 273-282. Tübingen: Stauffenburg.

Whorf, Benjamin Lee. (1964) *Language, Thought, and Reality: Selected Writings of Benjamin Lee Whorf*. MIT Press. (ウォーフ, B. L.　池上嘉彦訳 (1993)『言語・思考・現実』講談社学術文庫 1073)

文献解題

Elisabeth Leiss. (^{2}2012) *Sprachphilosophie*. Berlin & New York: de Gruyter.

　本章の言語学的の歴史を通して明らかになってきた言語の表象機能についての論考は、本著をベースにしており、可能であればドイツ語で読まれることをお勧めする。本書は、ミュンヘン大学のエリーザベト・ライス教授が、言語学の立場から、言語に対する過去の主にヨーロッパでなされた省察について、「言語―思考―世界」の表象関係をもとにまとめたものである。本書では、この三つの軸を結ぶ関係が時代とともに徐々に失われていく様子が述べられているが、これにより、(言語哲学者や文学者にとって)言語が相対的に価値を失っていく過程が描き出されている。それとともに哲学はますます言語に執着し、一部は言語の表象機能を放棄する方向に向かい、また別の一部は、言語を思考や世界を写し出すのに相応しいものに変えていこうとする試みを行う。そして、これらの試みは失敗に終わることになり、それとともに言語哲学という試みは失敗に終わることになる。ライス氏は、このような現代の状況から脱する道として、言語学がこれまで発見してきた論考を整理し、世界の関係性を作り出していくものとしての言語についての学問を構想する。
　本書は、現在筆者を含むドイツ語研究者3人による翻訳の計画が進められており、近年中には、公刊できる予定である。

ベンジャミン・リー・ウォーフ　池上嘉彦訳 (1993)『言語・思考・現実』講談社学術文庫 1073 (Benjamin Lee Whorf. (1964) *Language, Thought, and Reality: Selected Writings of Benjamin Lee Whorf*. Massachusetts: MIT Press.)

　「サピア゠ウォーフの仮説」は、「言語が異なれば考え方も異なる」というテーゼ

のうちに単純されたこともあり、20世紀の前半には広く影響力を持つものであった。その中で、ウォーフのさまざまな言説は、部分的に切り取られウォーフの意図が正しく理解されないで伝わったという状況も長く続いた。本書は、ウォーフの代表的な論文をまとめることによってウォーフの正しい理解を促そうという目的で70年代に刊行されたものであるが、講談社学術文庫から出版するにあたり、訳者のあらたな解説を加え、ウォーフの現代的意味を改めて示したものである。とりわけ、20世紀後半の普遍文法を志向する生成文法全盛期において、ウォーフは批判的に捉えられる傾向にあったが、90年代になって「ウォーフ再発見」の動きが見られた。その意味でも、「言語」と「思考」、「世界」との関係を考える上で、ウォーフの論考を再現しつつ現代とのつながりをつけてくれる本書は重要なものであると思われる。

Steven Pinker. (1999) *Words and Rules. The Ingredients of Language.* New York: Harper Perennial.

　本章中で、「記号作用」の2段階について、言語学者の間でさまざまな言葉に言い換えられながら展開されていった様子を簡単に振り返ったが、本書の言葉で言えば、言語は、まさに「単語」(記号作用1)とルール・文法(記号作用2)で成立しているものであり、どちらか一つだけでは成り立たないものである。著名なアメリカの言語学者スティーブン・ピンカーは、「語」と「ルール」という素材から成り立つ言語のしくみを、さまざまな例を挙げながら、明快に解説している。スティーブン・ピンカー氏の本は、何冊も邦訳があり、それらはみな言語学に必ずしも詳しくない者でも読めるように工夫されており、みなお勧めであるが、(現在までは)邦訳のない本書も英語が多少なりとも読めれば十分に理解可能であると思われる。

コラム　　ドイツ国歌の改正論議

　2018年の3月、ドイツの家族相の男女平等担当官のローゼメーリンク氏は、同年5月9日の国際婦人デーの機会に、現行のドイツ国歌をgendergerecht（ジェンダー的に正しい）にしようという提案を行った。この提案は、1841年にホフマン・フォン・ファーラースレーベンにより作詞され、その後、戦前戦後を通して親しまれていた歌（もともとの歌詞の3番）を男女平等の時代に合うように変えていこうというものであった。「統一と正義と自由を」で始まる歌詞のうちジェンダー論的に、ローゼメーリンク氏が問題にしたのは、2箇所であった。まず、2行目の「祖国（Vaterland）ドイツの為に」の部分は、祖国にあたるドイツ語がVaterland（父の国）という表現を用いるため、「母はどこに行った？」ということになる。また、3行目の歌詞「その為に我らは挙げて兄弟の如く（brüderlich）」の「兄弟の如く」という表現は、「姉妹」を排除していることになるというわけだ。これらのジェンダー論的に問題のある表現を解消し、Vaterlandの代わりにHeimatland（故郷の国）、brüderlichの代わりにcouragiert（勇敢に）を用いようという。Vaterlandについては、「生まれ故郷」という意味ではほぼ同じ語に置き換わるわけであるが、brüderlichについては、かなり異なった意味あいの語との交換になる。女性を用いた対応表現のschwesterlichや、Bruder（兄弟）の上位概念であるGeschwister（兄妹）からの派生語であるgeschwisterlichであると、brüderlichに含まれるある種の勇ましさというものがなくなってしまうので、外来語であるcouragiertという語を選んだのであろう。

　ローゼメーリンク氏の提案を生み出す契機となったのは、近年行われたオーストリア、カナダの国歌などで行われた国歌のジェンダー的改善である。しかしながらドイツ国歌の歌詞の「改正」は、今のところ実現しそうにない。「ジェンダー論的に正しくあろう」とするがゆえ、ホフマン・フォン・ファーラースレーベンの創作は改変されることになるが、一つの完成した作品を時代に合わせて変えてしまうことは、文化の破壊へとつながるかもしれない。また、よしんば今回の「ジェンダー的な改正」でより人間の平等が進んだとしても、そもそもが国歌という、時として国家主義的な含みも持ちうる存在を多少「平等」にしたところで、それがなになるんだという論も成り立とう。

　いずれにせよ、「改正」をするのは、ドイツ国民であり、言語学的な問題とは大きく離れた、社会的な制度の改革である。ドイツ国民がどのような判断をするのか、今後の展開に注目していきたい。

執筆者紹介 （＊は編者）

田中克彦（たなか　かつひこ）
一橋大学名誉教授

主な著書──『ことばと国家』(岩波書店、1981)、『「シベリアに独立を！」──諸民族の祖国(パトリ)をとりもどす』(岩波書店、2013)など。

佐藤卓己（さとう　たくみ）
京都大学大学院教育学研究科教授

主な著書──『増補　大衆宣伝の神話──マルクスからヒトラーへのメディア史』(ちくま学芸文庫、2014)、『ファシスト的公共性──総力戦体制のメディア学』(毎日出版文化賞受賞、岩波書店、2018)など。

田野大輔（たの　だいすけ）
甲南大学文学部教授

主な著書──『魅惑する帝国──政治の美学化とナチズム』(名古屋大学出版会、2007)、『愛と欲望のナチズム』(講談社、2012)など。

初見基（はつみ　もとい）
日本大学文理学部教員

主な著書・訳書──『ルカーチ──物象化』(講談社、1998)、『アーレント＝ブリュッヒャー往復書簡』[共訳](みすず書房、2014)など。

大宮勘一郎（おおみや　かんいちろう）
東京大学大学院人文社会系研究科教授

主な著書・論文──『ベンヤミンの通行路』(未來社、2007)、「配分か交換か──近代以降の正義と文学」(『ドイツ文学』Vol. 152、2016)など。

高田博行（たかだ　ひろゆき）＊
学習院大学文学部教授

主な著書── *Grammatik und Sprachwirklichkeit von 1640–1700: Zur Rolle deuscher Grammatiker im schriftsprachlichen Ausgleichsprozeß.* (Niemeyer, 1998; Reprint: De Gruyter, 2011)、『ヒトラー演説──熱狂の真実』(中央公論新社、2014)など。

川島隆（かわしま たかし）
京都大学大学院文学研究科准教授
主な著書──『カフカの〈中国〉と同時代言説─黄禍・ユダヤ人・男性同盟』（彩流社、2010）、『図説 アルプスの少女ハイジ─「ハイジ」でよみとく19世紀スイス』[共著]（河出書房新社、2013）など。

田中翔太（たなか しょうた）
ドレスデン工科大学言語学・文学・文化学科博士候補生
主な著書・論文──Microblogs global: Japanisch [共著]（*Microblogs global: Eine internationale Studie zu Twitter & Co. aus der Perspektive von zehn Sprachen und elf Ländern. Sprache-Medien-Innovation, Band 4*, 2014)、「現代ドイツにおけるトルコ系移民の言語意識─若者の声を聞いてみて」（『学習院大学ドイツ文学会研究論集』19、2015）など。

野呂香代子（のろ かよこ）
ベルリン自由大学言語センター日本語講座講師
主な著書・論文──「「環境・エネルギー・原子力・放射線教育」から見えてくるもの」（『原発事故後の公共メディアの言説を考える』、ひつじ書房、2015）、『メディアで見聞きする改憲の論理Q&A』[共著]（かもがわ出版、2016）など。

山下仁（やました ひとし）*
大阪大学言語文化研究科教授
主な著書──『講座ドイツ言語学3 ドイツ語の社会語用論』[共編]（ひつじ書房、2014）、『ことばの「やさしさ」とは何か─批判的社会言語学からのアプローチ』[共編]（三元社、2015）など。

田中愼（たなか しん）
慶應義塾大学文学部教授
主な著書・論文──*Deixis und Anaphorik: Referenzstrategien in Text, Satz und Wort.* (Linguistik – Impulse und Tendenzen 42, Walter de Gruyter, 2011)、*Grammatische Funktionen aus Sicht der japanischen und deutschen Germanistik.* [共編著] (Linguistische Berichte, Sonderheft 24, Buske, 2017) など。

シリーズ ドイツ語が拓く地平(全3巻)　責任編集
高田博行　　山下仁　　田中愼
大宮勘一郎　井出万秀　川島隆

第1巻編者
高田博行　山下仁

シリーズ ドイツ語が拓く地平1
断絶のコミュニケーション

Perspectives of the German Language 1
Disrupted Communication
Edited by Takada Hiroyuki, Yamashita Hitoshi

発行	2019年3月28日　初版1刷
定価	3800円＋税
編者	Ⓒ高田博行・山下仁
発行者	松本功
ブックデザイン	杉下城司
印刷・製本所	株式会社シナノ
発行所	株式会社 ひつじ書房

〒112-0011 東京都文京区千石2-1-2 大和ビル2階
Tel: 03-5319-4916　Fax: 03-5319-4917
郵便振替00120-8-142852
toiawase@hituzi.co.jp　http://www.hituzi.co.jp/

ISBN978-4-89476-961-8

造本には充分注意しておりますが、落丁・乱丁などがございましたら、
小社かお買上げ書店にておとりかえいたします。
ご意見、ご感想など、小社までお寄せ下されば幸いです。

刊行書籍のご案内

グリム兄弟言語論集——言葉の泉
ヤーコプ・グリム　ヴィルヘルム・グリム著
千石喬・高田博行編
定価12,000円＋税
訳者：岩井方男・岡本順治・荻野蔵平・木村直司・佐藤恵・重藤実・千石喬・高田博行・福本義憲

童話収集家としてだけでなく、言語学者としても名高いグリム兄弟。『ドイツ語辞典』、『ドイツ語文法』の序文や「グリムの法則」についてのほか、本邦初訳の論考を多数収録。

刊行書籍のご案内

歴史語用論の世界——文法化・待遇表現・発話行為
金水敏・高田博行・椎名美智編
定価3,600円＋税
執筆者：小野寺典子・椎名美智・芹澤円・高木和子・高田博行・中安美奈子・福元広二・片見彰夫・森山由紀子・森勇太・諸星美智直

時代や文化の異なる社会で人は場面に応じて言葉をどう使い分けてきたのか？　その言葉の使用法の変遷は？　英語史・日本語史・ドイツ語史のトピックからこの問いに迫る。

歴史語用論の方法
高田博行・小野寺典子・青木博史編
定価3,600円＋税
執筆者：青木博史・家入葉子・小野寺典子・川瀬卓・岸本恵実・桐生和幸・佐藤恵・新里瑠美子・高田博行・深津周太・藤原浩史・森勇太・Susan Fitzmaurice（中安美奈子訳）

近年で大きな広がりを見せている「歴史語用論」の分野において、日本語・英語・ドイツ語・ネワール語の各テーマからその方法論を描き出す。「歴史語用論」の未来を拓く1冊。

刊行書籍のご案内

講座ドイツ言語学
各巻 定価4,000円＋税

第1巻 ドイツ語の文法論
岡本順治・吉田光演編

執筆者：大矢俊明・岡本順治・田中愼・田中雅敏・藤縄康弘・吉田光演

動詞の位置、スクランブリング、自由な与格、心態詞など、ドイツ語の文法に関する特徴的なトピックを、意味論や語用論との関連も重視しつつ他言語と比較しながらとりあげる。

第2巻 ドイツ語の歴史論
高田博行・新田春夫編

執筆者：井出万秀・黒田享・清水誠・高田博行・新田春夫・藤井明彦・細川裕史

ドイツ語の歴史について、各文法カテゴリーの体系的な通時的記述を行う他、印刷工房、宗教改革、大衆新聞などの切り口から社会やコミュニケーションと関連づけながら描く。

第3巻 ドイツ語の社会語用論
渡辺学・山下仁編

執筆者：田中愼・野呂香代子・星井牧子・丸井一郎・山下仁・渡辺学・A.Deppermann（仁科陽江訳）

メディアの変転に伴うドイツ語の「多様性」を見すえつつ、ドイツにおける社会語用論の現代的「展開」とその諸相を照らし出す。情報伝達と社会行動の結節点にも迫る。